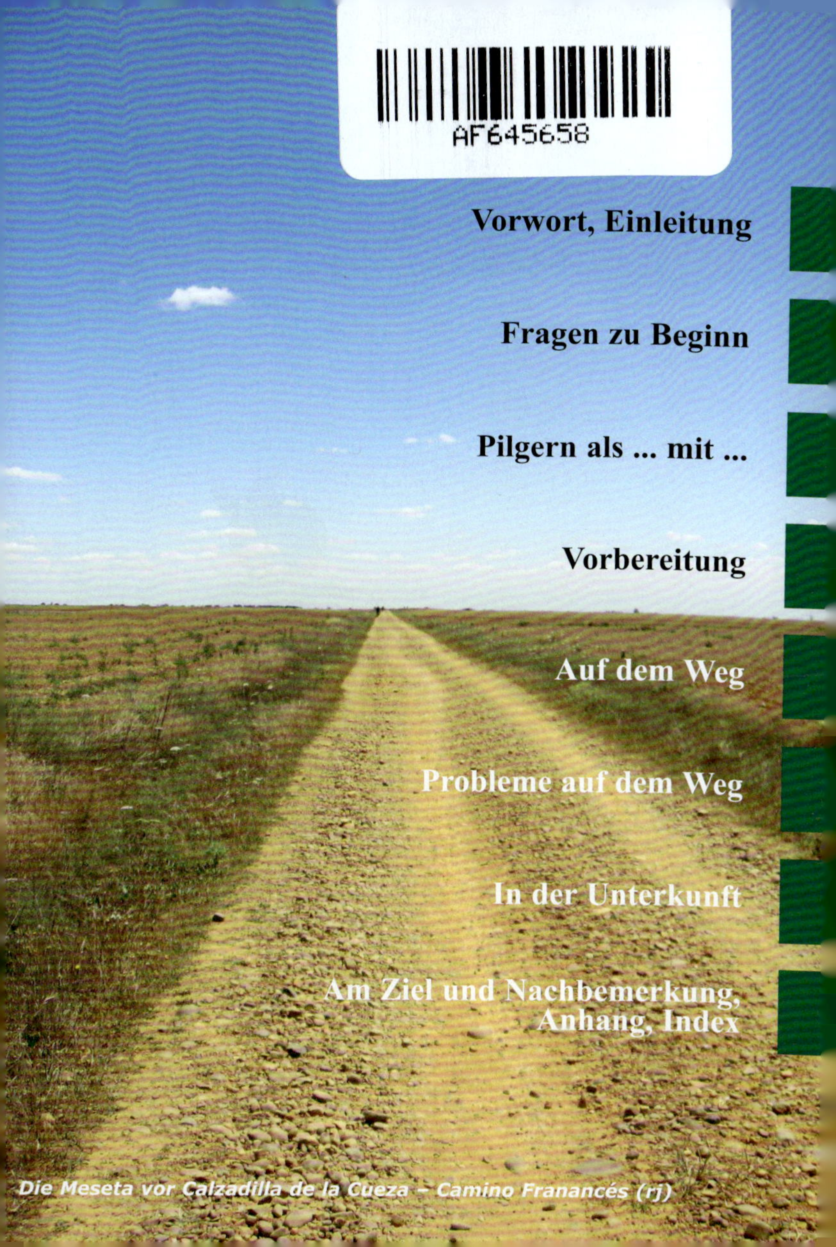

Die Meseta vor Calzadilla de la Cueza – Camino Franancés (rj)

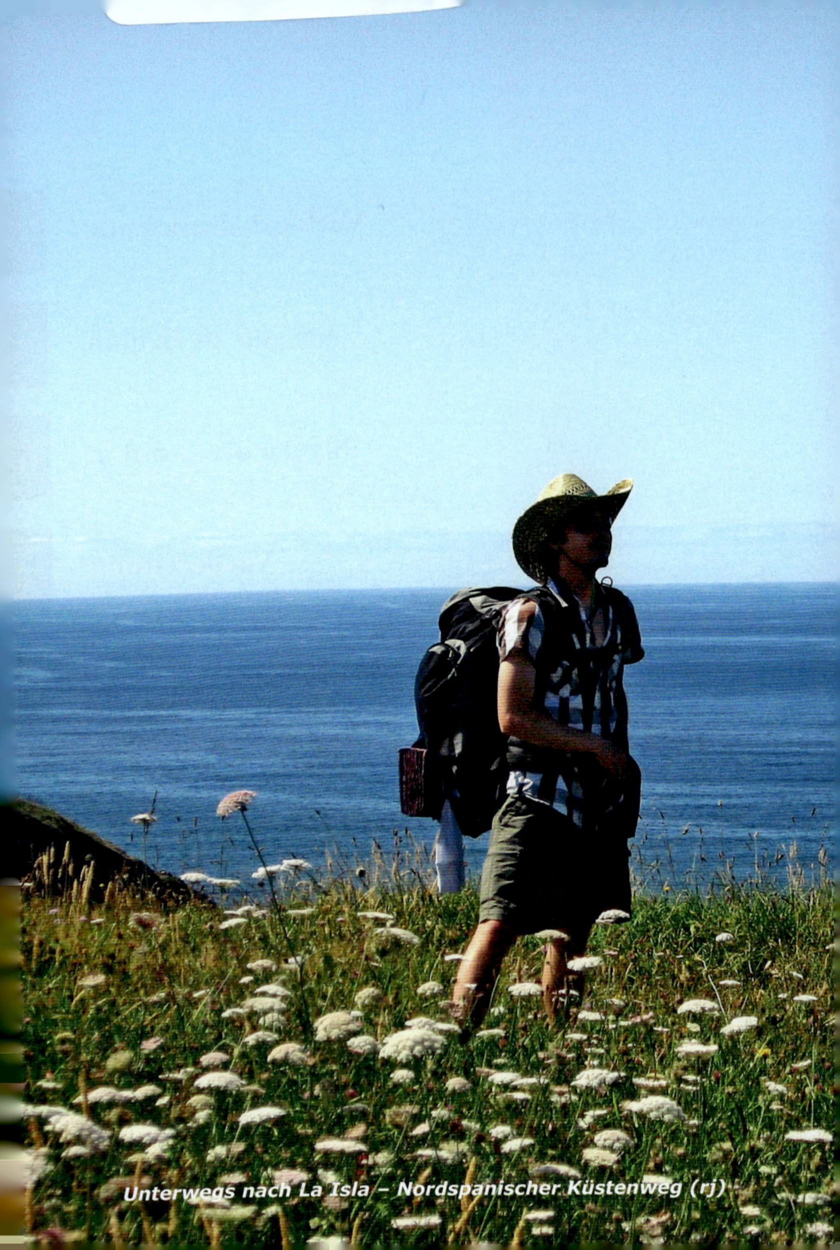

Unterwegs nach La Isla – Nordspanischer Küstenweg (rj)

Band 197

OutdoorHandbuch

Raimund Joos

Pilgern
auf den Jakobswegen
Packliste · Anfängertipps · Wegauswahl

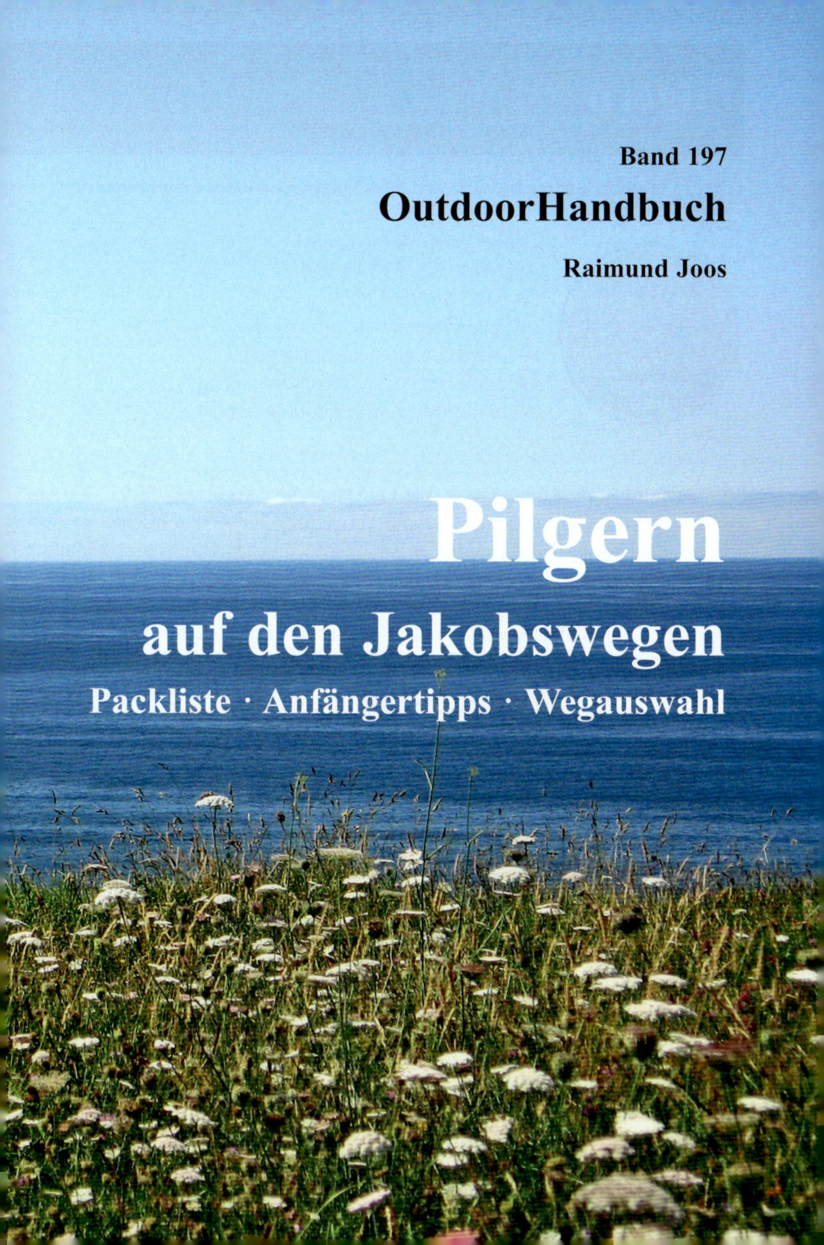

Pilgern

Dieses OutdoorHandbuch wurde konzipiert und redaktionell erstellt von der:

Conrad Stein Verlag GmbH
Am Markt 22, 59514 Welver
023 84/96 39 12
info@conrad-stein-verlag.de
www.conrad-stein-verlag.de
www.facebook.com/outdoorverlag
www.instagram.com/outdoorverlag

Druckprodukt mit finanziellem **Klimabeitrag**
ClimatePartner.com/10951-2509-1008

Als Outdoor-Verlag sind uns der Schutz und die Erhaltung der Natur seit jeher ein besonderes Anliegen. Auch in Sachen Klimaschutz haben wir eine Vorreiterrolle inne: Wir sind der einzige Buchverlag in Deutschland, der bereits seit 2008 seine Bücher konsequent klimaneutral in Deutschland produzieren und transportieren lässt. Dabei wird nicht nur klimaneutral, sondern auch nachhaltig, d. h. so umweltschonend wie möglich produziert, z. B. durch die Auswahl von umweltfreundlichen Materialien. Die bei der Produktion der Bücher entstandenen CO_2-Emissionen werden durch die Unterstützung von zertifizierten Klimaschutzprojekten ausgeglichen. Jedes Buch wird daher mit dem Logo „klimaneutral" und einer ClimatePartner-Zertifikatsnummer versehen. Mithilfe dieser Nummer können Sie unter www.climatepartner.com Informationen zu der eingesparten CO_2-Menge und dem Projekt finden, das mit der Abgabe gefördert wird.

Das Engagement des Conrad Stein Verlags wurde im Rahmen des Projekts „Klimaneutraler Buchverlag" mit dem Westenergie Klimaschutzpreis 2022 ausgezeichnet.

OutdoorHandbuch Band 197

ISBN 978-3-86686-394-1 17., aktualisierte Auflage 2025

Text: Raimund Joos
Fotos: Raimund Joos (rj), Willy van Eepoel (we), Christian Stadler (cs), Silvia Schubert (ss), Achim Wilmar (aw), Rainer Köfferlein (rk), Hartmut Engel (he), Monika Torchalski (mt), Thomas Nietsch (tn), Ingeborg Käthner (ik), Stefan Vossemer (sv)
Lektorat: Anna-Lena Ebner
Layout: Ricarda Kuschma

Gesamtherstellung: gutenberg beuys feindruckerei

Dieses OutdoorHandbuch hat 160 Seiten mit 43 farbigen Abbildungen.

Autor und Verlag freuen sich über Ihr Feedback. Schreiben Sie Ihre Tipps und Verbesserungen an info@conrad-stein-verlag.de oder nutzen Sie unsere Social-Media-Kanäle. Bitte nennen Sie dabei Titel, Auflage und Seitenzahl.

Dieses Buch ist im Buchhandel und in Ausrüstungsläden erhältlich und kann im Internet oder direkt beim Verlag bestellt werden.

Titelfoto: Pilger nach Villar de Farfón – Vía de la Plata (rj)
Umschlagrückseite: Fröhliche Pilger am Strand von Noja – Küstenweg (mt)

Inhalt

Vorwort und Einleitung

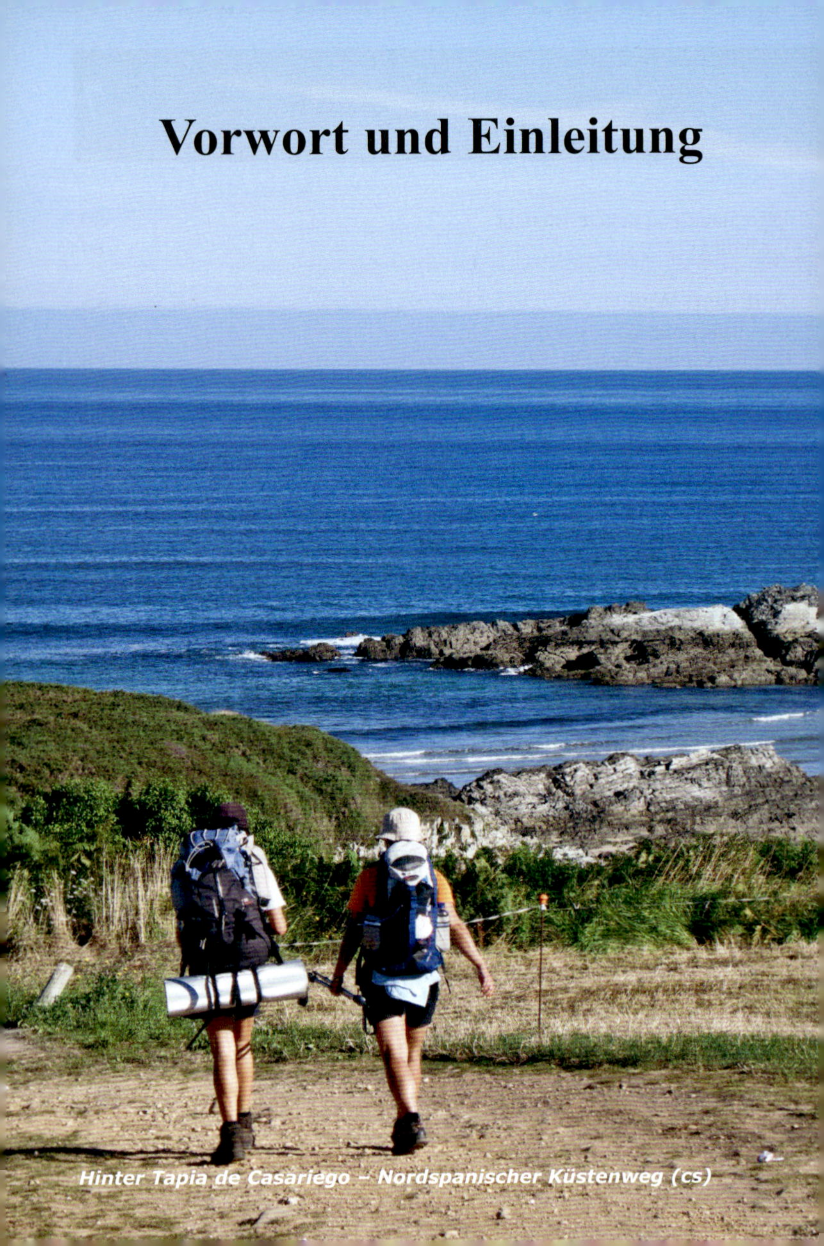

Hinter Tapia de Casariego – Nordspanischer Küstenweg (cs)

Vorwort

Liebe Leserin, lieber Leser,

es war mir eine Freude, dieses kleine Buch für Sie zu verfassen, da mir dies den Anlass gab, mich an viele wertvolle und schöne Erfahrungen und Erlebnisse auf meinen Jakobswegen zu erinnern.

Als ich in meiner Jugend, eher zufällig als geplant, die ersten Schritte auf dem Jakobsweg machte, öffnete sich eine unerwartete neue Welt für mich. Es würde mich sehr freuen, wenn ich mit diesem praktischen Ratgeber dazu beitragen könnte, auch Sie für diese wunderbare, einzigartige Art des Reisens zu begeistern.

Ich freue mich auf eine diesbezügliche Rückmeldung und bitte um Ihre Mithilfe durch eigene Verbesserungsvorschläge und Ergänzungen.

Ihr Raimund Joos

Einleitung

Ein praktischer Wegbegleiter

Um den Jakobsweg zu erleben, brauchen Sie dieses Buch nicht. Es reicht, sich selbst auf den Weg zu begeben – dieser wird Sie alles Nötige lehren. Wo sich aber Menschen auf dem Weg nach Santiago begegnen, da werden Erfahrungen ausgetauscht und vertieft. In den Zeilen dieses Buches findet der Leser Tausende Kilometer Wegerfahrungen wieder. Einige davon habe ich selbst gesammelt, andere wurden mir von Pilgerfreundinnen und Pilgerfreunden mitgeteilt. Keinesfalls ersetzen diese Ihre eigene Wegerfahrung, sie können aber ein Begleiter sein, der Ihnen so manche Unannehmlichkeit erspart und für manches die Augen öffnen kann.

Wichtiges vorab

Sicher brauchen Sie nicht gleich das ganze Buch zu lesen, bevor Sie auf den Weg gehen. Die Ausführungen zu den folgenden Stichwörtern sollten Sie aber vor Aufbruch nach Santiago studiert haben, um sich später böse Überraschungen zu ersparen.

Diese sind:

1. ☞ Packliste, ☞ Pilgerausweis
2. ☞ Wanderschuhe, ☞ Einlaufen der Schuhe, ☞ Blasen-Prophylaxe
3. ☞ Gesamtstrecke, ☞ Kosten

4. Lesen Sie auch das Kapitel zu „Ihrem" ☞ Jakobsweg.
5. Sollten Sie planen, mit ☞ Partner, im ☞ Winter oder mit dem ☞ Zelt unterwegs zu sein, so empfiehlt es sich, die jeweiligen Ausführungen dazu zu studieren.
6. Wenn eine der in dem Kapitel „Pilgern als ... mit ..." beschriebenen Überschriften für Sie zutrifft, so lesen Sie diese ebenfalls. Spezielle Fragen können Sie dann gezielt lesen.

Zum Gebrauch des vorliegenden Buches

Die Überschriften im Inhaltsverzeichnis geben bereits einen guten Überblick über die Themen. Für den noch besseren Gebrauch wurde am Ende des Buches noch ein ausführliches Stichwortverzeichnis angelegt.

Wörter, die mit einem „☞" gekennzeichnet sind, weisen auf Begriffe oder Themen hin, die auf einer anderen Seite näher beschrieben werden. Ein Blick ins Stichwortverzeichnis verrät Ihnen, wo genau sie zu finden sind. Gelegentlich weichen die so gekennzeichneten Begriffe dabei etwas von denen im Stichwortverzeichnis ab. Suchen Sie z. B. im Stichwortverzeichnis unter dem Überbegriff „Sport", wenn im Text auf den Begriff „sportliche" verwiesen wird.

Verweise auf Bücher sind wie folgt gekennzeichnet: (🕮 12). Es handelt sich in diesem Fall um das Buch mit der Nummer 12 im Anhang. Für einige Schlüsselbegriffe sind hier die spanischen Übersetzungen angeführt. Im Text erscheinen sie in Klammern, z. B. (sp: *albergue*).

☺ Evtl. wollen Sie auch einige Seiten dieses Buches, das übrigens auch als E-Book angeboten wird, kopieren und mit auf den Weg nehmen, so z. B. den Tipp zu Problemen auf dem Weg ☞ ab Seite 99.

Fragen zu Beginn

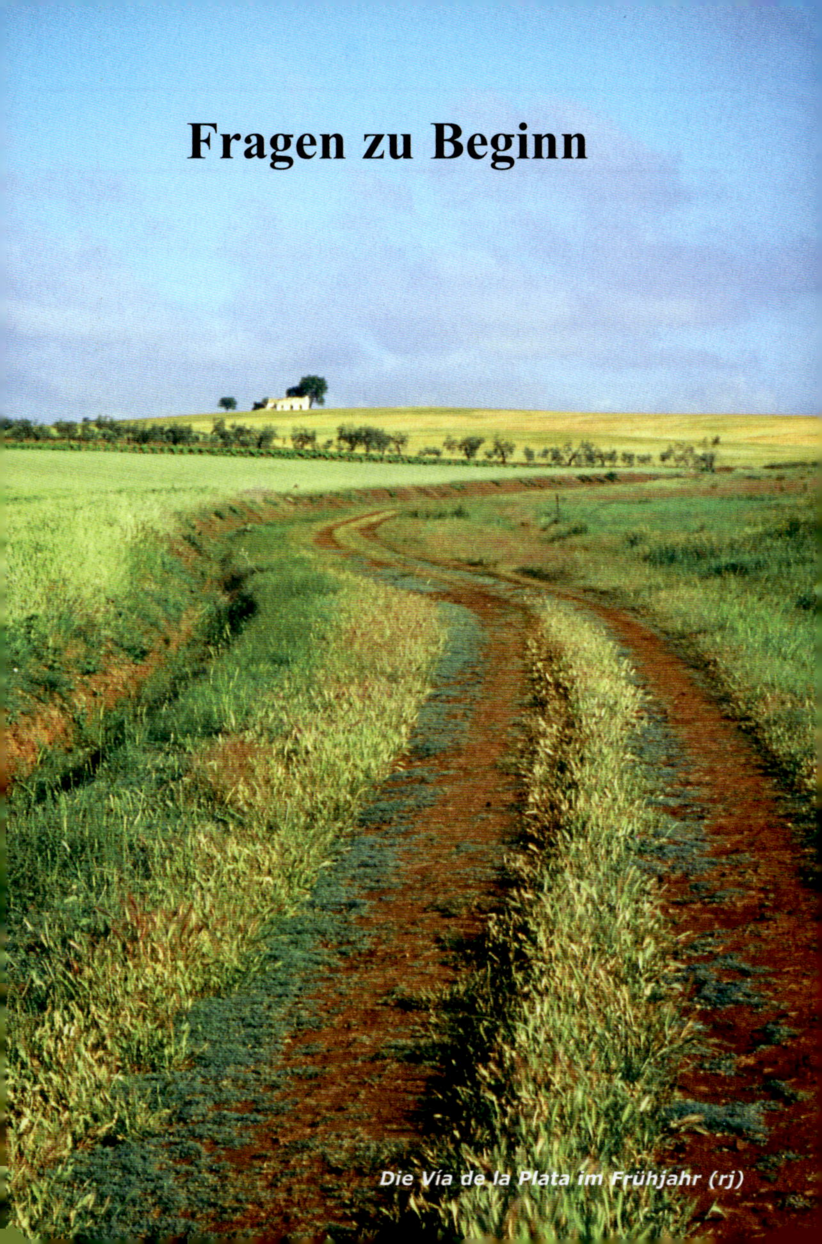

Die Vía de la Plata im Frühjahr (rj)

Warum macht das Leben auf dem Jakobsweg so glücklich?

Die Pilgerreise auf den Jakobswegen erfreut sich seit Jahren einer, über alle Alters- und Landesgrenzen hinweg, erstaunlichen Beliebtheit. Auch heute noch gibt es Zeitgenossen, die den schweren Weg nach Santiago als Buße für begangene Sünden ansehen. Die meisten jedoch erleben den Weg ganz anders: als eine glückliche und bereichernde Erfahrung, von der man lange zehrt – so lange, bis man sich wieder auf den Weg macht. Es stellt sich die Frage, was das Leben auf dem Weg so besonders macht, dass diese gerne bereit sind, oftmals Hunderte Kilometer zu Fuß zurückzulegen.

Genusspilger auf dem Camino Primitivo (we)

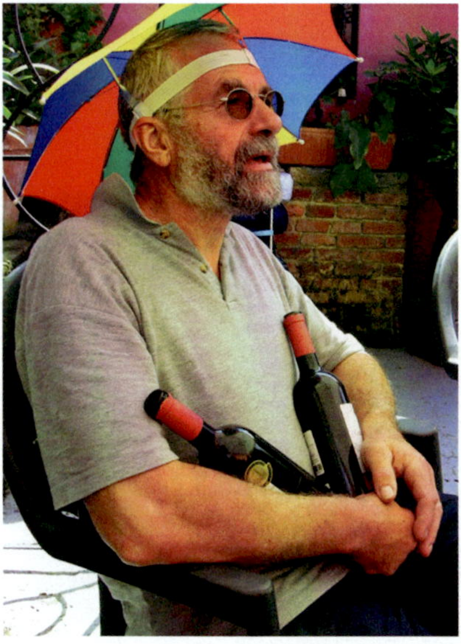

Für die meisten ist wohl die richtige Mischung entscheidend: Bei meist gutem Wetter geht es durch schöne südliche Landschaften, Dörfer und Städte. Das Fehlen eines Terminplaners, eines Fernsehers, (hoffentlich auch!) des Smartphones und vieler anderer Dinge lädt dazu ein, das einfache, ursprüngliche Leben zu genießen und die Schönheit scheinbar unbedeutender Details zu entdecken.

Einmal richtig innerlich auf dem Weg angekommen, befindet man sich, so erleben es viele, in einem idealen Gleichgewicht von Leistungsdruck und Langeweile. Das gemächliche Gehen erlaubt es Ihnen, sich im Hier und Jetzt ganz und gar und mit allen Sinnen zu Hause zu fühlen. Die Sorgen für den kommenden Tag verlieren an Bedeutung, das Gestern zählt nur als ein Schritt auf dem Weg in das Heute. Auf dem Weg stößt man auf beeindruckende Kulturgüter, begegnet aber vor allem auch interessanten Menschen, mit denen es sehr oft zu bereichernden menschlichen Begegnungen kommen kann. Die sportliche Betätigung des Gehens vermittelt ein gutes, gesundes Körperbewusstsein und man fühlt sich so rundherum wohl in seiner Haut.

Die Übernachtung in den Unterkünften ist meist günstig und das gute Essen, das wegen der vielen vorher abgelaufenen Kilometer endlich auch mit gutem Gewissen in reichlichem Maße genossen werden kann, scheint meist für jeden erschwinglich. Das Leben ist reich an Eindrücken und Erfahrungen, aber dafür umso günstiger an Ausgaben und ebenso arm an echten, überfordernden Problemen. Man geht gelassen in den Tag hinein und hat dort nur wenige Probleme zu bewältigen. Am Abend kommt man mit einer wohligen körperlichen Müdigkeit und reich an Eindrücken an. Jeden Tag macht man kleine „Fort-Schritte", die sich aber mit jedem Tag in der Summe zu einer Leistung addieren, die dem Einzelnen das Gefühl gibt, etwas Unglaubliches zu vollbringen und in wunderbarer Weise über sich selbst hinauszuwachsen.

All das eben Beschriebene ist für viele Menschen schon genug Motivation, sich auf den Jakobsweg zu begeben und dort eine sehr glückliche und erfüllte Zeit zu verbringen. Für viele stellt sich aber auch die Frage, was das Gehen auf dem Jakobsweg oder auf einem anderen Pilgerweg von dem Wandern auf einem normalen Fernwanderweg unterscheidet – was also Pilgern im engeren oder weiteren Sinne bedeutet. Eben dieser Unterschied ist aber für die meisten Pilgerinnen und Pilger ein wesentlicher Grund für ihre Begeisterung für den Weg.

Was ist Pilgern?

Es gibt so viele Ansichten darüber, was Pilgern ist, wie es Pilgerinnen und Pilger gibt. Traditionell versteht man unter Pilgern und Wallfahren das Unterwegssein als spirituelle Übung oder aber den Besuch eines bestimmten heiligen Ortes wie z. B. Santiago de Compostela oder Rom. Heute ist Pilgern oftmals nicht mehr, oder zumindest nicht mehr allein, von religiösen Motiven geprägt. Dennoch spielt bei vielen eine spirituelle Dimension oder der Wunsch nach Selbsterfahrung eine maßgebliche Rolle. Auch ich messe der spirituellen Dimension des Pilgerns eine zentrale Bedeutung zu. Weil es sich hier aber um ein rein praktisches Werk in einer praktischen Reihe handelt, wird auf diesen Aspekt der Pilgerreise nicht näher eingegangen. Interessierte verweise ich hier auf meinen spirituellen Ratgeber 🕮 8.

Pilgern ist ... letztendlich etwas unerklärlich Wunderbares, das Sie hoffentlich erleben werden, wenn Sie schließlich selbst auf einem Pilgerweg, wie z. B. dem Jakobsweg oder dem Weg nach Rom, unterwegs sind.

Ein klein wenig zur Geschichte des Pilgerns

Auch die Geschichte des Pilgerns auf dem Jakobsweg kann in diesem praktischen Ratgeber nicht ausführlich dargestellt werden. Einiges sollten Sie aber auf jeden Fall von Anfang an wissen, um sich im Gespräch mit anderen Weggefährten nicht durch Unwissen zu blamieren.

Bei den Jakobswegen handelt es sich nicht, wie vielleicht fälschlicherweise angenommen, um die zurückgelegten Wegstrecken eines wander- und missionsfreudigen Jüngers Jesu namens Jakobus mit Wohnsitz in Santiago de Compostela, der dort schließlich, zurück von einer langen Missionsreise, entkräftet zusammenbrach und seine letzte Ruhe fand. Selbiger Apostel mit dem Namen Jakobus der Ältere zeichnete sich zwar zu Lebzeiten durchaus durch eine rege Reisetätigkeit aus und liegt auch der frommen Überlieferung folgend in Santiago begraben, er hatte aber vermutlich nur wenig oder überhaupt nicht in Spanien missioniert bzw. waren seine dahin gehenden Bemühungen nur von wenig Erfolg gekrönt. So entstand die Legende, dass nur ein Hund ihm zu Lebzeiten in dem heute so katholischen Spanien Gefolgschaft geleistet hätte.

Die Geschichte des Pilgerns und des Jakobsweges beginnt viel früher. Pilgern ist ein religions- und kulturübergreifendes Phänomen und christliche Pilgerwege wie z. B. der Jakobsweg sind im Vergleich zu Pilgerwegen anderer Weltreligionen eher eine neuere Erscheinung. Schon in vorchristlicher Zeit gab es vermutlich Kultwege, auf denen Schamanen dem Verlauf der Sonne folgend nach Westen bis zum Kap Finisterre, dem damaligen vermeintlichen Ende der Welt, zogen. Ab der Zeit der Römer wurden hierzu teilweise auch Römerstraßen betreten.

Älteste bekannte Jakobusdarstellung in Santa Marta – Vía de la Plata (rj)

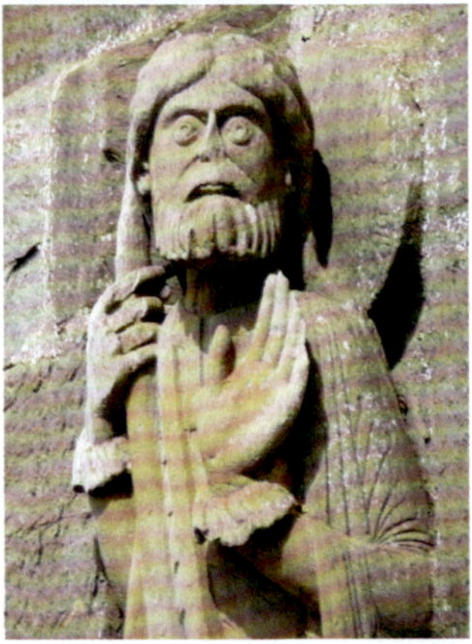

Die christliche Tradition bzw. Geschichte des heutigen Jakobsweges beginnt im Jahr 44 n. Chr. mit dem Märtyrertod des eben genannten Apostels Jakobus, dessen Leichnam dann der Legende folgend nach einer langen Odyssee auf der Flucht vor seinen Verfolgern letztendlich im heutigen Santiago de Compostela seine letzte Ruhe fand. Nachdem am Anfang des 8. Jh. weite Teile Spaniens von den Mauren erobert waren, wurde im 9. Jh. vom damals amtierenden Papst die Wiederentdeckung des Jakobusgrabes in Auftrag gegeben. Die vermeintliche Existenz des Jakobusgrabes in Santiago diente dann als Rechtfertigung für den Rückeroberungskrieg Spaniens gegen die Mauren. Der Apostel Jakobus wurde im Sinne der christlichen Kriegspropaganda als wiederauferstandener Gotteskrieger, welcher als Schutzpatron Spaniens mit seinem blutigen Schwert den Maurenkriegern die Köpfe abschlug, hochstilisiert. Die mit wachem Auge betrachtet schändlich-diskriminierenden Darstellungen des „Maurenschlächters" Santiago in Aktion werden noch bis heute unter Begründung einer zweifelhaften Traditionspflege in verschiedenen Kirchen der in weiten Teilen rückständigen katholischen Kirche Spaniens ausgestellt und verehrt.

Seit Entstehung der Tradition der Pilgerreise nach Santiago beging man zunächst die nördlichen Wege, also der Camino Aragones, Camino Primitivo und der Küstenweg. Später, mit Rückeroberung der südlicheren Regionen Spaniens, wurden auch der Camino Francés und die südlichen Wege wie die Vía de la Plata und der Caminho Português genutzt.

Im 15. Jh. erreichte die Pilgerreise nach Santiago ihre Blütezeit. Auf diese Zeit gehen viele Pilgertraditionen, Legenden und z. B. auch die Entstehung des Pilgerausweises zurück. Bis zum 19. Jh. wurde die Pilgerreise zeitweise durch verschiedene politische Ereignisse wie Kriege und Seuchen gelegentlich behindert und kam zeitweise fast ganz zum Erliegen.

Erst um 1937 erfuhr der Weg, leider erneut im weiteren Sinne einer Kriegspropaganda, durch ein Dekret des spanischen Diktators Franco wieder eine größere politische Förderung. Nach dem Zusammenbruch der Diktatur lebte ab 1971 die europäische Dimension des Weges wieder auf. In den letzten 10 Jahren haben sich die Pilgerzahlen nahezu verdreifacht. Im Jahr 2002 meldeten sich 69.039 Pilger in dem katholischen Pilgerbüro in Santiago, im Jahr 2019 waren es bereits 347.578 Pilger. Und nachdem in den Jahren 2020 und 2021 die Pilgerzahlen aufgrund der Coronakrise rapide einbrachen, tummelten sich im (verlängerten) ☞ heiligen Jahr 2022 angeblich wieder ca. 440.000 Menschen auf den spanischen Jakobswegen, was 2023 und 2024 angeblich sogar noch übertroffen wurde (☞ Pilgerstatistik).

Weitere knappe Ausführungen zur Geschichte finden Sie im einleitenden Teil von den ☞ Pilgerführern zu den einzelnen Wegen.

Wer kann pilgern?

Auf dem Jakobsweg trifft man nicht nur Menschen aller Erdteile, Weltanschauungen und Altersklassen, selbst Menschen mit schweren körperlichen Einschränkungen und Behinderungen sind pilgernd unterwegs. Im Prinzip kann also jeder pilgern – natürlich mit individuell unterschiedlichen Maßstäben, was die ☞ Tagesetappen angeht. Wer körperlich nicht so fit ist, dem ist anzuraten, nicht mit schwierigen Nebenstrecken wie der ☞ Vía de la Plata oder dem Küstenweg seine ersten Erfahrungen zu sammeln.

Generell gilt bei gesundheitlichen Problemen oder Befürchtungen natürlich immer, vor einer Reise seinen Arzt zu konsultieren. Mit diesem sollte dann auch der individuell passende Reisezeitpunkt besprochen werden sowie die Art und Dauer der körperlichen Belastung, die man sich zutrauen kann. Die Frage, wie der Weg entsprechend den eigenen Bedürfnissen gestaltet werden kann, wird im Einzelnen noch näher angesprochen.

Wann pilgern?

Auch dies kann ähnlich wie eben beantwortet werden. Pilgern ist praktisch fast immer möglich. Die Frage, wann eine Pilgerreise stattfinden soll, gliedert sich dabei in zwei Teilfragen: erstens die nach der günstigsten Jahreszeit und zweitens die nach der richtigen persönlichen Lebenszeit.

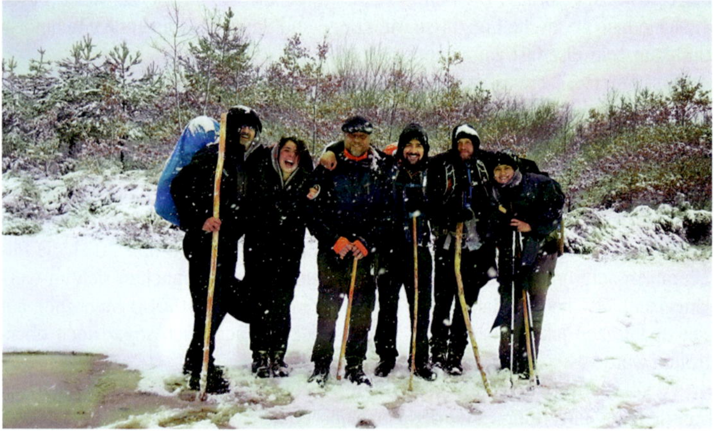

Fröhliches, eingeschworenes Pilgergrüppchen – Camino Francés (tn)

Die günstigste Jahreszeit

Eine ideale Jahreszeit für eine Pilgerreise gibt es ebenso wenig wie eine unmögliche Jahreszeit. Wann Sie Ihre Pilgerreise beginnen wollen, hängt auch davon ab, welchen Pilgerweg Sie wählen, welches Interesse Sie dabei verfolgen und wie Ihre persönlichen Vorbedingungen sind. Prinzipiell finden Sie fast während des ganzen Jahres pilgertaugliche klimatische Bedingungen. Die südlichen Teile der ☞ Vía de la Plata und der Küstenweg sind auch von Herbst bis Frühjahr begehbar (☞ Seiten 26 und 30).

Ab April werden die meisten Wege angenehm. Besonders im Juli und August werden Sie aber auf den bekannteren Wegen größere Pilgerströme antreffen. Zu dieser Zeit bieten sich dann evtl. die etwas weniger bekannten Strecken und Wege in dem kühleren Frankreich an. Näheres zu der Wahl der richtigen Jahreszeit finden Sie ☞ ab Seite 23.

Das heilige Jahr

Immer dann, wenn der Jakobustag, also der 25. Juli, auf einen Sonntag fällt, feiert die katholische Kirche ein sogenanntes „heiliges Jahr", welches für fromme Jakobspilger mit einem besonderen Sündenerlass verbunden ist, wenn man die dann geöffnete heilige Pforte der Kathedrale von Santiago durchquert. Das letzte heilige Jahr 2021 wurde wegen der Coronapandemie um das folgende Jahr 2022 verlängert. Das nächste heilige Jahr wird 2027 folgen. Wie die bisherigen ☞ Pilgerstatistiken vermuten lassen, werden dann die Pilgerzahlen wieder in die Höhe schnellen. Bei genauerem Hinsehen bezog sich dies aber bisher erfahrungsgemäß fast nur auf die letzten 100 km vor Santiago.

Die passende persönliche Lebenszeit

Auch hier gilt prinzipiell, dass Sie fast immer Ihre Wanderstiefel schnüren können, wenn der Weg Sie ruft und Ihr Geldbeutel und Ihr Terminkalender es zulassen. In bestimmten Lebenslagen erscheint eine Pilgerreise aber besonders „gewinnversprechend". Dies ist insbesondere dann der Fall, wenn Entscheidungen anstehen, Lebensabschnitte enden bzw. neue beginnen oder schwierige persönliche Probleme einer Lösung bedürfen. Auf dem Jakobsweg findet man besonders im September viele Jugendliche und Studenten. Für sie kann eine Pilgerreise eine sehr gute Möglichkeit zur persönlichen Reifung bieten. Insbesondere in dieser Altersgruppe stellt eine Pilgerreise oft ein sehr intensives, persönlich einschneidendes Erlebnis dar, welches um Jahre reifen lässt und das Selbstvertrauen enorm zu stärken vermag.

Eine weitere Gruppe sind Menschen, die sich in einem beruflichen oder sozialen Wechsel befinden, so z. B. Menschen, die ihre Arbeitsstelle wechseln oder verloren haben oder um einen lieben Menschen trauern. Hier wird der Weg für eine Neuorientierung oder für eine notwendige Trauerarbeit genutzt.

Nicht wenige beginnen den Weg, weil sie gerade einen spirituellen Wandel vollziehen oder vollzogen haben und so weitere Inspiration suchen. Andere sehen sich vor einer religiös wichtigen Entscheidung, wie z. B. einem Wechsel der Religionszugehörigkeit oder vor dem Eintritt in eine Ordensgemeinschaft oder Ähnlichem.

Auf dem Camino finden sich auch viele liebenswerte, innerlich jung gebliebene ☞ Senioren, welche über genügend Freizeit verfügen und den Weg nutzen, ihren hart verdienten Lebensabend in vollen Zügen zu genießen und so vorwärtsschreitend Rückschau auf ihr langes Leben zu nehmen.

Sicher bietet der Jakobsweg auch die Möglichkeit, **akute persönliche Probleme** wie z. B. depressive Phasen oder ☞ Traumata zu bewältigen. Zeigt sich die Krise aber derart dominant, dass sie zu einer echten Beeinträchtigung der psychischen Stabilität führt, ist hier Vorsicht geboten. Das Leben auf dem Jakobsweg ist nicht nur persönlich bereichernd, sondern stellt auch gelegentlich eine enorme psychische Herausforderung dar. Dies gilt in gleicher Weise für die manchmal einsamen Nebenwege wie für die Hauptstrecken, auf dem gerade in den großen Pilgerherbergen kaum persönliche Rückzugsmöglichkeiten bestehen. Es gilt hier, sich nicht mehr Belastungen zuzumuten, als dies die aktuelle psychische Lage erlaubt.

Auf jeden Fall erscheint es bei wirklichen psychologischen Störungen angebracht, den Rat des behandelnden Arztes oder Psychologen einzuholen und den Kontakt oder die Wegbegleitung eines Pilgererfahrenen zu suchen, um dann zu entscheiden, wann die richtige Zeit für eine Pilgerreise ist.

Wie pilgern?

Fußpilgern

Zweifellos ist Fußpilgern die ursprünglichste und auch erlebnisintensivste Form des Pilgerns. Sie ermöglicht eine tiefe Begegnung mit der Natur und Kultur des Weges und erlaubt auch beim Laufen eine entspannte Unterhaltung mit den Pilgerbrüdern. Die meisten Pilgerinnen und Pilger, die den Weg zuvor mit dem Rad oder dem Auto bewältigt haben, bestätigen dies. Da dieses Buch in erster Linie im Sinne einer Fußpilgerreise verfasst ist, sind weitere Ausführungen an dieser Stelle überflüssig. Im Regelfall ist sicher die Methode des Fußpilgerns den nun folgenden vorzuziehen. Es gibt aber auch berechtigte Ausnahmen, die hier nun kurz angesprochen werden sollen.

Pilgern mit dem Fahrrad

Die meisten Jakobswege sind, zumeist mit einigen Umwegen, gut mit einem Mountainbike zu bewältigen. Ausweichstrecken finden sich in einigen Pilgerführern. Den Weg mit dem Rad hinter sich zu bringen, hat den Vorteil, dass man in der gleichen

Zeit eine größere Strecke absolvieren kann als ein Fußpilger. Dies entspricht aber kaum der Grundidee einer Pilgerreise. Auch ist es fraglich, ob man auf dem Rad in der Lage ist, die zurückgelegten Kilometer wirklich voll zu genießen. Wer bei der erhöhten Geschwindigkeit ständig auf der Hut sein muss, nicht zu stürzen oder an Schwung zu verlieren, steht permanent unter leichtem Stress und ist wohl nur selten zu einer Meditation oder entspannten Unterhaltung in der Lage.

Das Resultat sind nicht selten in einer Herberge aufgedreht ankommende Radbegeisterte, die wegen der Unruhe, die sie verbreiten, oft nicht gern bei Fußpilgern und Herbergsbetreibern gesehen sind.

Aus ☞ sportlichen Gründen erscheint Radpilgern durchaus attraktiv, insgesamt ist diese Art der Fortbewegung aber eher in besonderen Fällen zu empfehlen: So ist das Rad z. B. für manche Menschen mit Fußproblemen neben dem Rollstuhl oft die einzige Möglichkeit, sich auf dem Jakobsweg fortzubewegen. Wer den Weg schon einige Male gelaufen ist, könnte es zur Abwechslung einmal auf dem Rad versuchen, wird aber wahrscheinlich bald wieder zu den Fußpilgern zurückkehren.

(Ich muss hier eingestehen, dass ich verschiedene Jakobswege ebenfalls auf dem Rad zurückgelegt habe. Ich tat dies im Rahmen meiner Tätigkeit als Autor verschiedener Pilgerführer. Vor die freie Wahl gestellt, ziehe ich Fußpilgern natürlich vor.)

Zu bemerken ist noch, dass Radfahrer in einigen wenigen Herbergen erst dann einen Schlafplatz bekommen, wenn abzusehen ist, dass genug Platz für Fußpilger bleibt (☞ Herbergsregeln). Dies kann insbesondere in öffentlichen Herbergen dazu führen, dass Radfahrer manchmal erst um 20:00 frei gebliebene Betten erhalten. Auf den Nebenwegen wird diese Regel nur selten angewandt und auf den Hauptstrecken finden sich in der Zwischenzeit zahlreiche private Herbergen, sodass für Radpilger normalerweise kaum Unterbringungsprobleme bestehen.

Erschwerend kommt hinzu, dass sich der Transport des Rades von der Heimat zum Weg kompliziert gestaltet. Ein Mitnehmen im Zug oder Bus ist meist sehr schwierig oder gar nicht möglich. Wer das Rad mit dem Flugzeug transportieren will, muss es je nachdem, welche Fluglinie er wählt, teilweise auseinandermontieren und beim Umstieg aus- und wieder einchecken. Es ist mit zusätzlichen Kosten zu rechnen. Generell besteht die Möglichkeit, sich vor Ort ein Rad zu mieten. Dies ist aber oft mit sehr hohen Kosten verbunden. Auch ist man später für den Rücktransport des Rades zum Ausgangsort verantwortlich. Das Verschicken des Rades mit einer Agentur oder das Mitnehmen im Flugzeug stellen also die Transportmethoden der Wahl dar. Beides keine sehr befriedigenden Möglichkeiten, weshalb die meisten Radfahrer, die auf dem Jakobsweg unterwegs sind, aus Spanien stammen.

In den letzten Jahren machten die Radfahrer daher wohl weniger als 6 % der in Santiago ankommenden Pilgerinnen und Pilger aus, wobei aber, wohl aufgrund der Transportprobleme der Fahrräder bei der An- und Abreise, letztlich nur sehr wenige (m. E. höchstens 2 %) nichtspanische Radpilger auf den iberischen Jakobswegen zu finden sind. Was das Packproblem angeht, empfehlen sich für Radfahrer natürlich Satteltaschen. Darüber hinaus ist es aber auch ratsam, einen kleinen, gut anliegenden Rucksack mitzunehmen. Zum einen, weil Sie so das Gewicht besser verteilen können, zum anderen haben Sie dann die Möglichkeit, Ihre wichtigsten und teuersten Sachen nach dem Absteigen vom Fahrrad immer bei sich zu tragen.

Auch für Radpilger besteht das Gebot, das Gewicht der Satteltaschen so stark wie möglich zu vermindern. Ein Fahrrad, das zu schwer beladen oder bei dem das Gewicht nicht gut verteilt ist, kann besonders dann, wenn es bergab geht, unkontrollierbar werden. Ziehen Sie zum Reduzieren des Gewichts, abgesehen von der Bekleidung, die später aufgeführte ☞ Packliste zurate. Neben einer speziellen Radfahrbekleidung ist es in jedem Fall notwendig, einen oder zwei Ersatzschläuche sowie ein Reparaturset für Ihre Fahrradkette mitzunehmen. Besonders auf den „Nebenstrecken" sind pannensichere Reifen sehr zu empfehlen.

Was das Werkzeug angeht, sollten Sie sich Zeit nehmen, darüber nachzudenken, was an Ihrem Fahrrad wirklich auf der von Ihnen gewählten Strecke kaputtgehen kann und welches Werkzeug Sie dann unbedingt und sofort benötigen. Sie werden feststellen, dass die Auswahl doch recht übersichtlich ist. Auch gibt es unterwegs meist einige Werkstätten oder hilfsbereite Bastler.

Mit dem Rad durch die Weite der Meseta – Camino Francés (rj)

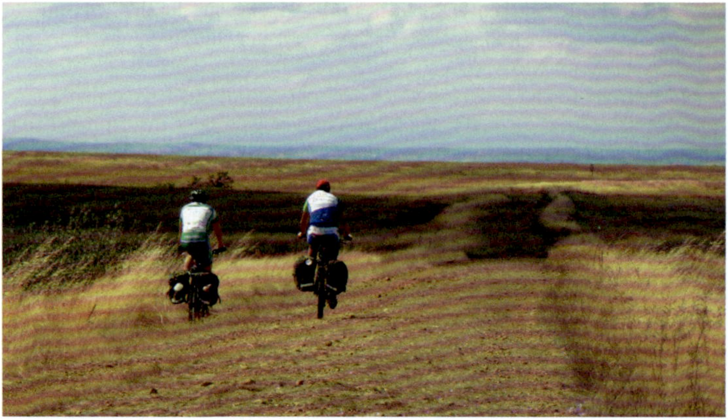

Weitere Informationen zur Planung und Durchführung von Pilgerreisen auf dem Rad finden Sie in der im Anhang angegebenen weiterführenden Literatur 📖 3.

Pilgern mit „Pilgerwagen“

Manche Pilgerbegeisterte, die Distanzen weit über 1.000 km zurücklegen oder viel Gepäck mitführen, machen gerne von einem sogenannten Pilgerwagen Gebrauch. Auch manche, die besondere Rückenprobleme haben, bedienen sich gerne eines solchen Gefährts, auf dem sie dann (zeitweise) ihr Gepäck transportieren. Pilgerwagen können gekauft oder selbst gebastelt werden. Nähere Informationen finden Sie unter 💻 www.r-camino.blogspot.com, wo Sie erstaunliche Entwürfe derartiger Konstruktionen ansehen können.

Pilgern mit dem Rollstuhl

Was für viele kaum denkbar ist, ist für einen sportlichen Rollstuhlfahrer dennoch möglich. Es ist dokumentiert, dass viele Pilgerwege auch ohne größere fremde Hilfe und umfangreiches Ausweichen auf Nebenstrecken von Rollstuhlfahrern bewältigt wurden (☞ Literatur 📖 15). Zum Glück finden sich auf dem Jakobsweg auch immer mehr behindertengerecht eingerichtete Pilgerherbergen. Wer den Weg im Rollstuhl zurücklegen will, wählt vorzugsweise die am besten erschlossenen Wege und setzt sich vorher mit Rollstuhlfahrern in Verbindung, die hier auf Erfahrungen zurückgreifen können.

Pilgern zu Pferd

Diese besondere Art des Pilgerns erfreut sich unter Pferdenarren zunehmender Beliebtheit. Sie bedarf allerdings einer besonders guten Planung im Vorfeld. So sind einige Teilstücke der Pilgerwege, z. B. in den Städten, für Pferde nicht geeignet. Außerdem erfordern Probleme bei Unterbringung, Nahrung und Transport der Vierbeiner in der Fremde verlässliche Lösungen. Erfahrene Pilgerfreunde bieten auch zu diesen Fragen persönliche ☞ Beratung und Hilfestellung an (z. B. auch: ✉ kontakt@historischer-pfarrhof.de).

Pilgern mit Bus und Auto

Viele überzeugte Fußpilger erfüllt allein der Gedanke, einen Bus zu betreten, um einen unangenehmen Teil des Weges abzukürzen, mit abgrundtiefem Schaudern. Das Angebot von manchem um eine gute Tat bemühten Autofahrer, sie angesichts eines Wolkenbruchs oder der einbrechenden Nacht einige Kilometer mitzunehmen, wird von diesen so auch eher als Scherz denn als ernster Vorschlag aufgefasst. Bus- und Autopilger, die sich oft dadurch hervortun, dass sie

Fußpilger gerne fotografieren, geben diesen dann ihrerseits wieder Anlass zu Späßen oder ausgiebigen Lästertiraden. Wo es zu einer echten Begegnung zwischen beiden Gruppen kommt, entwickelt sich dann manchmal eine kleine neckische Hassliebe.

Was ein solches Verhältnis allerdings sehr stören kann, ist der Versuch mancher Bus- und Autopilger, durch die betrügerische Vorgabe, ein Fußpilger zu sein, in den Genuss eines Schlafplatzes zu kommen. Dieser ist in vielen öffentlichen und kirchlichen Herbergen nur Fuß- und Radpilgern vorbehalten.

Wenngleich es sich manche Fußpilger nicht vorstellen können – auch die Pilgerreise mithilfe von Verkehrsmitteln wie z. B. Kutschen blickt auf eine lange Tradition zurück und wird von manchen Teilnehmern ähnlich intensiv erlebt wie von Fußpilgern. Wer den ganzen Weg sehen will, aber nur wenig Zeit dazu hat oder aufgrund seines Alters oder seiner Gesundheit nicht zu einer Fußpilgerreise in der Lage ist, für den stellen Bus oder Auto eine moderne Antwort auf ein altes Problem dar. Wer dazu imstande ist, sich innerlich auf den Weg zu machen, für den ist eine körperlich anstrengende Pilgerreise nicht zwingend notwendig. Pilgerreisen mit dem Bus oder Auto werden oft von Reisegruppen durchgeführt, deren Teilnehmer dann eine mehr oder weniger große Auswahl an Wegstrecken zu Fuß zurücklegen.

Oft ist eine geführte Reise mit einem ausgiebigen kulturellen und spirituellen Programm nicht anders realisierbar als mithilfe eines Transportmittels. Viele der Teilnehmer haben den Weg in jüngeren Jahren bereits (mehrfach) zu Fuß zurückgelegt und nutzen im Alter diese Möglichkeit für ein (letztes) Wiedersehen. Andere fangen auf derartigen Reisen an, „Blut zu lecken" und kehren bald zurück, um dem Beispiel des Fußpilgers zu folgen.

Auf dem Jakobsweg findet man auch gelegentlich Paare, Freundeskreise oder (Jugend-)Gruppen, die den Weg mithilfe eines Begleitfahrzeugs oder Caravans machen. Oftmals übernimmt hier einer der Gruppenmitglieder (zeitweise) die Aufgabe des Fahrers und Organisators, während der Rest der Gruppe bis zum täglichen Treffpunkt pilgert.

Freilich muss der motorisierte Pilgerfreund für seine Wahl auch einen hohen und nicht nur finanziellen Preis (☞ Kosten) zahlen, zu dem ein passionierter Fußpilger wohl nicht bereit wäre. Für diesen gilt also auch weiterhin der grundsätzliche Rat, die Pilgerreise nicht durch den Gebrauch von Verkehrsmitteln abzukürzen oder zu erleichtern, da dadurch die Wegerfahrung oft so etwas wie einen „inneren Bruch" erleidet.

Welcher Weg?

Ihre Entscheidung, welcher der zahlreichen in den letzten Jahren wiederbelebten Jakobswege Ihr erster oder nächster Jakobsweg ist, ist von Ihren persönlichen Erwartungen, der Jahreszeit und Ihrem Geldbeutel abhängig. Im Folgenden werden die verschiedenen Jakobswege kurz vorgestellt, um Ihnen die Entscheidung zu erleichtern. Zu allen hier aufgeführten Wegen sind im Conrad Stein Verlag praktische Pilgerführer erschienen (☞ Weiterführende Literatur). **Eine Übersichtskarte finden Sie auf den hinteren Umschlagseiten**.

☺ Ich zitiere auch im folgenden Teil bewusst nicht mehr die „offiziellen" ☞ **Pilgerstatistiken** des Pilgerbüros von Santiago. Im Anhang finden Sie den Link zu selbigen und können auch genauer nachlesen, warum auch ich deren Aussagekraft in Zweifel ziehe und daher die Nennung ungefährer Schätzungen für angemessener betrachte.

Pilgerwege in Spanien und Portugal

Der Camino Francés

Die Hauptroute der Jakobswege in Spanien, der Camino Francés, ist der bekannteste und international beliebteste Jakobsweg. Knapp die Hälfte aller Pilgerinnen und Pilger, die in Santiago ankommen, erreichen die Stadt über diesen Weg, wenngleich gut die Hälfte bis zwei Drittel davon auf diesem lediglich die letzten 113 km ab Sarria absolviert. Gewöhnlich wird zum Camino Francés auch der Navarrische Weg gezählt. Dieser beginnt in Saint-Jean-Pied-de-Port an der französisch-spanischen Grenze und führt über die Pyrenäen nach Pamplona. Bei Puente la Reina beginnt dann der eigentliche Camino Francés und auf diesem geht es dann weiter durch Logroño und die Weinfelder der Rioja. Ab Burgos wandert man durch die karge Landschaft der Meseta nach León. Hinter Astorga führt der Weg dann über zwei Pässe hinein in die grüne Mittelgebirgslandschaft Galiciens und endet nach insgesamt rund 800 km in Santiago de Compostela.

Der Weg bietet abwechslungsreiche Landschaften und führt an zahlreichen Kulturdenkmälern vorbei. Der „Geist des Jakobsweges" und die „Pilgerstimmung" ist hier nahezu unübersehbar. Allerdings haben die Kommerzialisierung des Camino Francés und der moderne Wegebau in den letzten Jahren in starkem Maße dazu geführt, dass ein Teil der ursprünglichen Atmosphäre verloren ging. Dies stört Pilgerneulinge erfahrungsgemäß weniger, aber einige erfahrene Pilger nicht selten umso mehr. Pilgerherbergen aller Art sind zuhauf vorhanden, sodass die Wegetappen meist sehr unproblematisch eingeteilt werden können. Von Mitte Juli bis Ende August und auf den letzten 150 km sind diese jedoch gelegentlich sehr voll und bieten dann selten Gelegenheit zur Ruhe (☞ Menschenmassen). In der Gunst der deutschsprachigen Pilger ist der Weg in den letzten 10 Jahren wohl auch aus diesem Grund deutlich gefallen, was jedoch nicht ganz begründet erscheint. Die lange Strecken davor führt ja wesentlich weniger Pilger und es ist ja auch gemäß der seit 2025 geltenden Neureglung der Vergabe des Pilgerzeugnisses, der ☞ Compostela, gar nicht mehr notwendig, die letzten 100 km komplett zu pilgern. Die Markierung ist, wenn sie nicht mutwillig oder durch Bauarbeiten verändert wurde, in der Regel als „idiotensicher" zu bezeichnen. Auch der Weg selbst ist bis auf einige Bergetappen extrem gut oder zumindest gut ausgebaut.

Das Klima ist bis auf das letzte Stück, das durch Galicien verläuft, wo es besonders im Frühjahr und Herbst viel regnet, meist trocken. In den Sommermonaten wird es in der Meseta dabei recht heiß. Der Weg ist von April bis Oktober gut begehbar. Die beste Zeit ist wohl ab der zweiten Maiwoche bis Mitte Juli und der September.

Englischkenntnisse sind wie überall im Ausland von Vorteil. Spanischkenntnisse sind nicht zwingend erforderlich, da man sich entlang der Route gut auf den Fremdenverkehr eingestellt hat. Um der stolzen spanischen Kultur Anerkennung zu zollen und nicht mit offensichtlichen Scheuklappen über den Weg zu wandern, empfiehlt es sich aber, ein paar Brocken zu lernen (☞ Sprachführer). Im Allgemeinen kann man auf diesem Weg mit den später angegebenen täglichen ☞ Kosten von € 25 bis 35 rechnen.

Der Weg kann durch den Camino Finisterre und den Camino Aragonés, deren Beschreibungen nun folgen, sehr gut variiert und verlängert werden. Praktische ☞ Pilgerführer und weiterführende ☞ Literatur zu all diesen Wegen gibt es reichlich.

Der Aragonesische Weg

Der Name leitet sich vom südlicher gelegenen spanischen Bundesstaat Aragón ab, wo der Weg seinen Anfang nimmt. Er beginnt am Grenzpass Somport, wo die später beschriebene Via Tolosana die spanische Grenze erreicht. Zunächst führt er meist bergab aus den Pyrenäen hinaus und dann in deren vorgelagertem Mittelgebirge bis nach Puente la Reina, wo er sich dann mit dem eben beschriebenen Navarrischen Weg zum Camino Francés vereinigt. Der Aragonesische Weg ist 166,9 km lang und bedeutet so im Vergleich zum Navarrischen Weg eine zusätzliche Strecke von 71,5 km. Während der ersten zwei Tage ist der Wegverlauf gelegentlich etwas steil, aber gut begehbar und übersichtlich mit gelben Pfeilen markiert. Es sind genügend Unterkünfte vorhanden und die Wegbeschaffenheit ist gut.

Der schöne Weg ist in den letzten Jahren leider etwas ins Hintertreffen geraten. Da er etwas abseits von der Hauptroute verläuft, ist er wesentlich ruhiger und familiärer. Auch bietet er länger Gelegenheit, die Pyrenäen bzw. die Aussicht darauf zu genießen. Bedeutende Sehenswürdigkeiten, wie z. B. das Kloster San Juan de la Peña und die Kirche Eunate, finden sich auf diesem Wegstück. Sie finden den Weg nun im Outdoorführer zur Via Tolosana (📖 35) beschrieben.

Der Weg nach Finisterre

Der Weg von Santiago nach Finisterre ist ca. 89,4 km lang. Der weitere Weg von Finisterre nach Muxía nochmals 30 km. Wer nach dem Trubel der letzten Kilometer vor Santiago und in Santiago selbst etwas mehr Ruhe sucht oder noch einige Tage auf seinen vorgebuchten Rückflug warten muss oder kann, für den bietet dieser Weg wohl eine gute Möglichkeit. Viele planen auch bewusst vorab ein kürzeres Wegstück bis nach Santiago, um der Gefahr eines Zeitdrucks zu entgehen, und kalkulieren dann diesen Weg für den Fall, dass alles gut läuft, fest ein (☞ Gesamtstrecke). Auch für Verlängerungen kürzerer Wege, wie z. B. des Portugiesischen Weges, des Camino Inglés oder des Camino Primitivo, erscheint er ideal. Der Weg ist im Vergleich zum Camino Francés etwas einsamer. Er führt oft durch unberührte Landschaften und verläuft auf den letzten Kilometern am Meer entlang. Die Wegmarkierung ist auch hier gut. Es sind genug Herbergen vorhanden. Auch liegen einige Pensionen und Hotels am Weg.

Weg hinab nach Ceé - Camino Finisterre (ss)

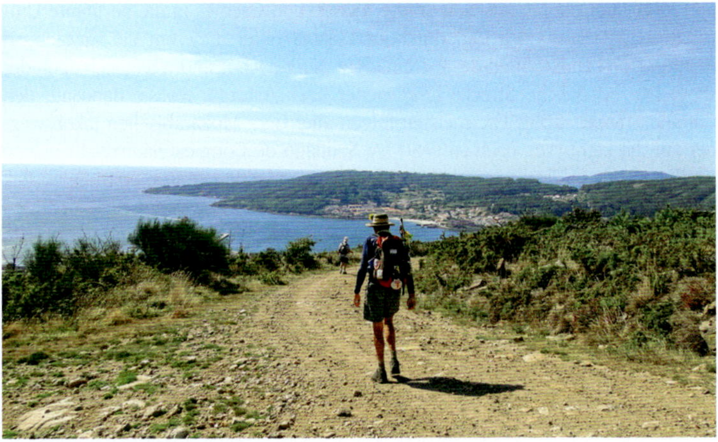

Die Wegbeschaffenheit ist gut und das Wetter typisch für Galicien (☞ Camino Francés). Die größte Attraktion des Weges ist wohl der Sonnenuntergang am Kap Finisterre und die damit verbundene Tradition der Kleiderverbrennung (☞ Ziel). Besonders regionalpatriotische Einwohner von Santiago betonen, dass es sich hier nicht um einen Jakobsweg handelt, da dieser nicht nach Santiago führt (☞ Pilgern). Dennoch ist der Weg in eben diese „falsche" Richtung ausgezeichnet und bedeutet für immer mehr Pilgerinnen und Pilger eine willkommene Ergänzung ihrer Pilgerreise, denn Pilgern beschränkt sich ja nicht in jedem Fall ausschließlich auf die Absicht einer Wallfahrt nach Santiago. Manche Schätzungen gehen davon aus, dass heute mehr als die Hälfte der deutschsprachigen Pilger zum Kap Finisterre pilgern.

Auch wer von Santiago den direkten Weg in das noch weitgehend vom Massentourismus verschonte Muxía wählt, wird eine gute Wegauszeichnung finden. Die Kennzeichnung des direkten Wegs zwischen Muxía und Finisterre ist in beide Richtungen lesbar und überwiegend vollständig und gut.

Vía de la Plata und nördlicher Mozarabischer Jakobsweg

Die Route, die unter dem Namen Vía de la Plata oder Ruta de la Plata bekannt geworden ist und fälschlicherweise auch mit „Silberstraße" oder „Silberweg" übersetzt wird, erfreut sich besonders unter alten Pilgerhasen an Beliebtheit. In den vergangenen Jahren pendelten sich die Zahlen hier auf ca. 10.000 ein, wobei die männlichen Pilger hier in der Regel in der Mehrzahl sind.

Die Vía de la Plata startet in Sevilla im südspanischen Bundesstaat Andalusien und führt über die historischen Städte Mérida und Cáceres in die berühmte Universitätsstadt Salamanca und durchquert dabei unter anderem die weitgehend unberührten Landschaften der Extremadura. Kurz nach Zamora teilt sich dann der Weg: Die historische Strecke führt weiter nach Astorga, wo sie dann auf den Camino Francés stößt. Die meisten folgen aber dem Mozarabischen Jakobsweg, der auf direktem Weg nach ca. 980 km Santiago de Compostela erreicht.

Die Vía de la Plata geht in ihrer Entstehung auf eine alte Römerstraße zurück und wurde später in Verbindung mit dem eigens für die Pilgerreise errichteten Mozarabischen Jakobsweg als Pilgerweg nach Santiago genutzt. Sie atmet heute den Geist eines neu erwachten historischen Jakobsweges und beeindruckt besonders durch ihre landschaftliche Schönheit und Unberührtheit (☞ Seiten 11, 98, 113 und 150), die von vielen noch höher eingestuft wird als die des Camino Francés. Der Weg, der bis vor Kurzem noch als Insidertipp für einige wenige hartgesottene Hardcorepilger galt, wurde in den letzten Jahren in jeder Hinsicht gut ausgebaut und verfügt heute bis auf an wenigen Stellen über eine gute oder zumindest ausreichende Infrastruktur.

Die ursprünglichen Wege, die meist gut markiert sind, sind in der Regel gut begehbar und führen über zwei Pässe nach Galicien. Das Netz der Herbergen erlaubt es heute, bis auf zwei unproblematische Ausnahmen, Tagesetappen von bis zu 25 km zu planen, sodass diese Strecke heute auch für weniger geübte Pilgerinnen und Pilger interessant erscheint. Die südliche Hälfte des Weges ist zum Teil recht einsam. Ab Salamanca nehmen die Pilgerzahlen dann etwas zu. Lediglich auf den letzten 100 km wird hin und wieder davon berichtet, dass der Weg voll sei. Sonst ist erfahrungsgemäß nur während der spanischen Karwoche „Semana Santa" mit höheren Pilgerzahlen zu rechnen. Spanischkenntnisse sind von Vorteil, da hier wenig Englisch gesprochen wird. Für den, der sich mit Händen und Füßen zu verständigen weiß oder einen ☞ Sprachführer benutzt, sind sie jedoch auch hier nicht dringend notwendig. Die zu erwartenden täglichen Kosten sind im Durchschnitt ein wenig höher anzusetzen als auf dem C. Francés.

Auch wenn Radfahrer gelegentlich auf Umgehungsstrecken ausweichen müssen, ist diesen der Weg besonders zu empfehlen, da es hier aufgrund des ausreichenden Angebots keine Probleme mit Unterkünften gibt.

Vor allem im Winter ist dieser Weg von besonderem Interesse. Wenngleich es dann auch hier nachts kalt wird und gelegentlich Frost gibt, steigen die Temperaturen besonders auf den südlichen 450 km tagsüber auf angenehme Höhen und erlauben es so, auch im Winter auf einem Jakobsweg unterwegs zu sein (☞ Foto Seite 98). Dieser Streckenabschnitt ist während der Monate Juli und August wegen der hohen Temperaturen in der Regel nur für Frühaufsteher zu empfehlen.

Weitere Informationen zu diesem Weg finden Sie in dem von mir überarbeiteten OutdoorHandbuch, das im Anhang aufgeführt ist (📖 26).

Der südliche Mozarabische Jakobsweg

Der insgesamt über 400 km lange Weg führt in mindestens 15 Lauftagen von der prächtigen andalusischen Stadt Granada mit ihrer berühmten Alhambra bis nach Mérida, wo der Weg auf die eben beschriebene Vía de la Plata trifft und weitere 788 km bis nach Santiago verläuft. Der erste Abschnitt des südlichen Mozarabischen Jakobsweges bis in die berühmte Stadt Códoba verläuft dabei sehr bergig und absolut einsam. Dann führt der Weg durch Olivenplantagen und später durch extensiv genutztes Weideland. Der mit einigen Ausnahmen gut ausgezeichnete Weg, dem es nur selten an Wärme, Sonne und Sehenswürdigkeiten mangelt, ist ebenso wie der südliche Teil der Vía de la Plata im Prinzip bis auf die Hochsommermonate immer begehbar. Pilgerherbergen gibt es nicht und die spärlichen, nicht immer billigen Übernachtungsmöglichkeiten machen Tagesetappen von z. T. 40 km Länge notwendig. Die weiten Distanzen erfordern daher eine solide Planung der Tagesstrecke und des Proviants (📖 27).

Der Camino de Levante (Camino del Sureste)

Der Camino de Levante führt ca. 800 km gut gekennzeichnet von Valencia nach Zamora, wo er auf die Vía de la Plata trifft, auf der es dann nochmals ca. 400 km bis nach Santiago weitergeht, das man dann nach insgesamt rund 1.200 km erreicht. Im ersten Teil führt der Weg zunächst durch Orangen- und Mandelplantagen und vorbei an Reisanbaugebieten, Oliven- und Aprikosenbäumen. In Kastilien-La Mancha trifft der Wanderer dann Windmühlen und Weinbaugebiete und gegen Ende folgen noch einige beeindruckende Gebirgszüge. Das wunderbare Naturerleben dieses wenig besuchten Weges hat aber auch seinen Preis: Insgesamt müssen neun Tagesetappen über 25 km bewältigt werden, von denen die längste rund 40 km zählt. Neben Pilgerherbergen und wenigen einfachen Notunterkünften übernachtet man nicht selten in Pensionen, was dann mit € 20 bis 35 pro Person zu Buche schlägt. Abgesehen von den ersten Etappen entlang des Meeres herrscht auf dem Weg ein typisches spanisches Kontinentalklima mit sehr heißen Sommern und kalten Wintern, sodass März bis Mitte Juni und September bis Oktober am ehesten als Reisezeit zu empfehlen sind (📖 28).

Der Portugiesische Jakobsweg – Caminho Português

Nach dem Camino Francés ist der Portugiesische Jakobsweg mit Abstand der beliebteste der Jakobswege. Besonders unter Deutschsprachigen hat er in den letzten Jahren eine sehr große Bekanntheit erlangt, die inzwischen an die Popularität des Camino Francés herankommt oder diese evtl. schon übertrifft. Insbesondere Pilgeranfänger und weibliche Pilger sind auf diesem recht einfachen Weg in großer Zahl zu finden. Die zentrale Hauptstrecke dieser Route wurde unter dem Namen Caminho Português bekannt. Der historisch überlieferte Weg beginnt eigentlich im Süden Portugals. Bis 2024 war der Weg allerdings nur ab Lissabon gekennzeichnet. Da ab dort bisher jedoch noch wenig Infrastruktur an günstigen Pilgerherbergen vorhanden war, starteten in der Vergangenheit deutlich weniger als 10 % der Pilger des Caminho Português schon südlich der schönen Stadt Porto, ab der es dann noch höchstens 250 km Wegstrecke bis Santiago sind. In den letzten Jahren wurden ab Porto einige Wegalternativen nahe dem Meer ausgezeichnet, die 2025 bereits ein gute Herbergsnetz aufwiesen und eine stattliche Zahl an Pilgerinnen und Pilgern Richtung Santiago führte. Zusammen mit der traditionellen Hauptroute im Inland erreicht ca. ein Viertel aller Pilger Santiago über diesen Weg. Der Caminho Português stellt, was seine landschaftliche Gestaltung angeht, einen deutlichen Kontrast zur Vía de la Plata dar. Er bezaubert durch eine grüne, abwechslungsreiche Kulturlandschaft, die im schnellen Wechsel über Wiesen, durch Wälder und Felder, durch Weinlauben, über alte Brücken, vorbei an Meeresbuchten und durch viele kleine Dörfer und

Städtchen führt. Auf der ersten Hälfte des Weges lernt man so das schöne Land Portugal und die sprichwörtliche Gastfreundschaft der Menschen fern einer gewohnten touristischen Fassade kennen. Highlight ist hier sicher die kulturell und historisch reiche Stadt Porto. Schließlich in Galicien angekommen entdeckt man dann Padrón, wo der Legende nach das Schiff mit dem Leichnam des hl. Jakobus anlegte. Der Weg ist gut bis sehr gut markiert, weist wenig größere Steigungen auf und ist meist sehr einfach begehbar, da er öfter auf Flurwegen und wenig befahrenen Dorf- und Landsträßchen verläuft. Auf dem gesamten Weg besteht ein reichhaltiges Angebot an Herbergen, sodass lediglich mit täglichen Kosten von € 25 bis € 35 zu rechnen ist.

Der Weg ist von März bis Oktober gut begehbar. Im Juli und August ist es aber ratsam, eine Mittagspause einzulegen. Im Frühling und Herbst sollte ein guter Regenschutz mitgeführt werden. Mai, Juni und September sind ideal zum Wandern. In Portugal kommt man leicht mit Englisch durch und auch Spanisch wird verstanden. Auch sind die Portugiesen aufgrund ihrer Gastfreundlichkeit bei Sprachproblemen sehr geduldig.

Der Weg ist deshalb ideal für Anfänger und Kurzurlauber, kann aber auch durch das Anhängen des Weges nach Finisterre auf bis zu 350 km verlängert werden. Pilgerinnen und Pilger mit etwas Erfahrung können ihn auch bereits ab Lissabon begehen, wo der Weg allerdings über wesentlich weniger Pilgerherbergen verfügt.

Weitere Informationen finden Sie in dem von mir verfassten OutdoorHandbuch (📖 29).

Der englische Weg – Camino Inglés

Der Pilgeranfänger, der diesen Weg zu seinem ersten Pilgerweg erwählt hat, erreicht schon nach ca. 115 km Wegstrecke Santiago und erlebt so auf einem noch wenig frequentierten Pilgerweg einen ersten Eindruck vom Pilgerleben. Auch dem erfahrenen Pilgerfreund hat dieser kleine, aber feine Jakobsweg ebenfalls einiges zu bieten: Von der nordspanischen Hafenstadt Ferrol, in der die Jakobspilger aus England und Skandinavien einst an Land gingen, führt der Weg in den ersten Tagen über Strandpromenaden und entlang der typischen Meeresarme Galiciens – den Rias – langsam ins Landesinnere. Von der schönen galicischen Kleinstadt Betanzos geht es dann weiter nach Bruma.

Hier trifft eine Variante aus A Coruña, welche bereits nach 80 km das Ziel erreicht, auf den Hauptweg. Durch die grüne galicische Naturlandschaft geht es im Duft von Eukalyptuswäldern weiter nach Santiago. Der kleine, kaum bekannte Pilgerweg fristete bisher eher ein Schattendasein – etwas zu Unrecht. Er kann sicher nicht wie andere Pilgerwege mit einer wochenlangen Wanderstrecke aufwarten, bietet aber alles, was man für ein paar Tage des Pilgerglücks braucht, und lässt sich dazu sehr gut mit dem im vorliegenden Werk beschriebenen, 89,4 km langen Weg von Santiago weiter nach Finisterre kombinieren.

Am historischen Hafen von Ferrol – Camino Inglés (rj)

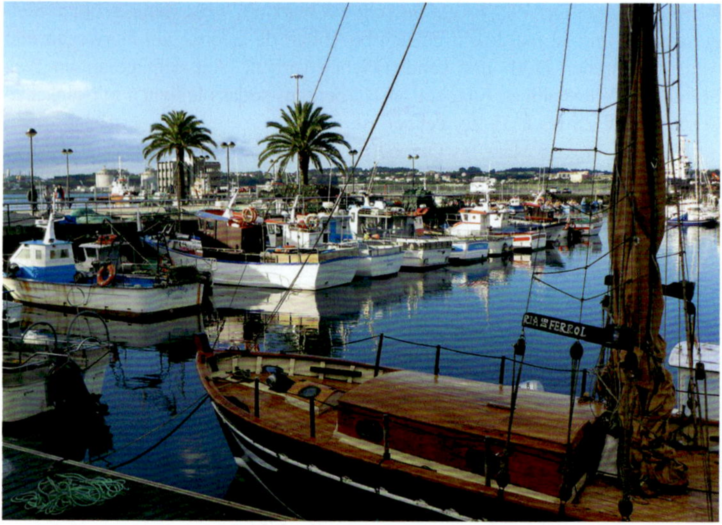

Das inzwischen fast durchgehend gute Herbergsnetz erlaubt die Planung von Tagesetappen von nicht mehr als 25 km. Auch das örtliche Preisniveau unterscheidet sich nur wenig von den anderen galicischen Wegabschnitten und die Anreise ist meist unkompliziert und kostengünstig. Auch dieser Weg nimmt kontinuierlich an Pilgerzahlen zu und führt ca. 25.000 Pilgerinnen und Pilger nach Santiago. Hier herrschen also noch etwas „familiäre Verhältnisse". (Nähere Infos und Fotos finden Sie auf meiner Seite – 💻 www.camino-ingles.de – und in dem im Anhang beschriebenen Outdoorführer 📖 30)

Der Küstenweg – Camino de la Costa und Camino del Norte

Diese Route wurde noch vor dem Camino Francés als Jakobsweg genutzt, war aber lange Zeit in Vergessenheit geraten und wurde erst in den letzten Jahren allmählich wiederentdeckt und 2015 zum Weltkulturerbe erklärt. Seine Pilgerzahlen scheinen sich in den letzten Jahren bei ca. 20.000 einzupendeln.

Dieser ca. 850 km lange Weg stellt besonders auf seinem ersten Stück von San Sebastián bis Bilbao eine körperliche Herausforderung dar, da er hier ausgesprochen bergig und teilweise unwegsam ist. Im späteren Verlauf werden die Verhältnisse dann immer besser. Oft läuft man hier am Strand entlang, gelegentlich führt der Weg aber auch auf die Straße. Wenngleich auf dem gesamten Wegstück, das entlang der Küste verläuft, keine sehr großen Höhen erreicht werden, geht es meist auf und ab, was körperlich fordernd ist. Tagesetappen von 20 km können somit auf diesem Weg schon ausreichend sein. Der Blick auf das Meer und eine durchgehend schöne Landschaft entschädigen aber für die Mühen. Wo der Camino de la Costa endet und der Camino del Norte dann schließlich ins Landesinnere führt, wird der Weg einfacher, ohne dabei jedoch an Reiz zu verlieren. Auf dem gesamten Weg ist mit einem feuchten Klima zu rechnen. Erfreulich ist aber, dass die Meeresnähe dafür sorgt, dass hier während des ganzen Jahres ein mildes Klima herrscht. Für geübte Radfahrer ist der Weg machbar, wenngleich hier öfter Ausweichstrecken befahren werden müssen. Die täglichen Lebenshaltungskosten sind auf der ersten Hälfte des Weges ca. 20 bis 30 % höher als z. B. auf dem Camino Francés.

Da auch dieser Weg im Wandel begriffen ist, empfiehlt sich auch hier das Lesen des aktuellen Pilgerführers (🕮 31) sowie der entsprechenden Internetseiten. Ich bin seit Anfang 2008 mit der Überarbeitung des Führers betraut und habe zu diesem eine provisorische Internetseite mit Pilgerforum eingerichtet (💻 www.camino-del-norte.de).

Der Camino Primitivo – Der Primitive Jakobsweg

Für Pilgerinnen und Pilger, die einmal den überraschend bergigen hohen Norden Spaniens kennenlernen wollen, ist wohl dieser Weg der richtige Geheimtipp. Wer bei Amandi den eben erwähnten Küstenweg verlässt, kann ihn über einen 44 km langen Zubringer bei Oviedo erreichen. Der Primitive Jakobsweg oder Camino Primitivo führt dann schließlich nach insgesamt weiteren 308 bis 327 km nach Santiago. Die Route existiert schon seit dem 10. Jh. und gilt somit als der älteste Jakobusweg. Auch dieser Weg scheint zunehmend an Beliebtheit zu gewinnen und kommt inzwischen an die Pilgerzahlen seines großen Bruders, dem nordspanischen Küstenweg, mit ca. 20.000 Pilgerbegeisterten heran. Die Route führt durch wunderschöne, einsame Berglandschaften und wird daher von ihren Liebhabern, bei denen es sich oft um erfahrene Pilgerfreunde handelt, als der schönste aller Jakobswege bezeichnet.

Der Weg ist heute mit wenigen Ausnahmen gut markiert. Er ist inzwischen durchgehend mit einem guten Netz von Herbergen ausgestattet, wobei diese an einigen Orten ein wenig teurer sind als z. B. auf dem Camino Francés. Je nach Route trifft der Weg dann 40 oder 55 km vor Santiago auf den Hauptweg. Aufgrund der

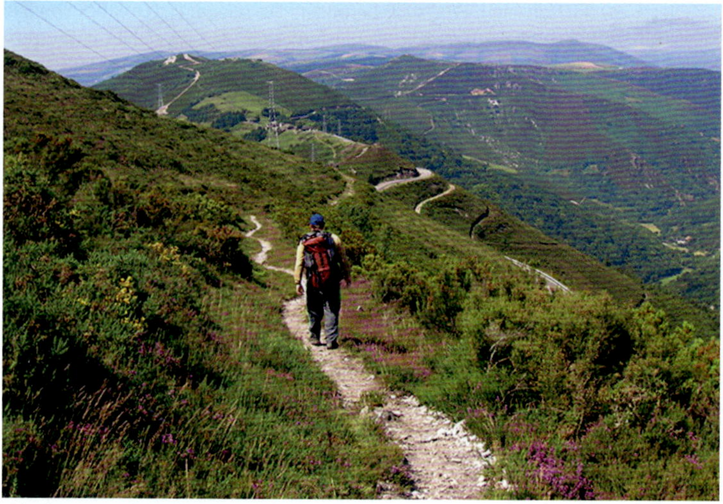

Abstieg vom Pass Puerto del Palo (rj)

großen Höhenunterschiede sollte der Pilger über eine gute körperliche Kondition verfügen. Auch muss man sich hier gelegentlich auf Regen einstellen. Der Weg ist aufgrund seiner Höhe und der damit verbundenen Schneefälle im Gebirge nur in der Zeit von März bis November begehbar. Wer den Weg mit dem Rad bewältigen will, sollte über viel Erfahrung verfügen, genug Zeit mitbringen und sich vorab gründlich informieren. Die zu erwartenden finanziellen Ausgaben liegen im Rahmen des Üblichen. Näheres im Buch 🕮 32.

Die Wege in Frankreich

In Frankreich sind unabhängig von den Wegen verschiedene Besonderheiten zu erwähnen: Pilgerherbergen und Wanderherbergen sollten einen halben Tag, oder möglichst noch früher, reserviert werden. Die Herbergen sind meist kleiner und besser ausgestattet als die in Spanien, kosten in der Regel aber auch wesentlich mehr, was dann auf die Dauer doch zu Buche schlägt. Nicht selten findet man hier auch Kochgelegenheiten. Wo es sich um Wanderherbergen handelt, brauchen Sie keinen Pilgerausweis vorzuzeigen. Auch die Pilgerherbergen nehmen Sie meist ohne einen solchen auf, wobei es allerdings immer sicherer ist, doch einen Pilgerausweis mitzuführen. Ebenfalls wesentlich kostspieliger sind die Nahrungsmittel, und zwar egal, ob Sie diese in kleinen Läden kaufen oder sich für ein Menü in einem Restaurant entschließen. Eine kleine Ausnahme bieten größere Geschäfte in den Städten, weshalb es bei einer knappen Urlaubskasse hier zu überdenken ist, etwas mehr Proviant mit sich zu tragen. Insgesamt werden Sie je nach Weg mit etwas oder wesentlich höheren Ausgaben als in Spanien und Portugal rechnen müssen. Wenn Sie nicht gerade mit dem Zelt unterwegs sind und sich dabei permanent von mitgeführten Lebensmitteln ernähren wollen, sollten Sie dort, wo sich ein ausreichendes Netz an Herbergen findet, mit Kosten von nicht weniger als € 35 pro Tag rechnen. Auf den Strecken, bei denen Sie auf Pensionen oder Hotels ausweichen müssen, wird diese Summe leicht übertroffen werden. Die beste Reisezeit liegt zwischen Mai und Oktober und wenngleich es hier nicht so feucht ist, wie im Galicien und im Norden Spaniens, muss doch auch gelegentlich mit Niederschlägen gerechnet werden.

Wenn Sie nicht Französisch sprechen oder nicht in der Lage sind, sich anhand von Zeichensprache zu verständigen, wird es Ihnen hier gelegentlich nicht immer leichtfallen, sich mitzuteilen, da Franzosen mittleren und höheren Alters eher selten Fremdsprachen sprechen.

Die Via Podiensis (GR 65)

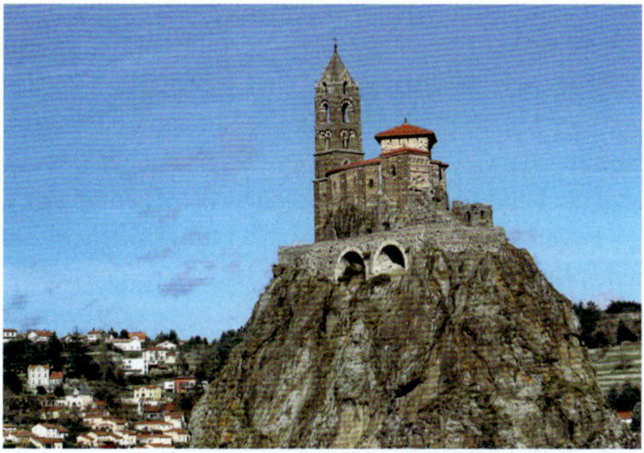

Die Chapelle St-Michel-d'Aiguilhe steht auf einer 88 m hohen Vulkannadel in Le Puy-en-Velay – aus Via Gebennensis (he)

Der wohl zu Recht beliebteste französische Jakobsweg verläuft heute identisch mit dem Nationalwanderweg GR 65. Er beginnt in Le Puy-en-Velay, wo die gleich im Anschluss beschriebene Via Gebennensis endet, und führt erst steiler, dann moderater, aber immerzu bergauf und bergab über die Städte Figeac, Cahors, Moissac und Eauze nach Saint-Jean-Pied-de-Port. Dort mündet der Weg in den bereits beschriebenen Navarrischen Weg, der seinerseits dann bald in den Camino Francés mündet. Der Weg ist insbesondere im ersten Drittel landschaftlich sehr reizvoll, aber auch körperlich anstrengend. Auch im restlichen Teil gestaltet er sich oft nicht einfach, weshalb nur erfahrene Wanderer hier mehr als 25 km täglich einplanen sollten. Da es sich um einen französischen

Fernwanderweg handelt, ist er in beide Richtungen begehbar und wird naturgemäß neben Pilgern auch gerne von Wanderern begangen. Die Via Podiensis ist 730 km lang und meist gut markiert, wobei die Qualität der Wege stark variiert, dafür aber den Reiz des Ursprünglichen vermittelt. Der Weg bietet durchgehend genug Unterkunftsmöglichkeiten in Wander- und Pilgerherbergen, was ihn für französische Verhältnisse noch relativ günstig gestaltet. Auch öffnete in den letzten Jahren eine stattliche Zahl kirchlicher Herbergen, welche ebenso wie auch andere private Herbergen für französische Verhältnisse relativ günstige Abendessen anbieten. Besonders im ersten Teil kann es während der Wochenenden und der Urlaubszeit wegen des hohen Aufkommens von französischen Wanderern bei den Herbergen gelegentlich zu Engpässen kommen. Für Radfahrer ist der Weg anspruchsvoll, aber machbar (🕮 34).

Die Via Tolosana (GR 653)

Der 720 km lange Pilgerweg von Arles über Montpellier, Toulouse und Pau ist der südlichste der französischen Wege und endet am Somportpass, wo er die spanische Grenze überquert und in den Aragonischen Weg mündet. Der mit kleinen Ausnahmen durchgehend sehr gut ausgeschilderte Weg verläuft im ersten Teilstück eben, aber dann bald bergig. Von seinen Liebhabern wird er besonders wegen seiner Ursprünglichkeit und Einsamkeit geschätzt, was ihn dann natürlich auch körperlich etwas anspruchsvoller macht. Die Vielfalt der Landschaft führt Sie von der Ebene der Camargue im Rhônetal über die Kalkhochflächen in den Ausläufern der Cevennen zu dem Hügelland in der Gascogne und im Béarn und abschließend hinauf zu den steilen Pyrenäen an der Grenze zu Spanien.

Es gibt ausreichend Übernachtungsmöglichkeiten. Selten muss aber auch auf private Pensionen ausgewichen werden, was die Kosten etwas erhöht (🕮 35).

Die Via Lemovicensis

Ebenfalls noch wenig begangen und bis auf wenige Stellen vollständig markiert ist die nördliche französische Route, die Via Lemovicensis. Sie schließt an verschiedene von der deutschen Grenze kommenden Jakobsweg bzw. die von der belgischen Grenze kommenden Via Campaniensis (🕮 36) an und führt von Vézelay relativ eben ca. 910 km nach Sait-Jean-Pied-de-Port. Dort mündet sie dann in den Navarrischen Weg und damit in den Camino Francés. Der Weg ist angenehm begehbar und hat ein zunehmend gutes Netz an Herbergen vorzuweisen. Er wird von seinen Freunden als landschaftlich wunderschön mit vielen religiösen und kulturellen Höhepunkten beschrieben (🕮 37).

Weitere Pilgerwege in Ostfrankreich und kostenloses Pilgermagazin

Es bieten sich noch weitere Pilgerwege in Ostfrankreich an, welche eine Verbindung zu den im Folgenden beschriebenen Pilgerwegen in Deutschland, Belgien, Österreich und der Schweiz bieten. Der bekannteste ist wohl die **Via Gebennensis**, welche von der Schweiz bis zum Beginn der Via Podiensis führt (📖 33). Die **Via Campaniensis** schließt an die belgischen Jakobswege Via Mosana und Via Monastica an und führt bis zum Startpunkt der Via Lemovicensis und schließt somit eine weitere Lücke (📖 36). Weitere Verbindungswege wie z. B. von Trier bis zum Beginn der Via Podiensis (📖 39) finden Sie in dem vom Conrad Stein Verlag angebotenen **Pilgermagazin**:

💻 www.conrad-stein-verlag.de → Service → Pilgermagazin

Pilgern in der Schweiz

Nicht nur die Schokolade, sondern auch der Weg ist hier ein Genuss, der allerdings nur dann zu empfehlen ist, wenn Sie über ein pralles (Schweizer) Konto verfügen. Der durchgehend markierte Weg führt von Konstanz oder Rorschach am Bodensee ungefähr 400 km in ca. 19 Tagen nach Genf, wo der Weg dann in die eben erwähnte Via Gebennensis mündet. Diese Strecke bietet eine wunderschöne, aber auch anstrengende Berg- und Taltour, vorbei an vielen Seen und über Höhen.

Günstige Pilgerherbergen gibt es nur wenige. Wo Sie bei einem Bauern im Stroh übernachten können, werden Sie samt Frühstück fast den Preis einer Übernachtung in einer deutschen Pension bezahlen. Für die Übernachtungen in Jugendherbergen und Pensionen müssen Sie mit stattlichen Preisen rechnen und beim Anblick der Preise in den Restaurants wird manchem Normalverdiener wahrscheinlich schon von allein der Appetit vergehen.

Dieser schöne Weg ist aus verständlichem Grund nicht überlaufen. Er ist wegen seiner vielen Höhen im Winter nicht begehbar. Im ersten Teil wird (Schweizer-)Deutsch gesprochen und gegen Ende Französisch, man kann aber oft auf Englisch ausweichen (📖 38).

Jakobsweg in Österreich

Der Weg ist in vielerlei Hinsicht vergleichbar mit dem Schweizer Jakobsweg. Er beginnt nahe Bratislava an der Grenze zur Slowakischen Republik und führt über Wien, Linz, Salzburg und Innsbruck schließlich nach Feldkirch, wo er nach insgesamt ca. 800 km die Grenze zur Schweiz erreicht. Von hier aus führt er 120 km weiter bis nach Einsiedeln. Dort stößt er dann auf den eben genannten Schweizer Weg. Da in Österreich die Preise im Allgemeinen doch um einiges niedriger sind als in der Schweiz, und man auch gelegentlich in Klöstern oder Ähnlichem übernachten kann, kommt man am Tag aber mit wesentlich weniger Geld aus.

Jakobswege in Deutschland

Dank fleißigen Pilgerbegeisterten in Deutschland ist bereits ein so vielseitiges Netz an Pilgerwegen markiert worden, dass es hier aus Platzgründen unmöglich ist, eine nähere Beschreibung abzugeben. Wer heimatnah pilgern will, dem öffnet sich die Möglichkeit, dies nahe seinem Alltag zu erleben und auf eine größere Anreise zu verzichten.

Für nähere Informationen empfehle ich eine ☞ nahe gelegene Jakobsgesellschaft zu kontaktieren, da diese meist auf dem neuesten Stand der Entwicklung vor Ort sind. Eine gute Übersichtskarte über Pilgerwege in Deutschland bietet die Seite 💻 deutsche-jakobswege.de. Günstige Pilgerherbergen gibt es bisher nur wenige, was eine längere Pilgerreise in der Regel kostspielig macht. Verschiedene Insiderlisten mit Unterkunftsmöglichkeiten bei Privatpersonen werden leider nicht regelmäßig aktualisiert und die preislichen Konditionen dieser Übernachtungsmöglichkeiten erfahren Sie oft leider erst beim Anruf oder vor der Haustür verbindlich. Nicht wenige Strecken sind bereits in Wanderführern beschrieben (☞ Karte hintere innere Umschlagseite), von welchen Sie einige im Anhang finden (📖 von 39 bis 48).

Nähere Infos dazu bietet auch das kostenlose Pilgermagazin des Conrad Stein Verlags: 💻 www.conrad-stein-verlag.de → Service → Pilgermagazin

Rompilgern in Italien

Hier bietet sich z. B. der ca. 540 km lange, bereits zum großen Teil ausgeschilderte sogenannte Franziskusweg zwischen Florenz und Rom an. Der Weg führt durch abwechslungsreiche Landschaften und mittelalterliche Städte, wobei einige Steigungen zu bewältigen sind. Entlang des Franziskusweges finden Sie bereits eine Reihe von Pensionen u. a. und auch erste Ansätze für ein Netz von privaten und kirchlichen pilgerfreundlichen Herbergen sowie Jugendherbergen. Die ideale Reisezeit ist Mai, Juni, September und Oktober (📖 49).

Ebenfalls nach Rom führt die 1.100 km lange Via Francigena, die in Lausanne in der Schweiz beginnt. Sie folgt den Spuren des englischen Bischofs Segeric von Canterbury, der 990 nach Rom pilgerte, durch die Bergwelt der Alpen, das fruchtbare Aostatal und die Hügel der Toskana (📖 50).

Mit wem pilgern?

Die Frage, welche „soziale und organisatorische Form“ Sie für Ihre Pilgerreise wählen, will sehr gut überlegt sein, da dieser Entschluss wesentlich über den Stil und auch über das Gelingen oder Nichtgelingen Ihrer Pilgerreise entscheiden kann. Viele Pilgerinnen und Pilger berichten, dass ihre Wegerfahrung vor allem auch durch die intensive persönliche Begegnung mit den Mitpilgern eine besondere Farbe bekam. Für viele stellt die Möglichkeit, auf dem Weg Gleichgesinnte zu treffen, einen Hauptgrund für ihre Pilgerreise dar. Andere müssen feststellen, dass „falsche Partner" sie beim Erleben des Weges sehr behindern. Nicht selten trifft man auch Pilger, die auf dem Weg bewusst Einsamkeit erleben wollen. Es lässt sich trefflich darüber streiten, welche Form des Pilgerns nun die ursprünglichste darstellt oder einer anderen vorzuziehen ist. Die folgenden Ausführungen können hier Anregungen zu einer bewussten Entscheidung geben. Oftmals werden aber auch „Zufälle" oder praktische Sachzwänge eine Entscheidung nahelegen.

Allein unterwegs

Es spricht viel dafür, Pilgern grundsätzlich als eine zutiefst individuelle Angelegenheit zu verstehen. Konkret heißt dies, dass der Pilger, der bewusst sein Heim und die damit verbundenen Sicherheiten verlassen hat, konsequenterweise allein durch die Fremde zieht und sich dabei nicht auf die Sicherheit einer Gruppe verlassen kann. Viele Pilgerinnen und Pilger nehmen diese Einsamkeit nicht nur in Kauf, sondern suchen sie bewusst und erfahren diese als eine Möglichkeit der intensiven Begegnung mit sich selbst. Wenngleich mancher auch aus den verschiedensten Gründen (zeitweise) eine andere Form des Pilgerns wählen mag: Das Gelingen einer Pilgerreise hängt immer von der eigenen Einstellung und dem eigenen Verhalten ab. Die Bindung an Partner, die ja letztendlich auch eine persönliche Entscheidung auf dem Weg darstellt, kann hierzu ein mehr oder weniger brauchbares Mittel zum Zweck sein, sie entbindet aber in keiner Weise von einer persönlichen Verantwortung für sich selbst. Egal in welcher Gesellschaft Sie sich befinden – Sie sind und bleiben derjenige, der sich körperlich und geistig auf den Weg begibt. Das Scheitern vieler Pilgerreisen ist oft darauf zurückzuführen, dass man das Gelingen in gewohnter Weise zu sehr von widrigen Bedingungen oder anderen Menschen abhängig macht und es so eigentlich verpasst, sich selbst auf den Weg zu machen.

So viele Möglichkeiten einer reichen persönlichen Erfahrung das einsame Gehen in seiner reinsten Form auch bieten mag, es erscheint angesichts der zunehmenden Pilgerzahlen, wenn überhaupt, dann nur zeitweise auf manchen Nebenstrecken praktikabel zu sein. Auch ist diese Form nur in seltenen Fällen auf Dauer als die allein glücklich machende Methode zu betrachten. Wer sich aber bewusst hierzu entschließen will, sollte unter anderem dazu in der Lage sein, auch mit der Einsamkeit zurechtzukommen. Auch hierzu finden Sie am Ende des Buches weiterführende Literatur (📖 4).

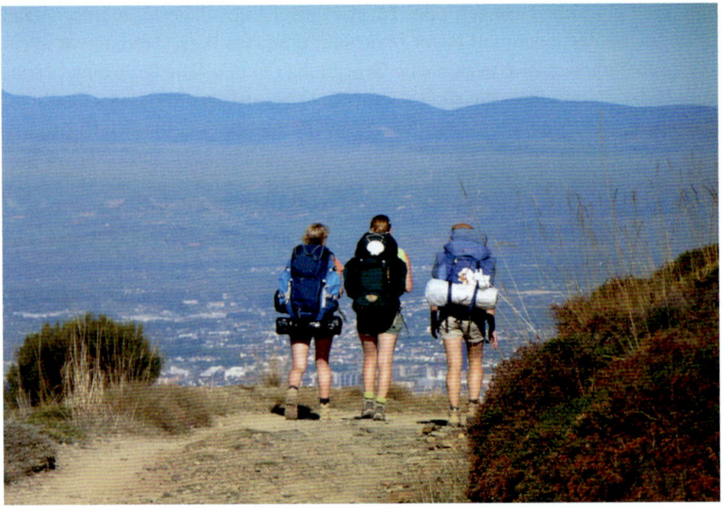

Dänische Studentinnen gemeinsam auf dem Camino Francés bei Ponferrada (rj)

Im losen Verbund gehen

Viele, wenn nicht sogar die meisten Fußpilger wählen wohl bewusst diese Form und nicht wenige, die mit dem Vorsatz gestartet sind, den Weg alleine zu bewältigen, fanden sich nach einigen Tagen im Schoße einer mehr oder weniger festen Pilgergruppe wieder. Auch die ersten Pilger suchten die Gemeinschaft Gleichgesinnter, um gegen die Gefahren des Weges gewappnet zu sein. Heute besteht hierzu nur noch selten eine Notwendigkeit (☞ Belästigung). Fast jeder, der mehr als drei Tage in einem fremden Land allein unterwegs ist, wird sich aber wohl danach sehnen, sich zumindest einmal mit jemandem über seine Erfahrung der Einsamkeit austauschen zu können. Auf ein zufälliges Treffen der einsamen Geher folgen dann oft einige Meter gemeinsamen Weges oder eine Verabredung zum Abendessen in der nächsten Herberge, aus der dann langsam eine Weggemeinschaft wachsen kann, der sich später weitere Gleichgesinnte im mehr oder weniger lockeren Verbund anschließen. Auf meist sehr unkomplizierte und unverkrampfte Weise finden so bunt gemischte Gruppen bestehend aus den Angehörigen verschiedener Altersgruppen, Nationalitäten und Weltanschauungen zusammen, die trotz allem durch ein starkes Band verbunden werden – nämlich die gemeinsame Wegerfahrung. Ebenso wie das Erleben von Einsamkeit stellt also auch das Erleben von Freundschaft und Gemeinschaft eine unentbehrliche charakteristische Erfahrung einer Pilgerreise dar. Sie wird für viele Pilgerinnen und Pilger mit der Zeit sogar zur wichtigsten Wegerfahrung überhaupt.

Wie in jeder Beziehung ist aber auch hier das Ausbalancieren des jeweils passenden Gleichgewichts aus Nähe und Distanz ein entscheidendes Merkmal. Einige suchen nicht mehr als eine mehr oder weniger regelmäßige Verabredung zu einem Abendessen. Häufig läuft man ab und zu einige Kilometer gemeinsam, um sich später wieder für eine Weile auf Rufweite zu trennen. Nicht selten ergeben sich aber auch so intensive Freundschaften, die ein gemeinsames Gehen über Stunden und Tage hinweg zu einem unvergesslichen, tiefen menschlichen Erlebnis werden lassen.

Egal welch intensive Nähe Sie zu Ihren Begleitern suchen, Sie sollten versuchen, ihnen dies bald sehr taktvoll, aber deutlich mitzuteilen, um keine falschen Erwartungen zu wecken, die Sie später nicht (mehr) erfüllen können oder wollen. Am besten „fahren" Sie, wenn Sie Ihren Begleitern zu Anfang mitteilen, dass Sie aus einem persönlichen Anliegen heraus grundsätzlich allein unterwegs sein wollen, aber durchaus gelegentlich die Gesellschaft von Pilgerbrüdern und -schwestern suchen. Erklären Sie, dass es deshalb später unabhängig von deren Person ohne Weiteres wieder einmal möglich sein kann, dass Sie für einen Tag oder sogar den ganzen Rest des Weges zur Einsamkeit zurückkehren wollen.

☺ **Liebe auf dem Weg.** Nicht nur jungen Pilgerbegeisterten bietet der Weg ein reichhaltiges Angebot an Begegnungsmöglichkeiten, welche die platonische Dimension einer Pilgerfreundschaft übersteigen können. Ein erstes Beschnuppern in einer einfachen Weggemeinschaft verläuft unverkrampft und erleichtert ein schnelles Kennenlernen. Wo sportliche Betätigung die Ausschüttung von Hormonen fördert, tun dann Sommer, Sonne und gute Laune das Übrige. Schon nach einigen Tagen „läuft" dann was, man „geht miteinander" und in den Herbergen werden dann abends schließlich die Betten näher aneinandergerückt.

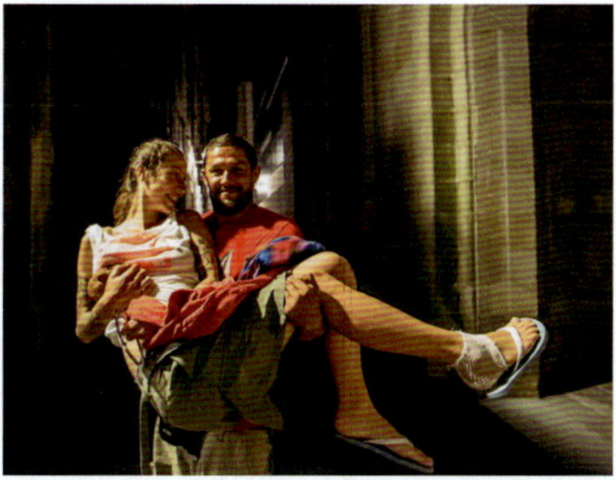

Verliebte fußkranke Pilgerin (cs)

Alles Weitere ist aber in der Regel, wenn nicht ohnehin persönliche oder religiöse Prinzipien im Wege stehen, nur für den Preis einer Unterbringung in einer Pension und unter den üblichen Schutzmaßnahmen zu machen. Manche aus Sehnsucht wach liegende Zimmergenossen haben nämlich auch noch zu sehr später Stunde bessere Ohren und Augen, als man glaubt, und wenn nicht gerade ein gigantisches mehrstimmiges Schnarchkonzert eine „günstige akustische Hintergrundkulisse" aufbaut, wird eine intensivere Begegnung am nächsten Morgen zum willkommenen bzw. peinlichen Pilgertratsch.

Die meisten dieser Begegnungen bleiben letztlich auch nur das, was sie eigentlich sind: eine schöne, aber vorläufige Urlaubsliebschaft. Einige von ihnen münden natürlich auch in längeren Beziehungen und nicht wenige Paare berichten, ein Kind auf dem Jakobsweg gezeugt zu haben.

Unterwegs mit einem festen Partner

Wer sich in einer festen Beziehung befindet, für den ist es selbstverständlich naheliegend, seinen Urlaub gemeinsam mit seinem Partner zu verbringen. Auch bieten die Erfahrungsmöglichkeiten auf dem Jakobsweges sicher eine ideale Möglichkeit, eine Beziehung zu bereichern. Man denke hier nur an die nette, aber sehr zutreffende Redensart aus Kindertagen „mit jemandem gehen" (eine Beziehung haben).

Dennoch sollte auch bei einer gut funktionierenden Partnerschaft die Möglichkeit einer gemeinsamen Pilgerreise sorgfältig überdacht sein. Selbstverständlich muss die Entscheidung auf dem Interesse beider beruhen. Nicht jedes Paar ist es zudem gewohnt, mehrere Tage oder Wochen ununterbrochen zusammen zu verbringen, was sich auf Fernreisen und auch auf dem Jakobsweg aber kaum vermeiden lässt. Die intensive Weggemeinschaft auf dem Jakobsweg kann daher nicht nur ein Gewinn, sondern auch eine „Nagelprobe" für eine Beziehung darstellen.

Wer nur ungern allein unterwegs ist, vor Beginn des Weges aber keinen passenden Weggefährten gefunden hat, muss sich normalerweise keine Sorgen machen, den Weg auch allein beenden zu müssen. Auf unkomplizierte und lockere Art und Weise lernt man hier schnell viele Leute kennen und mit ein bisschen Glück finden sich bald ein oder mehrere Gleichgesinnte.

Wer in der Nebensaison läuft oder bestimmte wenig begangene Strecken aussucht und dabei das Risiko fürchtet, längere Zeit allein oder mit einem unpassenden Partner verbringen zu müssen, für den ist es evtl. ratsam, sich schon zu Hause nach einem Partner umzusehen. Sollten Sie noch in Kontakt mit Pilgerfreunden aus vorhergegangenen Pilgerreisen stehen, deren Weggemeinschaft sich bereits über längere Zeit bewährt hat, so sind diese natürlich die erste Adresse, wenn es darum geht, einen geeigneten Partner zu finden. Auch gute Freunde, mit denen Sie schon längere Zeit zugebracht haben, könnten mögliche Ansprechpartner sein.

Sehr große Vorsicht sollten Sie walten lassen, wenn Sie den Entschluss fassen, sich mit einer Person auf den Weg zu begeben, die Ihnen nur über das Internet oder Telefon bekannt ist. Es gibt Pilgertagebücher, die voll sind mit Klagen über ungeeignete Wegbegleiter, denen man sich, da ihnen gegenüber ja eine Verpflichtung eingegangen wurde, auf Gedeih und Verderb ausgeliefert sieht. So manche Pilgerreise endete in solchen Fällen im Streit oder mit einem abrupten Abbruch. Es wird empfohlen, eine solche Verpflichtung nur dann einzugehen, wenn sowohl man selbst als auch der mögliche Gefährte bereits über ein gutes Maß an Pilgererfahrung verfügt und so die zu erwartenden Situationen einzuschätzen weiß.

Auch müssen die Möglichkeiten und Grenzen eines gemeinsamen Zusammengehens vorab genau abgesprochen werden, um nicht gegenseitig stillschweigend falsche Erwartungen aneinander zu hegen.

Hüten Sie sich bei Ihrer Auswahl eines festen Begleiters vor Miesmachern, Geizkrägen, Planungs- und Ordnungsfanatikern, religiösen Fundamentalisten, Besserwissern und Angebern, mit denen ja normalerweise keiner laufen will und die sich so doch noch einen bleibenden Partner beschaffen wollen. Diese suchen oftmals einen festen Verbündeten, dem sie dann unter dem Deckmäntelchen einer Weggemeinschaft ihren Lebensstil aufdrängen wollen, um so das Funktionieren ihres (kranken?) Welt- und Selbstbildes doch noch unter Beweis zu stellen. Testen Sie Ihren möglichen Begleiter auf seine Toleranzfähigkeit gegenüber anderen, denn dieselbe wird er später auch im Umgang mit Ihnen an den Tag legen. Lesen Sie zu diesem Thema auch die Ausführung zur ☞ Vorbereitung.

Pilgern in einer Reisegruppe, mit Vorreservierung oder Gepäcktransport

Wer sich entschließt, in einer (kommerziell) organisierten Gruppe zu reisen, gibt zweifellos zahlreiche Freiheiten auf, die das Pilgerleben typischerweise auszeichnen. Es eröffnen sich aber auch Möglichkeiten, die einem individuell Reisenden oftmals verwehrt bleiben. Ganz so wie im richtigen Leben auch wird hier der Gewinn der einen Freiheit durch den Verlust einer anderen erkauft und es obliegt der Verantwortung jedes einzelnen Pilgers, seine Prioritäten zu setzen und dementsprechend persönliche Entscheidungen zu fällen.

Das Pilgern in größeren Gruppen erfordert eine gute Planung und Organisation, um den unterschiedlichen Bedürfnissen jedes Teilnehmers gerecht zu werden und dafür zu sorgen, dass das gesteckte Tagesziel auch von allen gemeinsam erreicht werden kann. Je nach Jahreszeit und Wegabschnitt ist es für diese Gruppen oft nicht möglich oder erwünscht, in Pilgerherbergen unterzukommen, da diese gelegentlich keine Reservierungen annehmen oder die Aufnahme großer geschlossener Gruppen aufgrund ihrer Kapazität nicht zulassen können. Auch suchen Gruppen oftmals einen abgeschlosseneren, privateren Rahmen, um so ein ungestörtes Gruppenerleben zu ermöglichen.

Nicht wenige Pilgerinnen und Pilger entscheiden sich bewusst zur Teilnahme an einer Reisegruppe, da sie die verlässliche planerische und soziale Sicherheit der Gruppe schätzen oder nicht auf eine sichere Unterbringung in einem Hotel oder einer Pension verzichten wollen. Die tägliche Suche nach einer Herberge, die manchmal zu einem unfairen Wettrennen nach dem billigsten oder besten Bett ausartet, stellt ebenso wie die fremde Sprache und auch die Ungewissheit, geeignete Wegbegleiter zu finden, für viele einen unerwünschten Stress dar, der sie von einer inneren Begegnung mit dem Weg eher abhält, als dass er ihr förderlich ist (☞ Trauma). Auch besteht bei organisierten Gruppen oftmals eine Begleitung durch erfahrene Leiter, die in der Lage sind, ihren Teilnehmern zu helfen, die kulturelle und spirituelle Dimension des Weges zu erschließen. Je nach Schwerpunkt des Gruppeninteresses und der körperlichen Vorbedingungen ihrer oftmals älteren Mitglieder wird häufig der Transport (eines Teils) des Gepäcks oder auch der Teilnehmer selbst angeboten, z. B. durch ☞ Busse. Dies handelt den Teilnehmern dann oft unter anderen Pilgern den spöttischen Ruf der Buspilger ein, was bei genauerem Hinsehen aber meist wenig zutreffend ist.

Mehr oder weniger organisierte Gruppenreisen werden zum einen von Freundeskreisen, Jakobsgesellschaften, Kirchengemeinden und verschiedenen Vereinen durchgeführt – also von Gruppen, die schon vor Beginn der Reise bestanden und die Wegerfahrung unter anderem auch zur Stärkung ihres Gruppen- oder Gemeindelebens durchführen. Welches Maß an Vorplanung hier im Vorfeld und auf dem Weg getroffen wird, kann je nach Neigung der Mitglieder und Selbstanspruch der Gruppe sehr verschieden ausfallen. Es ist aber auch hier in jeden Fall darauf zu achten, dass alle Teilnehmer sich schon im Vorfeld so klar wie möglich über ihre eigenen und die Erwartungen der anderen Teilnehmer sind. Nicht jeder Freundeskreis, der sich in der Heimat gut zu einem gemeinsamen Besuch eines Glaubenskreises, einer Sauna oder Disko eignet, ergibt auch auf dem Jakobsweg eine gute Weggemeinschaft. Sie sollten daher vorab klären, ob die Prioritäten der Gruppe auf einem sportlichen, kulturellen, sozialen oder religiös-spirituellen Erleben des Weges liegen. Ein weiteres Thema stellt die gewünschte Nähe der Gruppenmitglieder untereinander (☞ Partner) und die Möglichkeit zu einem zeitweiligen Ausstieg dar.

Pauschalreisen, mit kommerziellen Reiseunternehmen, sind naturgemäß relativ genau und bindend vorgeplant und werden durch Begleiter (wie z. B. durch den

☞ Autor dieses Buches) geführt oder begleitet. Sie garantieren eine weitgehende Planungssicherheit und auch eine persönliche Begleitung, die es ihren Teilnehmern ermöglichen soll, sich besser auf das persönliche Erleben des Weges zu konzentrieren. Der höhere Komfort unterwegs und in der Unterbringung ist natürlich mit Reisekosten verbunden, die wesentlich über den ☞ Kosten einer bescheidenen individuellen Pilgerreise liegen können. Wo dieser Service aber eine erfahrungsreiche Pilgerreise ermöglicht, ist der Preis wohl nur selten zu hoch.

Auch bei der Auswahl des Reiseanbieters und Begleiters ist es empfehlenswert, sorgfältig vorzugehen. Achten Sie auf die Empfehlung anderer Pilger, die diese Reiseform bereits genutzt haben. Beachten Sie auch, ob und wie der Veranstalter die Schwerpunkte seiner Reise legt: auf Sport, Abenteuer, Kultur, Natur, Religion oder Spiritualität. Und fragen Sie auch genau nach der maximalen Gruppengröße, die entgegen den werbeträchtigen Zusicherungen der Reiseunternehmen in der Regel doch oft erreicht wird. Bedenken Sie: Umso kleiner die Gruppe und umso größer die mögliche Freiheit des einzelnen Teilnehmers ist, umso authentischer ist erfahrungsgemäß auch das Pilgererleben.

Einfache Reservierung von Pensionen und Hotels durch Reiseunternehmer zwischen üblichen Tageszielen im Abstand von ca. 25 km erfreuen sich in den letzten Jahren zunehmender Beliebtheit. Dieses Konzept hat den Vorteil, dass Sie über ein „100 % sicheres Bett" und meist auch über einen Gepäcktransport verfügen, was im Paket oft auch ein gutes Preis-Leistungs-Verhältnis aufweist. Im Gegensatz zu dem Modell der Teilnahme an einer festen Reisegruppe sparen Sie zudem in der Regel auch etwas Geld und verfügen über mehr persönliche Unabhängigkeit.

Der nicht zu übersehende Nachteil ist aber, dass Sie dadurch, dass Sie Ihre Etappenplanung nicht spontan ändern können, in einer vorher festgelegten Etappenplanung „gefangen" sind und sich so auch sehr schwertun werden, längere Pilgerfreundschaften aufzubauen. Dieses Modell ist also vor allem erklärten Einzelgängern und solchen zu empfehlen, die sich mit festen Partnern auf den Weg begeben wollen. Aber auch während besonderer Stoßzeiten oder für ältere Pilgerfreunde ist dieses Modell eine Überlegung wert. Auch hier ist der Reiseunternehmer mit Sorgfalt auszuwählen, denn die teuersten Anbieter sind nicht immer die Besten.

Reservierung durch Buchungsportale. Etwas mehr Freiheit bietet die Reservierung über Buchungsportale, da Sie diese auch kurzfristig tätigen können. Allerdings sind Sie dann eben wieder vermehrt im ☞ Internet unterwegs, was sicher nicht ohne Folgen auf Ihre Pilgererfahrung bleiben wird. Sie büßen auch einen Teil Ihrer pilgertypischen Spontaneität und Offenheit ein. Zu beachten ist ebenfalls, dass der Buchungsprozess selbstverständlich Geld kostet und so unmittelbar und mittelbar die Preise der Unterkünfte für Sie und/oder nachfolgende Pilger in die Höhe treibt.

Es ist, nebenbei bemerkt, auch interessant zu beobachten, dass einige ☞ Pilger-Apps, die sich oft großteils durch die Provision für die Links zu den Buchungsportalen finanzieren, den Eindruck erwecken, hier insbesondere höherpreisige Angebote unkritisch zu fördern und günstigere (öffentliche und kirchliche) Herbergen, die keine derartige Reservierung ermöglichen, zufälligerweise auch weniger umfangreich darstellen.

Pilgern mithilfe von Rucksacktransport. Auf dem Camino Francés und Caminho Português wird von verschiedenen Unternehmen ein Rucksacktransport von Herberge zu Herberge angeboten, der je nach Strecke und Saison mit ca. € 5 bis 10 pro Tag zu Buche schlägt. Auf den Nebenwegen ist dieser Service dagegen erst im Entstehen begriffen und nur stellenweise und/oder zur Hochsaison verfügbar. Auch wenn sich viele diesen Service sicher regelmäßig leisten könnten, wird er aus gutem Grund eher in seltenen Fällen genutzt. Der Rucksack stellt ein Erkennungsmerkmal des Pilgers dar. Er ist nicht nur Notwendigkeit, sondern auch Teil der Pilgerphilosophie, denn alles, was Sie wirklich für ein einfaches, aber glückliches Leben auf dem Weg brauchen, passt in diesen kleinen Rucksack. Ein Mehr an Dingen belastet Sie nur und macht das einfache Leben komplizierter. Sich vor dieser hoffentlich kleinen Last des Pilgerlebens mittels eines Rucksacktransportes zu „drücken", stellt also für viele eine Erleichterung dar, die eigentlich einen wesentlichen Teil des Pilgerlebens verfehlt.

Abgesehen davon, dass der Gepäcktransport auch finanziell etwas zu Buche schlägt, sollten Sie bedenken, dass Sie auch dann, wenn Sie diesen nutzen, trotzdem zumindest einen kleinen Rucksack mit sich führen müssen, in dem Sie Proviant, Wasser, Regenkleidung, Medikamente, Sonnencreme, Kamera und Ähnliches tragen. Auch sind Sie gezwungen, sich schon am Morgen verbindlich auf eine Tagesetappe und eine Zielherberge festzulegen, wo der Rucksack dann abgegeben wird, und dies schränkt Ihre Spontaneität auf dem Weg etwas ein. Auch wenn das Nutzen eines Gepäcktransportes daher in den selteneren Fällen zu empfehlen ist, gibt es sehr wohl auch berechtigte Ausnahmefälle, in denen dieser Service evtl. auch eine vernünftige Lösung darstellen kann, und sollte deshalb nicht prinzipiell „verteufelt" werden.

Für Pilgerinnen und Pilger, die unter Rückenproblemen, Fettleibigkeit oder extrem schlechter Kondition leiden, stellt diese Möglichkeit vielleicht eine geeignete Lösung dar, denn das eigentliche Ziel des Pilgerns ist es ja letztlich nicht, einen Rucksack in Richtung Santiago zu tragen, sondern selber glücklich und gesund am Ziel anzukommen.

Wie weit?

Eine der wichtigsten Fragen bei der Planung einer Pilgerreise ist die der Wegstrecke, die man für einen Tag und für die gesamte Pilgerreise veranschlagen sollte. Sportlich trainierte Pilgeranfänger machen sehr häufig den Fehler, dass sie zwar ihre persönliche Kondition kennen, nicht aber die besonderen Bedingungen auf dem Jakobsweg und sich so überschätzen. Dies führt dann regelmäßig zu massiven ☞ gesundheitlichen Problemen oder einem Zeitdruck, der dem entspannten Erleben des Weges sehr im Wege stehen kann.

Ich empfehle Pilgeranfängern daher dringend, die hier errechneten Distanzen bei der Planung nicht zu überschreiten. Sollten Sie dann auf dem Weg feststellen, dass Sie in der Lage sind, täglich größere Strecken zu laufen, als im Voraus geschätzt, laufen Sie einfach über ihr anfangs gesetztes Ziel hinaus weiter. Wer nicht ein Zwischenziel ansteuert, sondern Santiago, für den bietet es sich hier an, drei bis vier Tage nach Finisterre weiterzulaufen, um dann später wieder nach Santiago zurückzukehren.

Kalkulieren Sie Ihre Pilgerreise nicht so, dass Sie gerade zeitlich passend hinkommen, sondern lassen Sie sich ein Zeitpolster von einigen Tagen für schlechtes Wetter, Krankheiten oder die Besichtigung von Sehenswürdigkeiten.

Die Tagesetappe

Allgemein können Sie davon ausgehen, dass Sie als ungeübter Pilgerbegeisterter mit einem Rucksack während der ersten zwei bis drei Wochen im Durchschnitt nicht mehr als 25 km pro vollem Gehtag einplanen sollten. Zwar sind dies bei einer durchschnittlichen Gehgeschwindigkeit von 4 bis 5 km/h lediglich 5 bis gut 6 Stunden reine Gehzeit, was für Personen mit guter Kondition keine echte konditionelle Herausforderung darstellt, entscheidend für diese Berechnung ist aber weder die Gehzeit noch die anzunehmende Kondition, sondern vorrangig die Belastbarkeit Ihrer Füße unter veränderten klimatischen Bedingungen und der zusätzlichen Last des Rucksacks. Auch wenn Sie es in Ihrer Heimat einmal vollbracht haben mögen, drei oder vier Tage in Folge größere Strecken zu laufen, sollten Sie diesen Rat nicht ohne Weiteres in den Wind schlagen. Die Bänder, Gelenke und Muskeln Ihrer Füße stehen auf dem Jakobsweg unter einer ständigen Dauerbelastung, an die Sie sich nur langsam gewöhnen und die nach einigen Tagen zu massiven Problemen führen kann.

Eine nicht zu unterschätzende Gefahr geht auch von ☞ Blasen aus, die sich bei langer Belastung in der Hitze Spaniens oder Portugals innerhalb von kurzer Zeit an den Füßen bilden können. Auch müssen Sie bedenken, dass die Herbergen manchmal ungünstig gelegen und praktisch nie nach genau 25 km zu finden sind. Wenn Sie demzufolge vor der Alternative stehen, 20 oder 32 km zu laufen, ist es hier auf jeden Fall angebracht, zumindest als Neuling die 20 km vorzuziehen.

Die Gesamtstrecke

Nach den ersten drei Wochen können Sie, vorausgesetzt Sie verfügen über eine gute Grundkondition, Ihren Füßen etwas mehr zumuten und 25 bis 30 km pro Tag einkalkulieren. Rechnen Sie aber auch hier wieder Tage für Zwangspausen ein.

Die Berechnung für die benötigte Zeit für den rund 800 km langen Camino Francés ab Saint-Jean-Pied-de-Port bis nach Santiago de Compostela gestaltet sich dann beispielsweise so:

21 Kalendertage – 2 Tage Pause	= 19 Lauftage x 23 km	= 437 km
14 Kalendertage – 1 Tage Pause	= 13 Lauftage x 28 km	= 364 km
35 Kalendertage – 3 Tage Pause	= 32 Lauftage für insgesamt	= 801 km

Wenn alles „gut geht", werden Sie wahrscheinlich bereits nach 28 bis 30 Tagen Santiago erreichen. Sie haben dann die Möglichkeit, Ihr Zeitpolster (☞ oben) evtl. dazu zu nutzen, nach ☞ Finisterre weiterzulaufen.

Wenngleich eine normale Tagestour mit zunächst durchschnittlich 23 und später 28 km angesetzt werden kann, wird dazu geraten, sicherheitshalber zusätzlich einige freie Tage für das Auskurieren möglicher Fußprobleme sowie kürzere Etappen wegen Regentagen oder anderer Probleme einzuplanen.

Als Pilgeranfänger rate ich Ihnen, sich unbedingt an die eben genannten Empfehlungen zu halten. Dies trifft auch dann zu, wenn Sie glauben, mehr laufen zu können. Es gelten jedoch folgende Ausnahmen:

Ältere Menschen oder Menschen mit ausgesprochen schlechter Kondition

Normalerweise stellt die eben genannte Strecke von 25 km auf den einfacheren Jakobswegen kein echtes konditionelles Problem für einen gesunden, aber wenig trainierten Menschen dar, da die Grenze vor allem durch die Belastbarkeit der Füße vorgegeben wird und nicht durch die persönliche Kondition.

Sollten Sie jedoch angesichts eines ausgeprägten Übergewichts, totaler Abstinenz von jeder körperlichen Betätigung oder aufgrund eines fortgeschrittenen Alters Zweifel daran haben, diese Distanz bewältigen zu können, führen Sie zu Hause am besten einige Probeläufe durch, um Ihre Leistungsfähigkeit besser zu beurteilen. Entscheiden Sie danach, ob für Sie kürzere Etappen in Frage kommen, die dann bei 20 km oder etwas darunter liegen könnten.

Erschwerte Bedingungen

Wo über mehrere Tagesetappen besonders bergiges oder schwieriges Gelände vorliegt, sind selbstredend auch etwas geringere Tagesetappen anzusetzen. Lesen Sie hierzu die Ausführungen zu den verschiedenen ☞ Jakobswegen. Ziehen Sie hier jeweils Ihren betreffenden ☞ Pilgerführer zurate.

Pilgererfahrene und Laufsportler

Pilgerinnen und Pilger, die zum wiederholten Male auf dem Weg unterwegs sind, können ebenfalls davon ausgehen, dass sie bereits nach einer Woche Einlaufzeit mit bis zu je 25 km pro Tag täglich 30 bis 35 km zurücklegen können. Wer jahrelange Pilgererfahrung und einen besonders leichten Rucksack mitbringt, für den sind an einzelnen Tagen Distanzen von bis zu 50 bis 60 km denkbar. Nach einer Woche des Einlaufens, die mit ca. 30 km pro Tag veranschlagt werden kann, wird der Tagesdurchschnitt aber auch hier nur sehr selten über 45 km liegen.

Auch für besonders Erfahrene ist es dennoch nicht ratsam, bei der Planung von Tagesetappen über 35 km auszugehen, da diese nur dann zurückgelegt werden können, „wenn wirklich alles stimmt“, womit nie sicher gerechnet werden kann. Auch müssen Zwangspausen einkalkuliert werden. Lesen Sie hierzu auch das Kapitel ☞ „Über 35 km laufen“.

Wer regelmäßig jede Woche insgesamt ca. 30 km und mehr auf vorzugsweise unebenem Gelände joggt oder wer sich als einen erfahrenen und gut trainierten Wanderer oder Bergsteiger bezeichnen kann, verfügt gewöhnlich über überdurchschnittlich gut belastbare Füße. In diesem Fall kann, nach ca. einer Woche „Warmlaufen“ bei Tagesetappen um 25 km, mit einer durchschnittlichen täglichen Leistung von 30 bis 32 km gerechnet werden. Ähnliches gilt erfahrungsgemäß auch für Fußballspieler und Anhänger anderer Sportarten, in denen sehr viel gelaufen werden muss.

Man sollte hier aber dennoch bedenken, dass man auf dem Jakobsweg oft andere klimatische Bedingungen vorfindet als zu Hause und so unerwartete Probleme mit den Füßen auftreten können.

Wie kostspielig?

Die Idee der Bescheidenheit kennzeichnet von jeher die Natur des Pilgerns und manche unternehmen auch den kühnen Versuch, sich gänzlich ohne Geld durchzuschlagen (☞ Armut). Dass eine gewisse Askese zum Wesen des Pilgerns gehört, bringt den erfreulichen Nebeneffekt mit sich, dass die Pilgerwege in der Regel über eine kostengünstige Infrastruktur verfügen. Das Herzstück stellt dabei ohne Zweifel das mehr oder weniger gut ausgebaute Netz an Pilgerherbergen dar. Pilgern gehört nicht zuletzt aufgrund dieses Umstands zu einer der finanziell günstigsten Möglichkeiten, seinen Urlaub im Ausland zu verbringen, und es ist nicht selten zu beobachten, dass mancher sich auch aus eben diesem Grund zu dieser Form des Urlaubs entschließt. Andere hingegen suchen die Bescheidenheit des Pilgers als bewussten Ausgleich zu ihrem Alltag in Wohlstand und Luxus. Der Lebensstil, den Sie auf dem Jakobsweg führen wollen, muss daher nicht allein von Ihrem Geldbeutel abhängig sein. Er kann auch als eine Form der bewussten Askese oder aber ganz im Gegenteil als Gelegenheit gewählt werden, es sich angesichts relativ niedriger Preise erst recht einmal richtig gut gehen zu lassen.

Je nachdem, wo man pilgert und welchen Lebensstil man dabei wählt, muss man auch hier natürlich mit unterschiedlichen Ausgaben rechnen.

Wer noch über keine jakobswegtaugliche Trekkingausrüstung verfügt, findet Ratschläge hierzu im folgenden Kapitel zum Packen des Rucksacks. Diese können aber eigentlich nicht voll als Reisekosten verbucht werden, da eine gute Ausrüstung meist über Jahre hinweg benutzt werden kann. Auch kann man sich notfalls ja auch einige Dinge bei Freunden ausleihen.

Größter Kostenpunkt ist gewöhnlich die An- und Abreise, die natürlich nahezu entfällt, wenn Sie sich entschließen, einen Pilgerweg nahe Ihrer Heimat zu wählen. Zum Glück fliegen Ryanair und andere Billigfluglinien auch Santiago de Compostela und zahlreiche weitere Ziele in Spanien und Portugal an, sodass Sie für den Hin- und Rückflug bei frühzeitiger Buchung nicht selten mit Kosten von insgesamt unter € 200 rechnen können. Bei rechtzeitiger Buchung können Sie aber auch eine relativ günstige und dabei wesentlich CO_2-freundlichere Anreise mit dem Zug oder Bus planen. (☞ Nachhaltig pilgern)

Wer noch über keine passende Ausrüstung verfügt, muss hier evtl. noch in ☞ Wanderschuhe investieren, die ab € 150 zu haben sind. Ein brauchbarer neuer ☞ Rucksack, falls noch nicht vorhanden, ist mit ca. € 65 bis 150 zu veranschlagen.

Die Kosten für die ☞ Unterbringung gestalten sich je nach Ihren Erwartungen sehr unterschiedlich. Viele individuell reisende Pilger nutzen öffentliche Her-

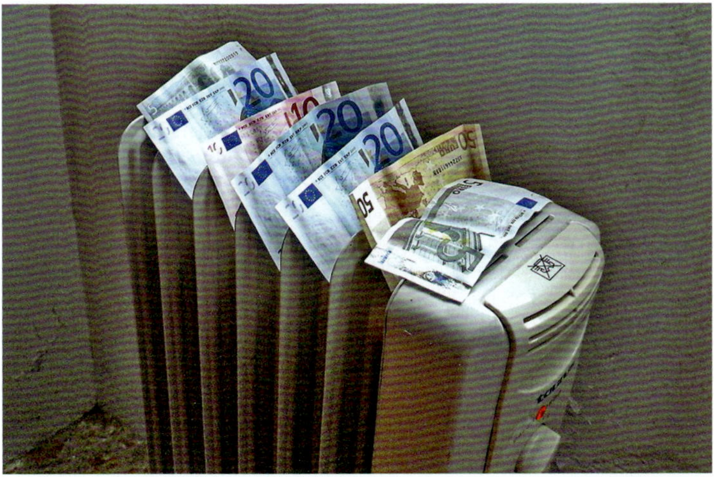

Ihr Geld sollten Sie stets wasserdicht verpackt und diebstahlsicher aufbewahren (nach einem Regentag auf dem Caminho Português) (rj)

bergen zur Übernachtung, in denen in Spanien gewöhnlich ein Obolus oder eine Spende in Höhe von ca. € 8 bis 10 erwartet wird. Bei der Unterbringung in den teilweise wesentlich besser ausgestatteten privaten Herbergen müssen Sie dagegen mit Ausgaben in einer Höhe von € 10 bis 16 rechnen. In einfachen Pensionen wird man nur sehr selten weniger als € 30 für ein Einzelzimmer zahlen, Doppelzimmer sind ab ca. € 45 zu finden. Einige Pilgerherbergen bieten aber inzwischen auch Zimmer an, deren Preise dann etwas darunterliegen können.

Die Preise in den Lebensmittelläden (☞ Ernährung) sind in Spanien im Allgemeinen so wie in Deutschland. Ein dreigängiges Menü, das in Spanien oft ein günstiges Preis-Leistungs-Verhältnis bietet, wird Sie einschließlich Wein und Brot ca. € 11 bis 15 kosten. Auch die Kosten für Getränke und kleinere Speisen in Bars und Cafés fallen in Spanien und Portugal wesentlich günstiger aus als in Deutschland.

✋ **Schnorrer** und **Schmarotzer**: Auf dem Jakobsweg herrscht mancherorts noch die gute Sitte, Übernachtung und Verköstigung mit einer freiwilligen Spende zu honorieren. Personen, die über kein regelmäßiges Einkommen verfügen, können der Herbergsleitung als Ersatz für ihre Spende ihre Hilfe bei der Hausarbeit anbieten. Schlaue Zeitgenossen, die aber nur nehmen und im Gegenzug keinerlei

Gegenleistung erbringen wollen, schaden dieser Kultur der Freiwilligkeit und sind auf dem Weg im Grunde unerwünscht.

Grobkalkulation

Wenn Sie also in Spanien die öffentlichen Herbergen nutzen (ca. € 8 bis 10), am Abend auswärts essen gehen (ca. ab € 11), sich ansonsten mit einfachen Nahrungsmitteln aus kleinen Läden am Rande des Weges verpflegen und einige Getränke in Bars zu sich nehmen, können Sie mit täglichen Kosten ab € 25 bis 30 rechnen. Wenn man die Möglichkeit nutzt, in einer Herberge selbst zu kochen, spart man, wenn man sich dabei auf ein bescheidenes Mahl beschränkt, ca. weitere € 5 pro Tag. Das Übernachten in einem mitgebrachten ☞ Zelt wirkt sich nur geringfügig positiv auf die Urlaubskasse aus, weshalb es sicher nicht zu empfehlen ist, dieses aus rein finanziellen Gründen Hunderte Kilometer mitzuschleppen. Auch das Zelten im Bereich der Herbergen oder auf eher seltenen Zeltplätzen ist nämlich mit Kosten verbunden.

In Portugal können die täglichen Kosten auf den bekannteren Wegen ähnlich hoch angesetzt werden wie in Spanien.

Eine Pilgerreise in Frankreich wird hingegen wegen der dort höheren Preise für Unterbringung und Lebensmittel wesentlich teurer zu Buche schlagen.

Da in Deutschland, Österreich, Italien und der Schweiz noch kaum offizielle Herbergen vorhanden sind und auch die Gastronomie Speisen zu bedeutend höheren Preisen anbietet, werden Sie hier nur dann größere Strecken als Pilger unterwegs sein können, wenn es Ihnen nicht an dem nötigen Kleingeld mangelt.

Entschließen Sie sich zu einer kommerziell organisierten Pilgerreise, die gewöhnlich in jeder Beziehung bedeutend mehr Service bietet, hilft nur ein beherzter Griff in die Brieftasche. Für eine zwölftägige Wanderreise mit Unterbringung in einem Doppelzimmer, Halbpension, Flug, Busfahrten, Eintritten, Programm, Reiseleitung und Versicherungen werden Sie mit ca. € 1.400 zur Kasse gebeten. Für ein Einzelzimmer müssen Sie mit weiteren € 400 rechnen. Dazu kommen noch kleinere Ausgaben für Lunchpakete und weitere persönliche Dinge.

Soweit einige zusammenfassende Informationen zu den voraussichtlichen Kosten einer Pilgerreise. Nähere Informationen finden Sie unter der Kurzbeschreibung zu den verschiedenen ☞ Jakobswegen.

Pilgern als …
mit …

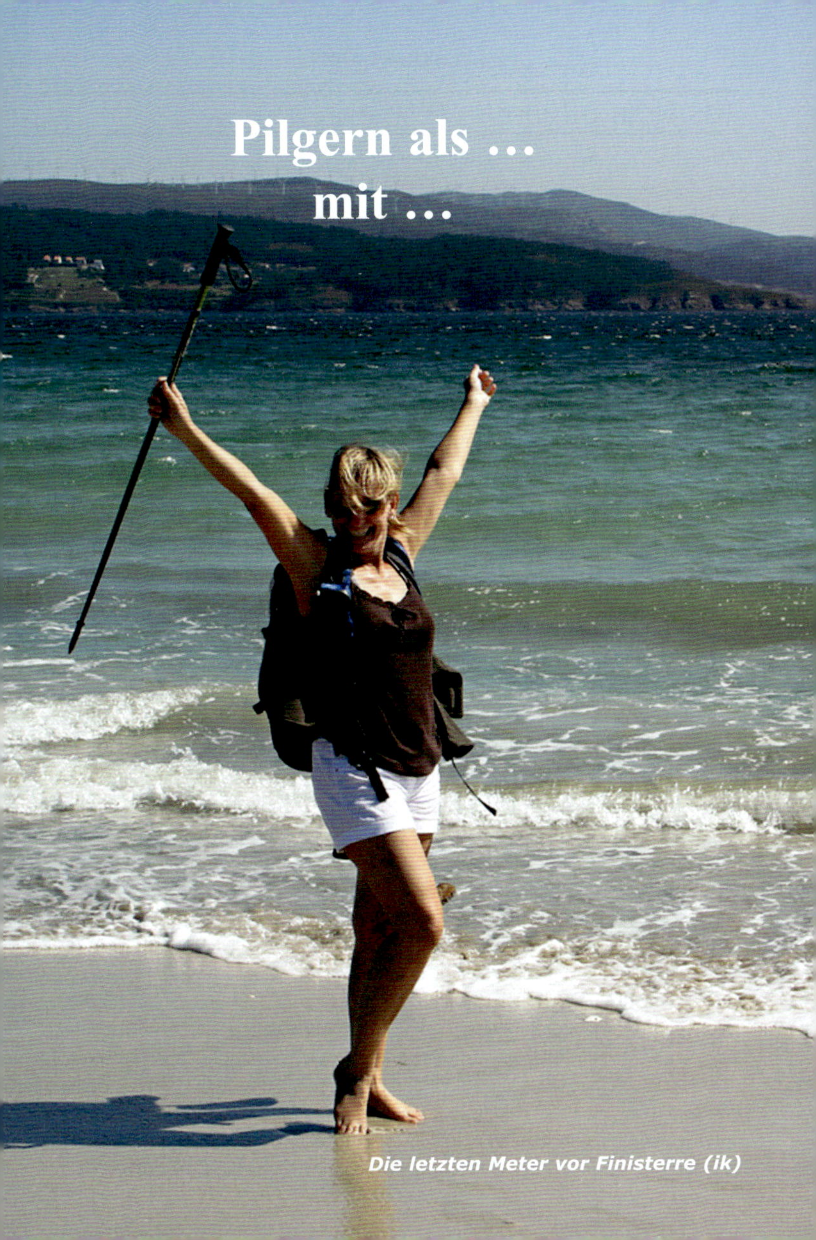

Die letzten Meter vor Finisterre (ik)

Als Frau pilgern

Wenngleich zu alten Zeiten weibliche Pilger zum Verdruss der Männerwelt eher zu den Ausnahmeerscheinungen gehörten, ist Pilgern heute bei Frauen genauso beliebt wie bei Männern. Abgesehen von der Nebensaison und einigen weniger bekannten Wegen wie z. B. der Vía de la Plata haben sie die Männerwelt hier zahlenmäßig wohl bereits knapp überholt. Ein etwas anderes Verhältnis besteht diesbezüglich auf den übrigen Nebenstrecken. Hier und wie auch zur kälteren Jahreszeit sind die männlichen Pilger in der Regel zahlenmäßig überlegen.

Obgleich nach Geschlecht getrennte Schlafsäle in den Herbergen eher die Seltenheit sind, finden sich doch fast überall separate Sanitäranlagen. Weitere spezielle Hinweise für Frauen finden Sie u. a. auch in der ☞ Packliste. Im Allgemeinen können sich Frauen ohne Probleme auf den Pilgerwegen bewegen. Wer jedoch plant, in der Nebensaison allein auf den Nebenstrecken zu laufen, sollte sich vorher das Kapitel ☞ Sexuelle Belästigung durchlesen.

Als Senior auf dem Weg

Zu einem der erstaunlichen Phänomene des Jakobsweges gehört es, dass sich hier Menschen aller Altersgruppen finden. Auch wenn das Pilgern zumindest in Spanien und Portugal besonders bei jungen Menschen sehr beliebt ist, stellt die Altersgruppe der Pilger über 60 Jahre dennoch einen stattlichen Anteil von ca. 20 %. Mit teils demütigem Staunen verfolgen jüngere Generationen den gemächlichen, aber ebenso beständigen Schritt ihrer Pilgerbrüder aus den „höheren Semestern“. Diese sogenannten „alten Camino-Hasen“ haben den jüngeren Pilgern oftmals nicht allein mehr Lebenserfahrung, sondern auch mehr Wegerfahrung auf dem Camino voraus und lassen sie deshalb nicht selten nach einigen Tagen hinter sich. Sportmediziner bestätigen, dass Wandern, neben Schwimmen, wohl die gesündeste und „gangbarste“ Sportart für das Alter ist.

Wer es im Alter gemächlicher angehen will, dem sei empfohlen, sich eine ☞ Jahreszeit oder einen Weg auszuwählen, auf dem nicht zu befürchten ist, dass zu viele Pilger auf ihm unterwegs sind. Extreme Hitze- oder Kälteperioden sollten Sie auch vermeiden. Der Frühling bietet sich hier besonders an, da im Herbst der Jakobsweg „den Studenten“ gehört. Wessen Rente es zulässt, der kann sich auf einigen Wegen seinen Rucksack von einem ☞ Rucksacktransport transportieren lassen. Auch kann man zeitweilig auf Übernachtungen in Pensionen zurückgreifen oder den Jakobsweg als Pauschalreise bei einer Reisegesellschaft oder einem ☞ Reiseunternehmen buchen. Eine vorsorgliche Untersuchung beim Hausarzt ist im höheren Alter angebracht. Ebenso das Abschließen einer Reiserückholversicherung.

Da die zurückgelegten Kilometer normalerweise weniger eine Konditionsfrage als eine Frage des richtigen Gehens sind, können geübte Senioren in der Regel die gleichen ☞ Tagesetappen wie ihre jugendlichen Pilgerfreunde zurücklegen. Lassen Sie sich Zeit und machen Sie Pausen – Sie haben es ja hoffentlich nicht eilig.

Sollten Sie sich im Unklaren über Ihre körperliche Leistungsfähigkeit sein, so machen Sie zu Hause einige Probeläufe mit dem Rucksack und entscheiden Sie dann, wie lang Sie Ihre Tagesetappen planen. Messen Sie sich nicht mit Pilgern aus den unteren Altersklassen. Es kommt darauf an, dass Sie Ihren Weg machen – andere machen einen anderen.

Pilgern mit körperlicher Behinderung

Zahlreiche Pilgerschwestern und Pilgerbrüder mit den verschiedensten Behinderungen haben bereits unter Beweis gestellt, dass es kaum etwas gibt, was einen echten Jakobswegbegeisterten daran hindern könnte, den Jakobsweg zu bewältigen – „Wo ein Wille, da ein Weg“. Zu den häufigsten Behinderungen (nicht Verhinderungen!), die es unmöglich machen, den Weg zu Fuß zu bewältigen, gehören Probleme der Gelenke, die ein tagelanges, kontinuierliches Gehen unmöglich machen. Hier kann ein Fahrrad weiterhelfen, das bei besonderen orthopädischen Problemen auch fachkundig nachgerüstet werden kann. Einige Pilgerherbergen sind zudem behindertenfreundlich ausgestattet. Auch genießen Behinderte bei der Vergabe von Betten in den Herbergen oftmals Privilegien.

Nähere Informationen bieten hierzu das Pilgerbüro in Santiago sowie die persönlichen ☞ Pilgerberater. Wer nur kleinere körperliche Probleme hat, kann auf einigen Wegen einen Gepäcktransportservice nutzen oder sich dadurch zusätzliche Sicherheit schaffen, dass er eine Pauschalreise bei einer Reisegesellschaft oder einer Agentur bucht.

Pilgern mit Kindern und Jugendlichen

Hier kommt es sehr auf das Alter der Kinder und die Art des Pilgerns an. Babys in einer Trage mit auf den Jakobsweg zu nehmen, ist eine Herausforderung, aber, wie unter 💻 https://bueren.space/camino berichtet wird, durchaus machbar. Einsichtig ist hoffentlich, dass Kleinkindern und wohl auch jüngeren Schulkindern eine normale Fußpilgerreise von Pilgerherberge zu Pilgerherberge nicht zuzumuten ist. Kinder können durchaus ein Interesse an Natur und fremden Ländern entwickeln, wollen diesen aber normalerweise spielend und nicht herumziehend begegnen. Sie haben im Allgemeinen wenig Sinn für Aussichten und Landschaften, genießen dafür lieber die Beschäftigung mit Dingen am Rande des Weges.

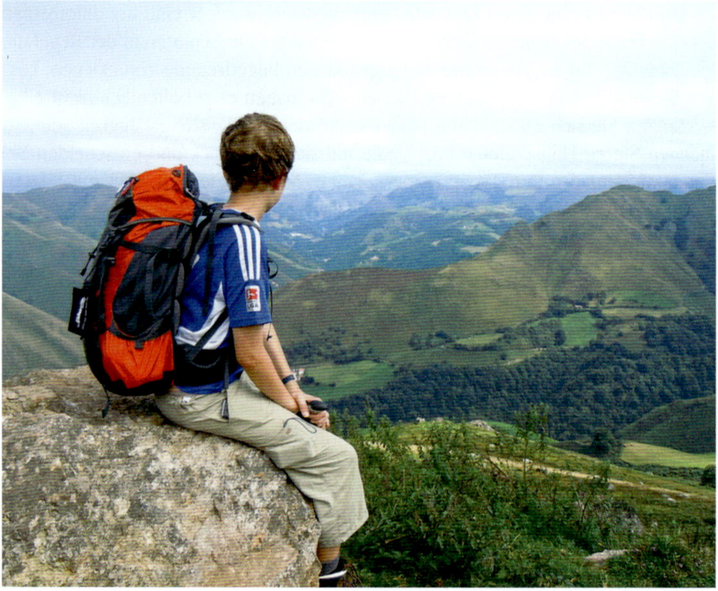

Junger Pilger auf der ersten Tagesetappe des Camino Francés (ss)

Spielkameraden werden sie nur selten finden und der ständige Wechsel von Ort zu Ort entspricht nicht dem kindlichen Bedürfnis nach Geborgenheit. Sicher lohnen sich aber ein kurzer Ausflug und einige Schritte auf dem Jakobsweg, wenn sich im Urlaub die Möglichkeit dazu bietet.

Kinder ab dem Jugendalter von 12 bis 15 Jahren können je nach persönlichem Interesse und dem erreichten Entwicklungsstand bereit und auch reif genug sein, direkt am Pilgerleben teilzunehmen. Das Leben auf dem Weg kommt ihrer Abenteuerlust entgegen, der manche Kinder ja auch z. B. als Pfadfinder nachgehen. Auch jetzt muss natürlich Rücksicht auf die besonderen Bedürfnisse der Jugendlichen genommen werden: Hier ist es von Vorteil, Gruppen zu bilden, in denen die Jugendlichen den Austausch mit Gleichaltrigen pflegen können. Gelingt es Ihnen, ihr echtes Interesse zu wecken, so geschieht, wie die Erfahrung zeigt, vielleicht das Gleiche wie mit vielen anderen Pilgern: Sie kehren später zurück auf den Weg und verbreiten den Pilgervirus unter ihren Freunden fleißig weiter.

Pilgern mit Hund

Generell ist von einer Pilgerreise mit Hund abzuraten, da nur wenige, zumeist private Pilgerherbergen Vierbeiner als Übernachtungsgäste akzeptieren. Der Grund liegt auf der Hand: Während der Hundebesitzer genügend Gelegenheit hatte, sich von der Sauberkeit und Harmlosigkeit seines vierbeinigen Freundes zu überzeugen, trifft dies für den Herbergsvater oder die Herbergsmutter und die Mitpilger nicht zu. Wenn Ihr Hund nicht allein oder zusammen mit Ihnen im Freien oder einem Zelt übernachten will, bleibt Ihnen nur die Möglichkeit, eine Pension zu suchen, die Hunde akzeptiert. Dies ist zumindest in Spanien, wo Hunde eine schlechte Lobby haben, nicht immer einfach.

Bedenken Sie auch, dass nicht jeder Hund für derartige Touren geeignet ist. Einige Vierbeiner haben Schwierigkeiten mit dem mediterranen Klima und nicht wenige Hundebesitzer mussten deshalb ihren Urlaub abbrechen. Auch können sich vom vielen Laufen die Pfoten entzünden, was man allerdings zu einem gewissen Grad durch das Einschmieren der Pfoten mit Hirschtalg vermeiden und heilen kann.

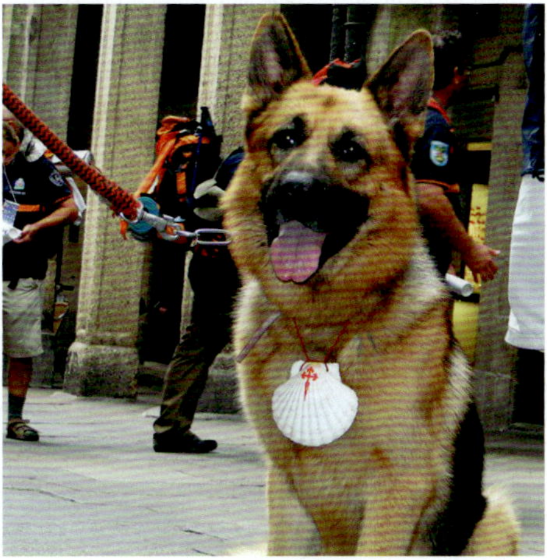

Pilgerhund in Santiago (ss)

Nicht zuletzt werden Sie Probleme mit dem Transport des Hundes haben und müssen verschiedene Impfungen vorweisen.

Wen alle diese Probleme nicht abschrecken, der wird trotzdem mit seinem Vierbeiner einen Weg nach Santiago finden. Angebracht ist hier allerdings eine sehr sorgfältige Entscheidung aufgrund kompetenter Ratschläge, die in diesem Handbuch für „zweibeinige Pilgerinnen und Pilger" nicht gegeben werden können.

Weiterführende Literatur, viel Erfahrung mit Hunden und evtl. das Gespräch mit einem Tierarzt und Pilgerfreunden mit Hund (zum Beispiel auch: ✉ kontakt@historischer-pfarrhof.de) sind hier angebracht. Einen weiterführenden Literaturtipp finden Sie im Anhang (📖 5).

Bewusst bescheiden pilgern

Wer von der Idee beseelt ist, seinen Weg mit wenig Geld zu bestreiten, befindet sich in der löblichen Tradition der ersten Pilger, denen es als Gelübde auferlegt wurde, ganz ohne Geld zu pilgern. Diese sahen sich wiederum in der Nachfolge des Wanderpredigers Jesus und seiner Jünger, die diese Form des Lebens bewusst wählten, um sich von den irdischen Gütern loszusagen. Auch heute stellt eine gewisse Bescheidenheit für viele Pilgerinnen und Pilger einen wichtigen Bestandteil ihres Selbstverständnisses dar. Wollen Sie dies jedoch auf die Spitze treiben und den Weg, wie noch vor ca. 10 bis 20 Jahren gelegentlich praktiziert, ganz ohne Geld quasi als **Bettelpilger** zurücklegen, so sollten Sie bedenken, dass Sie zum einen nicht wie Jesus und seine Jünger als wundertätige Wanderprediger unterwegs sind und Ihnen darüber hinaus ohnehin auf dem Jakobsweg schon sehr günstige, zum großen Teil gesponserte Lebensbedingungen geboten werden. Da die Gunst der Anwohner oft von einfachen Bettlern und Schnorrern und Schmarotzern (☞ Seite 49) im Pilgergewand ausgenutzt wird, sind hier die Grenzen des Erträglichen schnell erreicht, wenn man heute noch um kostenlose Unterkunft usw. bittet.

Das sehr wertvolle alte Ideal eines armen Pilgers müssen Sie deshalb aber trotzdem nicht aufgeben. Versuchen Sie den Weg, wie so viele andere auch, bewusst als bescheidener Pilger zu erleben. Dies ist nicht nur sehr kostengünstig und vermutlich auch spirituell bereichernd, sondern vermittelt Ihnen darüber hinaus das tröstliche Selbstbewusstsein, in Ihrem Leben im Notfall mit sehr wenig auszukommen und dabei dennoch glücklich zu sein.

In diesem Sinne der Rückbesinnung und Bescheidenheit können Sie auch **schweigend und/oder fastend pilgern**. Beides bedarf aber einer gewissen persönlichen Vorbereitung, auf welche in diesem praktischen Ratgeber aus Platzgründen nicht weiter eingegangen werden kann. Pilgerinnen und Pilger, die sich für einen Pilgerweg in Schweigen interessieren, sind am besten damit beraten, sich Literatur zum Stichwort „Schweigeexerzitien" zu suchen oder sich von einem Priester oder geistlichen Berater coachen zu lassen.

Nachhaltig pilgern

Umso bescheidener Sie pilgern können, desto besser ist dies, wie schon angedeutet, meist auch für Sie selbst und darüber hinaus auch für die Umwelt. Es dürfte jedem klar sein, dass ein Pilger, der nicht mit einem SUV, sondern zu Fuß mit seinem Rucksack unterwegs ist und am Tagesziel angekommen nicht alleine in einem Hotelzimmer, sondern in einem einfachen Schlafsaal übernachtet, relativ umweltfreundlich und klimaneutral unterwegs ist. Natürlich ist es auch hier von Vorteil, wenn Sie sich möglichst vegetarisch ernähren und keinen Müll auf dem Weg hinterlassen, sondern sich ganz im Gegenteil an Müllsammlungen beteiligen, die auf manchen Wegen sogar im größeren Stil organisiert werden.

Der größte Sündenfall des Pilgerns ist leider eine **An- und Abreise mit dem Flugzeug**. Beginnen Sie Ihren Weg nicht westlicher als 100 km von der französisch-spanischen Grenze entfernt, so ist es meist ohne Weiteres möglich und deshalb auch zu empfehlen, mit Bus, Bahn oder einer **Mitfahrgelegenheit** anzureisen (☞ Näheres dazu unter 💻 www.camino-de-santiago.de/mitfahrgelegenheit.pdf). Nur die letzten 100 km Jakobsweg anzureisen, um sich so die Compostela zu holen, kann wohl kaum als klimaverantwortlich bezeichnet werden. Wählen Sie der langen Strecke wegen einen Flug zurück in die Heimat, dann sollten Sie nur Direktflüge nutzen und sind herzlich eingeladen, für die so begangene CO_2-Flugsünde z. B. beim mehrmaligen Testsieger unter den CO_2-Kompensationsanbietern, atmosfair (💻 www.atmosfair.de), einen halbwegs tauglichen Ablass zu erwerben. Für die direkte Nonstop-Flugstrecke Santiago – Frankfurt kostet das z. B. € 11.

Auch beim **Kauf der Ausrüstung** können Sie, wie auf Seite 75 unter dem Stichwort „Funktionskleidung" kurz erwähnt, auf Nachhaltigkeit achten.

Pilgern als Sportevent

Wollen Sie einen Pilgerweg aus rein sportlichen Gründen nutzen, so ist dies Ihr gutes Recht. Es ist Ihnen aber m. E. im eigenen Interesse zu raten, Ihre persönliche Aufmerksamkeit nicht allein auf die sportliche Dimension des Weges zu begrenzen, sondern diesen vielmehr zum Ausgangspunkt einer sozialen, kulturellen und auch spirituellen Erfahrung zu machen. Der Weg bietet derart viele Erlebnismöglichkeiten, dass es schade wäre, wenn Sie das Ziel verfolgen würden, ihn in Rekordzeit hinter sich zu bringen.

Es sei Ihnen zugestanden, dass auch körperliche Höchstleistungen so etwas wie einen „transzendentalen Kick" verschaffen können. Haben Sie diesen Kick schon mehrmals erlebt, so ist es nur normal, wenn Sie auch auf dem Pilgerweg als Adrenalinjunkie durch die Gegend sausen. Ihre religiös oder im weitesten Sinne spirituell motivierten Pilgerfreunde werden Ihnen aber bestätigen können, dass auch spirituelle Erlebnisse gelegentlich einen echten Kick vermitteln können.

Gelingt es Ihnen, neben der sportlichen Dimension des Weges auch dessen spirituellen Gehalt für sich zu erschließen, so dürfen Sie sich bald über einen mehrdimensionalen „sportlich-spirituellen Kick" freuen. Sie beginnen dann auch, etwas von der ursprünglichen Idee der Olympischen Spiele am eigenen Leib zu erfahren. Diese wurden nämlich ursprünglich aus der Idee geboren, Sport und Religion – d. h. Körper und Seele – in einer heiligen Einheit zu verbinden.

Pilgern in die „verkehrte" Richtung

Als Jakobspilger versteht man allgemein religiös oder spirituell motivierte Menschen, die sich zu Fuß, mit dem Rad oder einem Pferd auf dem Weg nach Santiago befinden. Laufen in die Gegenrichtung ist eher unüblich und wird von manchen nahezu als Gotteslästerung empfunden. Bedenkt man jedoch, dass Pilgern im Gegensatz zu Wallfahren nicht unbedingt von einem besonderen religiös bedeutenden Ziel abhängig ist, so wäre das Pilgern in die Gegenrichtung durchaus mit der Idee des Pilgerns zu vereinbaren. Es stellt sich jedoch die Frage, warum man diese Form eigentlich wählen sollte. Einige Rückwärtsläufer berichten, sie hätten so die Möglichkeit, noch mehr Menschen zu treffen oder den Weg einmal aus der anderen Richtung zu sehen. Andere berichten, sie fänden, nachdem sie in Santiago angekommen seien, so besser den inneren Weg zurück in den Alltag. Manche unterstellen Rückwärtsläufern dagegen ein latentes Bedürfnis, zu provozieren oder schlicht Aufmerksamkeit auf sich zu ziehen.

Aus rein praktischer Sicht ist es, abgesehen von dem bereits erwähnten Weg nach Finisterre, grundsätzlich zu empfehlen, den Weg in die richtige Richtung, also nach Santiago bzw. Rom, zu laufen. Zwar wird man als Rückwärtsläufer nur selten ernste Probleme bekommen, in einer Herberge unterzukommen, da man sich ja theoretisch auch auf dem Rückweg befinden könnte und es auch viele private Herbergen gibt. Das Laufen in die Gegenrichtung gestaltet sich aber allein deshalb meist unangenehm, weil die Wegmarkierungen oft nur für die „richtige Richtung" angebracht sind und man den Weg so nur schwer findet. Auch werden Sie, wenngleich Sie vielen Pilgern aus der Gegenrichtung begegnen, kaum Mitpilger finden und so letztlich allein wandern.

Nicht ganz so selten und auffällig ist das Laufen des Portugiesischen Jakobsweges und der Vía de la Plata in die entgegengesetzte Richtung. Einige pilgern von Santiago nach Fatima in Portugal und benutzen hier den Jakobsweg. Andere erlauben sich nach Beenden des Camino Francés oder Camino del Norte noch den Spaß, die Vía de la Plata bis nach Sevilla zurückzulegen. Wenngleich diese Pilgerfreaks auf ihrem Weg nach Süden im Allgemeinen eher auf Interesse als auf Ablehnung stoßen werden, finden sie nur wenige oder gar keine Pfeile in die Gegenrichtung. Pfeile, die aber in die „richtige Richtung" zeigen, sind aus der Gegenrichtung oft nicht einsehbar, sodass es zu Orientierungsproblemen kommen kann.

Eine Ausnahme bilden die Via Podiensis und Via Gebennensis in Frankreich, die identisch mit dem konsequent in beide Richtungen ausgezeichneten Nationalwanderweg GR 65 sind.

Vorbereitung

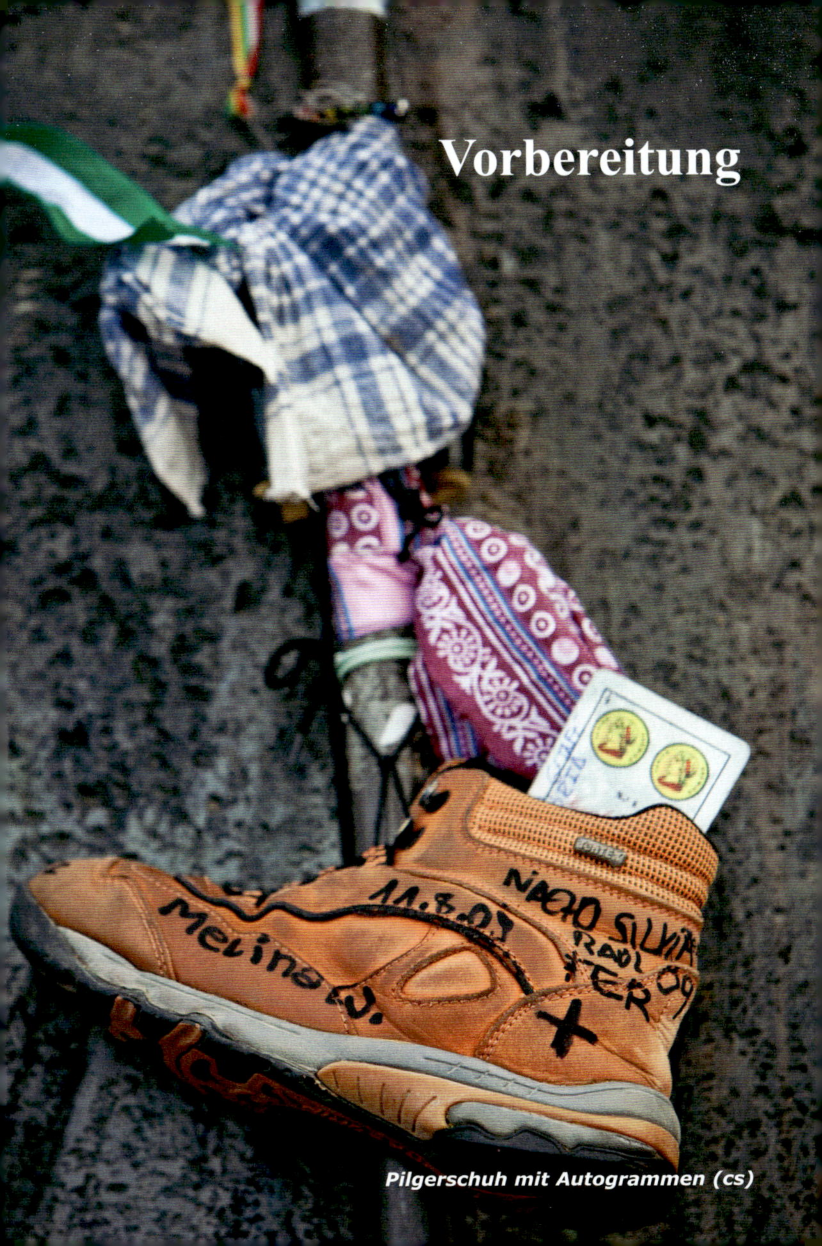

Pilgerschuh mit Autogrammen (cs)

Sportliche Vorbereitung

Training

Eigentlich erscheint für Fußpilger eine sportliche Vorbereitung auf den Weg im Allgemeinen nicht zwingend notwendig. Die meisten gesunden Menschen sind normalerweise in der Lage, größere Distanzen zu laufen und einen Rucksack zu tragen. Die Übung hierfür stellt sich für gewöhnlich nach und nach auf dem Weg selbst ein. Auch ist Pilgern ja nicht vorrangig als eine sportliche Veranstaltung zu verstehen. Sollten Sie sich aber in Ihrem Leben bisher ausschließlich zwischen Haustür, U-Bahn und Arbeitsplatz bewegt haben oder stark übergewichtig sein, sind einige Probeläufe evtl. angebracht, um Ihnen vorher etwas Selbstvertrauen zu geben und dadurch die persönliche mentale Vorbereitung auf den Weg zu erleichtern.

Wer den Jakobsweg für sich als eine besondere sportliche Herausforderung begreifen will, für den stellt Waldlauf (Joggen) oder zügiges Gehen (Walking) wohl das beste Training dar, da dadurch die Kondition verbessert und – was noch wichtiger ist – die Belastbarkeit der Füße gefördert wird.

Schuhe einlaufen

Auf gar keinen Fall sollten Sie es aber verpassen, neu gekaufte ☞ Wanderschuhe zusammen mit den dazugehörigen Socken mindestens 40 bis 50 km einzulaufen. Dies muss nicht unbedingt durch geplante Wanderungen geschehen. Sie können die Schuhe auch einige Tage einfach nur im Alltag tragen und so die notwendige Strecke hinter sich bringen.

Auch ist es zu empfehlen, die Schuhe zwei bis drei Tage vor Beginn der Pilgerreise möglichst häufig zu tragen, damit sich Ihre Füße an deren Mikroklima und Bau gewöhnen können. Dieses Vorgehen vermeidet spätere Blasen und erleichtert die Umstellung auf die neue Gangart, die sich in allen Schuhen unterschiedlich gestaltet.

Absolvieren Sie mit neuen Schuhen aber mindestens eine Wanderung von ca. 15 km Länge und merken Sie sich mögliche Druckstellen ganz genau, um später gezielt eine Prophylaxe gegen Blasen durchführen zu können. Lesen Sie, bevor Sie auf dem Jakobsweg starten, auf jeden Fall das dies betreffende Kapitel dazu (☞ Blasenprophylaxe).

✋ Verpassen Sie es auf keinen Fall, neue Wanderschuhe, wie eben beschrieben, gründlich einzulaufen und sich mögliche Druckstellen genau zu merken.

Mentale Vorbereitung

Träumen Sie sich in den Weg

Haben Sie sich entschlossen, das erste Mal einige Hundert oder Tausend Kilometer auf dem Jakobsweg zurückzulegen, so wartet ein Abenteuer oder, wie Psychologen es formulieren würden, ein persönliches Grenzerlebnis auf Sie. Nutzen Sie die Zeit vor dem Aufbruch, sich mental darauf vorzubereiten.

Die beste, billigste und schönste Methode, dies zu tun, ist wohl, sich zunächst in Tagträumen „tierisch darauf zu freuen", was Sie erwarten könnte, und sich so mit persönlicher Motivation aufzuladen. Vorfreude ist die schönste Freude und warum sollten Sie nicht schon die Zeit vor Ihrer Pilgerreise für Tagträume nutzen, deren fantastische Qualität so manches teure Buch oder manchen aufwendig gedrehten Film locker in den Schatten stellen kann?

Stellen Sie sich die Düfte, Klänge, Bilder und Begebenheiten vor, die Sie auf dem Weg erwarten, und träumen Sie sich so in Ihren Weg hinein. Verpassen Sie es dann aber in einem zweiten Schritt auch nicht, sich vorzustellen, dass Sie gelegentlich auch Unangenehmes und Schweres, wie schmerzende Beine, Ermüdung und schlechtes Wetter, erleben werden. Versuchen Sie sich auch in diese Erlebnisse hineinzufühlen und sie mit einer optimistischen Grundstimmung gedanklich zu lösen.

Träumen Sie besser nicht davon, 800 km laufen zu „müssen", denn dieser Gedanke könnte sich evtl. zu einem realen Albtraum auswachsen. Stellen Sie sich besser vor, während einiger Wochen in Begleitung interessanter Menschen und ohne Zeitdruck einige Stunden am Tag einen meist sehr schönen Weg entlangzulaufen und dann irgendwann einmal müde, aber glücklich in Santiago zu stehen. Sie üben so gedanklich eine Einstellung ein, die Sie später auch brauchen werden, um den Weg erfolgreich bestreiten zu können.

Zur Gefahr und Chance der Beschäftigung mit Literatur

Die Beschäftigung mit Literatur über den Weg bietet sicherlich interessante Hintergrundinformationen, kann aber auch dazu führen, dass man sich dabei unbewusst Vorurteile und unerfüllbare Erwartungen anliest, die einem später eher hinderlich sein können. Wer den Weg bewusst geht, wird beim Gehen mit „seinen Füßen" genau das aus dem Weg herauslesen, was wirklich wichtig für ihn selbst ist.

Fotosammlungen zeigen den Weg so z. B. oft malerisch, aber nicht in seiner manchmal auch grauen Realität und können so Enttäuschungen vorprogrammieren. Tagebücher beschreiben die persönlichen Erfahrungen anderer, die nicht von Belang für die eigene Person sein müssen und auch nie ganz persönlich nachvollzogen werden können. Geschichtsbücher berichten über die Vergangenheit des Weges und können, wenn es dumm läuft, dabei die Sicht auf dessen Gegenwart auch in einem nostalgischen Nebel verschwinden lassen.

Ich erinnere mich so z. B. an eine Runde von Pilgern, in der das bekannte Buch von Paulo Coelho (🕮 14), bei vielen Beteiligten einer heiligen Schrift gleich, dem eigenen Erleben des Weges zugrunde gelegt wurde. Der „Glaube“ an dieses Buch ging bei einer Beteiligten sogar so weit, dass diese die dort beschriebenen Begebenheiten als wahren Erlebnisbericht betrachtete und derartige Erlebnisse auf ihrer Pilgerreise demzufolge schmerzhaft vermissen musste.

Kurz und gut: Der Weg lebt von echter Begegnung und nicht von abstraktem Wissen oder vor- bzw. wiedergekäuten Erfahrungen. Der falsche Gebrauch eines guten Buches zur falschen Zeit kann da evtl. auch hinderlich sein. Dies gilt besonders für intellektuelle Menschen, die nicht selten dazu neigen, Probleme ausschließlich abstrakt, aber nicht praktisch lösen zu wollen.

Pilgerberatung, Internetforen, Facebookgruppen, Pilgerstammtische und Pilgerseminare

Sollten Sie nach dem Lesen dieses Buches tatsächlich noch Fragen oder einfach nur Lust zum Plaudern haben, so lassen Sie sich zur Einstimmung auf den Weg am besten von der Begeisterung erfahrener Pilgerinnen und Pilger anstecken und profitieren Sie von deren Erfahrungsschatz, der aus Hunderten gelaufenen Kilometern erwachsen ist. Im Gegensatz zu der Situation, die beim Lesen eines Buches (wie z. B. auch dieses Werkes) entsteht, finden Sie sich hier nicht auf einer Einbahnstraße, in der die zu Schrift verkürzten Ansichten eines Fremden unentwegt und oft auch unreflektiert „schwarz auf weiß“ in Sie eindringen. Sie treten vielmehr in einen Dialog mit einem leibhaftigen Zeugen des Weges.

Um die erste Bekanntschaft mit einem ☞ Berater zu machen, können Sie bei einer Jakobusgesellschaft mögliche Gesprächspartner suchen.

Die Fränkische St. Jakobusgesellschaft Würzburg e. V. bietet hier unter 💻 www.jakobus-gesellschaften.de einen speziellen Service an.

Sehr praktisch sind aber auch ☞ Facebookgruppen und (m. E. vorzugsweise) Pilgerforen, wie z. B. 💻 www.daspilgerforum.de, in denen Sie gewöhnlich ohne Probleme auch direkten Kontakt mit Pilgern aufnehmen können. Schreiben Sie diese einfach an und fragen Sie nach speziellen Problemen oder ob es möglich ist, sie einmal anzurufen oder zu treffen. Wenn dies nicht geht, so bleibt die Möglichkeit, in selbigen Foren eine Suchanzeige aufzugeben.

Eine weitere gute Möglichkeit sind Pilgerstammtische oder Informationswochenenden, die von verschiedenen ☞ Jakobusgesellschaften oder Pilgerfreunden angeboten werden.

Auch Vorbereitungswochenenden in Tagungshäusern, die ich unter anderem auch selbst leite, haben sich besonders bei Pilgerinnen und Pilgern mittleren und höheren Alters bewährt.

Pilgerinnen und Pilger sind übrigens meistens „per Du". Fragen Sie aber vorsichtshalber besser noch einmal nach, es gibt auch Ausnahmen. Natürlich können Sie sich bei den eben genannten Gelegenheiten nicht nur mental auf Ihre Pilgerreise einstimmen, Sie erhalten auch zahlreiche weitere Tipps für Ihre praktische Reisevorbereitung, was Thema des folgenden Abschnittes ist.

Praktische Reisevorbereitung

Wenn Sie frühzeitig mit der praktischen Vorbereitung auf eine Pilgerreise beginnen, bleibt Ihnen genug Zeit, alles gut zu durchdenken, und Sie sind nicht der Gefahr ausgesetzt, später in Zeitdruck zu geraten. Auch geht die praktische Reisevorbereitung mit der mentalen Vorbereitung und der damit verbundenen Vorfreude Hand in Hand. In der Regel ist es zu empfehlen, ein bis zwei Monate vor dem Abreisetermin hiermit zu beginnen. Planen Sie, sich einen noch weitgehend unerschlossenen Weg vorzunehmen, oder wollen Sie einen besonders günstigen Flug buchen oder mit einer organisierten Reisegruppe pilgern, sind längere Vorbereitungszeiten zu empfehlen. In der Regel ist es aber auch kein ernstes Problem, wenn Sie als Kurzentschlossener erst zwei Wochen vorher mit der Planung beginnen, und manche erfahrenen Pilgerjunkies, die der Weg plötzlich rief, fanden sich schon einige Stunden später auf selbigem wieder.

Buchung

Wollen Sie eine Reise mit einer Reisegruppe buchen, so tun Sie dies so zeitig wie möglich, da bei der derzeitigen Beliebtheit des Weges Pauschalreisen oft schon zu Anfang des Jahres ausgebucht sind. Der beste Zeitpunkt für die Buchung eines Fluges ist sehr von der jeweiligen Fluglinie abhängig. Allgemein sind aber früh gebuchte Flüge besonders bei den Billigfluglinien wie Ryanair (💻 www.ryanair.de) sehr günstig. Ziehen Sie evtl. in Erwägung, mehrere Rückflüge für sich zu buchen. Wenn diese besonders günstig sind, kann es auf lange Sicht evtl. preiswerter sein, einen Flug bei eBay weiterzuverkaufen oder verfallen zu lassen, als sich der Gefahr auszusetzen, durch das Verpassen eines Fluges später einen sehr teuren kurzfristig gebuchten Flug zahlen zu müssen. Auch die langfristige Buchung einer Zugverbindung durch Frankreich (💻 www.tgv-europe.de) oder eines Reisebusses innerhalb Spaniens ist ratsam. Einige Anregungen kann auch die Homepage 💻 www.rome2rio.com bieten. Weitere Informationen finden Sie in dem jeweiligen Reiseführer. (Lesen Sie auch ☞ Reservierung)

Informationen zum Weg

Sollten Sie einen der bekannteren Wege wählen, werden Sie sich mit diesem Punkt nicht lange aufhalten müssen. In der Regel genügt es, einige Tage vor Reisebeginn den aktuellsten ☞ Pilgerführer zu kaufen und evtl. die inzwischen erschienenen Updates dazu auszudrucken. Die Wahl des richtigen Führers wird später noch näher beschrieben.

Wenn Sie hingegen einen wenig bekannten Weg wählen, sollten Sie möglichst bald damit beginnen, den richtigen Wegführer auszuwählen und zu bestellen, da hier die Auswahl oft nicht groß ist und diese deshalb oftmals ersatzlos vergriffen sind. Studieren Sie den Wegführer genau und ergänzen bzw. aktualisieren Sie dann nötigenfalls Ihre Kenntnisse über den Weg anhand weiterer Informationsquellen. Besonders hilfreich kann hier der Kontakt zu den örtlichen ☞ Jakobusgesellschaften sein. Zu empfehlen ist auch 💻 www.daspilgerforum.de. Für die verschiedenen Wege finden sich mittlerweile einige Facebookgruppen und auch Internetseiten.

Partnersuche

Sollten Sie in Erwägung ziehen, gemeinsam mit einem festen Weggefährten aufzubrechen, ist es zu empfehlen, sich möglichst frühzeitig um einen Kontakt zu bemühen. Das bereits erwähnte Forum 💻 www.daspilgerforum.de bietet einen speziellen Treffpunkt für eine Partnersuche. Beachten Sie bitte auch die Tipps zum Thema ☞ Partner.

Pilgerausweis (*Credencial*)

Den Pilgerausweis können Sie, wenn Sie ganz sichergehen wollen, vor Abreise bei den ☞ Jakobusgesellschaften bestellen. Er ist dort gegen einen freiwilligen Kostenbeitrag oder pauschal für € 7 bis 10 (einschließlich Porto) zu haben. Sie können sich ihn aber auch gegen eine Spende oder für € 2 bis 4 und meist recht unkompliziert auf dem Jakobsweg besorgen. Sie sollten dann aber vorab klären, ob Sie den Credencial am Startort ohne Probleme z. B. in Herbergen oder Pilgerinformationen bekommen können. Als Regenschutz für den Pilgerausweis eignet sich übrigens eine einfache, kostengünstige umgeschlagene Klarsichtfolie.

Sie werden den Pilgerausweis später in vielen Herbergen brauchen, um sich als Pilger auszuweisen. Man wird Ihnen dort Ihre Ankunft mit einem Stempel und dem aktuellen Datum bestätigen, um später nachvollziehen zu können, ob Sie zu Fuß oder mit dem Auto unterwegs sind. Sie können sich den Pilgerpass aber auch in Kirchen und öffentlichen Ämtern abstempeln lassen.

Viele packt dabei übrigens so etwas wie eine regelrechte Sammlerleidenschaft, was besondere Stempel von bestimmten Orten angeht. Wollen Sie in Santiago

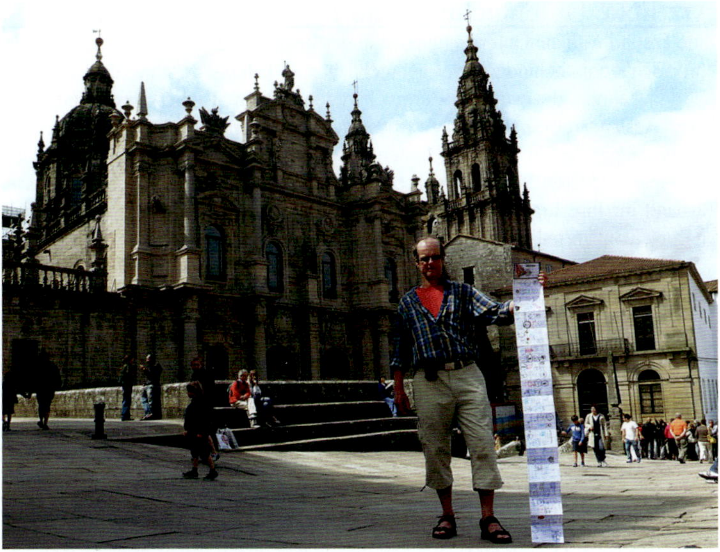

2.500 km weit gelaufener deutscher Pilger mit Pilgerausweis (rj)

eine sogenannte **Compostela** erwerben, die übrigens entgegen hartnäckigen Gerüchten nichts mit einem Sündenerlass zu tun hat, wird man Sie ebenfalls nach dem Pilgerausweis fragen. Legen Sie Wert auf den Erwerb eines solchen Zeugnisses, ist es wichtig, dass Sie für jeden Tag auf dem Weg einen Stempel mit Datum nachweisen können.

Sie bekommen die Compostela (☞ siehe auch Seite 137), wenn Sie mindestens 100 km zu Fuß oder 200 km mit dem Rad auf einem anerkannten Jakobsweg hinter sich gebracht haben. Mindestens 70 km müssen davon in Spanien und die letzte Etappe direkt nach Santiago hineingepilgert werden. Die genauen Regeln waren in den letzten Jahren im Wandel. Halten Sie sich also aktuell auf dem Laufenden und besuchen Sie die entsprechende Seite des Pilgerbüros, 💻 oficinadelperegrino.com/en/pilgrimage/the-compostela/, oder richten Sie Ihre Fragen per Mail direkt an das Pilgerbüro, ✉ oficinadelperegrino@catedraldesantiago.es. Für € 3 können Sie sich zusätzlich ein nicht unumstrittenes Pilger-Leistungs-Zertifikat ausstellen lassen, in welchem genau dokumentiert wird, welche Strecke Sie in welcher Zeit gelaufen sind.

Ärztliche Untersuchung und Vorsorge

Eine gesundheitliche Untersuchung ist in der Regel nur dann notwendig, wenn Sie chronisch krank, behindert oder gebrechlich sind. Latente Beschwerden, wie z. B. mit den Zähnen, die evtl. akut werden könnten, sollten Sie aber wie vor jeder längeren Auslandsreise bei einem Arztbesuch abklären und gegebenenfalls vorsorglich beseitigen lassen, um sich später mögliche Unannehmlichkeiten im Ausland zu ersparen. Klären Sie auch rechtzeitig ab, welche Versicherungspapiere Sie im Ausland für Ihre Krankenversicherung benötigen und ob evtl. eine Zusatzversicherung von Vorteil ist. Manche Pilger verabreichen sich zur Blasenprophylaxe schon einige Wochen vor Reiseantritt das homöopathische Mittel Silizea D12 oder behandeln ihre Füße täglich mit Hirschtalg.

Kostenkalkulation

Eine grobe Kostenkalkulation ist ebenfalls zu empfehlen, um sich darauf einzustellen, welchen Lebensstil man sich leisten kann, um später bösen Überraschungen vorzubeugen. Ziehen Sie hierzu auch die Beschreibungen der verschiedenen Pilgerwege sowie Ihren praktischen Pilgerführer zurate. Nähere Ausführungen hierzu finden Sie auch unter ☞ Kosten.

Rucksackpacken

Der Rucksack stellt für erfahrene Pilgerbegeisterte kein banales Transportmittel dar, er ist ein Stück weit Ausdruck der Einstellung zum Pilgern und jedes kleinste Ding, das sich darin findet, wurde vorher wohlüberlegt ausgewählt.

Der Grund hierfür ist einfach: Täglich einen schweren Rucksack über den Weg zu schleppen, ist weder notwendig noch eine sportliche Heldentat und macht auf keinen Fall Spaß. Ganz im Gegenteil werden Ihre Füße, Ihr Rücken und auch Ihre Laune auf Dauer sehr darunter leiden, wenn Sie Tag für Tag einen zu schweren Rucksack über die Piste tragen müssen.

Allgemein geht man deshalb davon aus, dass ein Wanderrucksack einschließlich der mitgeführten Verpflegung und der halbvollen Trinkflasche nicht mehr als 10 % des eigenen Körpergewichtes wiegen darf. Bei Strecken wie dem Jakobsweg, die in der Regel über eine Woche in Anspruch nehmen, kann man noch 1 bis 2 kg dazuzählen. Für eine 80 kg schwere Person sind also allerhöchstens 10 kg angemessen, wobei normal auch schon 8 bis 9 kg voll ausreichen. Erfahrene Pilgerinnen und Pilger tragen aus gutem Grund oft nur zwischen 5 und 8 kg. Um dies zu ermöglichen, ist es ratsam – und dies ist wörtlich gemeint –, beim Packen des Rucksacks die Küchenwaage zurate zu ziehen, mit der Sie jedes einzelne Teil, das Sie mitnehmen wollen, auf sein Gewicht hin prüfen. Dies ist aber nicht der einzige

Grund, warum Pilger in der Regel um einen leichten Rucksack bemüht sind: Für viele Pilger symbolisiert der leichte Rucksack die Bescheidenheit eines Pilgers, der bewusst auf viel Liebgewonnenes verzichtet, um so eine neue Freiheit zu erlangen. Die vielen Dinge, die unseren Alltag zu Hause sicher und komfortabel machen, sind auf dem Jakobsweg „untragbar" und belasten das Fortkommen nur. Sie sind nicht nur schwer, sondern verursachen oft auch die Sorgen, die jeder Besitz naturgemäß mit sich bringt. Wer auf sie verzichtet, wirft materiellen und psychischen Ballast ab.

Die Packliste

Die hier empfohlene Packliste beruht auf einer langjährigen Erfahrung und erlaubt es Ihnen, einen leichten Rucksack mit sich zu führen. In wenigen Tagen werden Sie sich so an sein Gewicht gewöhnt haben, dass Sie manches Mal eine Sekunde lang erschrecken werden, da Sie kurz das Gefühl haben, Ihren Rucksack vergessen zu haben. Natürlich machen in Pilgerkreisen zahlreiche andere Packlisten die Runde, die Utensilien enthalten, deren Nutzen auf dem Jakobsweg durchaus einleuchtend erscheint, aber deren Gewicht meiner Erfahrung nach nicht im gesunden Verhältnis zum Nutzen steht. Auch kann man solche Sachen bei Bedarf meist auch ohne Weiteres kurzfristig im Ausland kaufen. Sie geben dann nicht selten ein gutes und zugleich nützliches Andenken an den Weg ab.

Für den Weg gilt: nur so viele Dinge, z. B. Lebensmittel, nachkaufen, wie man unmittelbar aufbraucht. Größere Packungen von Nahrungsmitteln oder anderen Konsumgütern sollte man nicht mitschleppen, sondern mit den Pilgerfreunden teilen oder anstelle einer Spende in der Pilgerherberge lassen. Zeigen Sie keinen falschen Stolz und lassen Sie sich in Engpässen von Pilgerfreunden aushelfen. Andenken an den Weg sollten Sie sich erst am Ziel kaufen. Unnötige Dinge, die Sie mitgenommen haben, schicken Sie besser gleich nach Hause, wenn Sie diese nicht verschenken oder wegwerfen wollen. Sie können die Sachen auch postlagernd ans Ziel Ihrer Reise schicken, sollten aber bedenken, dass z. B. in Spanien die Pakete nur bis zu 14 Tage im Postamt aufbewahrt und dann wieder zurück an den Absender geschickt werden. Auch eine Lagerung in einem von Ihnen vorab reservierten Hotel ist manchmal möglich. Es versteht sich von selbst, dass Sie die Reise zum Jakobsweg bereits in **Ihrer Pilgerbekleidung** antreten, denn es macht keinen Sinn, eine unnütze zusätzliche Reisegarderobe später über den ganzen Jakobsweg zu tragen. Sollten Sie im Winter (☞ Kälte) laufen oder mit dem ☞ Fahrrad unterwegs sein, muss die Packliste natürlich den besonderen Bedingungen angepasst werden.

Es folgt zunächst die Auflistung der einzelnen Posten. Im Anschluss werden dann verschiedene Dinge, die mit „☞" gekennzeichnet sind, näher beschrieben.

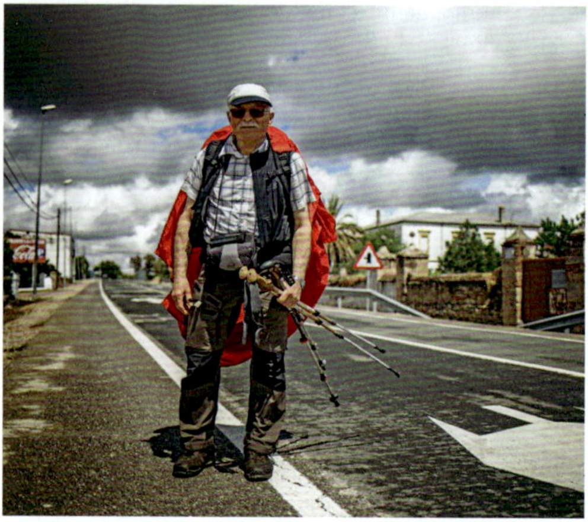

Nasser Niederbayer auf der Vía de la Plata (cs)

Die am Ende der jeweiligen Kategorie mit „evtl." gekennzeichneten Utensilien sind nur in einigen Fällen wie z. B. im Winter mitzunehmen.

Wer sich noch intensiver mit dem Reduzieren des Rucksackgewichtes beschäftigen möchte, findet z. B. unter 💻 www.ultra-leicht-trekking.com ein Forum hierfür. Aber Achtung: Das Thema kann auch zur Manie werden, bei der dann m. E. irgendwann ebenfalls ein gesundes Verhältnis von Kosten, Zeitaufwand und Nutzen verloren geht. Auch wird in solchen Foren viel versteckte Produktwerbung verbreitet.

Transport und Schlafen

Bequemer, verstellbarer Rucksack mit Hüftgurt ☞
Regenschutz für Rucksack oder ca. vier knisterarme, möglichst durchsichtige Tüten ☞
Schlafsack, je nach Jahreszeit möglichst leicht ☞
Evtl. Isomatte ☞ und/oder Bettwanzenschutzlaken (☞ Ungeziefer)
Evtl. „Pilgerwagen" ☞

Bekleidung

Leichte, eingelaufene Wanderschuhe, am besten mit Sporteinlagen ☞
Leichte Freizeitschuhe bzw. (Lauf-)Sandalen oder Laufschuhe ☞
2 Paar eingelaufene Wandersocken ☞
1 Paar leichte Freizeitsocken
3 bequeme Unterhosen ☞
2 bis 3 T-Shirts (besser nicht weiß, wird nie wieder richtig sauber)
Lange, leichte Wanderhose, evtl. mit Innenfutter
Kurze, bequeme Hose, am besten mit Gummizug

Leichter, aber warmer Pulli oder Jacke, z. B. aus Fleece ☞
Leichte Windjacke/Anorak ☞
Einfache, leichte Regenjacke oder Regenponcho ☞
Hut z. B. Strohhut ☞
Evtl. zwei Teile sehr leichte Freizeitbekleidung und/oder Sport-BH ☞
Evtl. sehr leichter Baumwollpulli (Rolli) oder langes Unterhemd
Evtl. lange Unterhose aus Mikrofaser bzw. Leggins o. Ä.

Körperpflege

Kleines Handtuch, wenn möglich aus Mikrofaser ☞
Sonnenschutzcreme mit hohem Lichtschutzfaktor
Zahnbürste und Zahnpastakonzentrat oder ½ Zahnpastatube
½ Seife für Körper-, Haar- und Kleiderwäsche (schwer – später nachkaufen)
1 bis 2 Einwegrasierer aus Plastik und/oder Damenbinden
½ Rolle WC-Papier und evtl. 1 Päckchen Papiertaschentücher
Evtl. Kamm und Haarband

Medikamente ☞

½ oder 1 breites Rollenpflaster Hansaplast (sensitiv) oder Gothaplast Seide
½ oder 1 Packung Compeed
2 bis 3 Wundpflaster
½ Tube Hautcreme gegen Entzündung (z. B. bei Wundreiben)
½ Tube Hirschtalgcreme (Prophylaxe gegen Wundreiben)
Wenige Milliliter Desinfektionsmittel (z. B. 6 ml Kodan)
Eine sehr kleine Schere (Nagelschere)
Akutpillenset (je 2 bis 3 Tabletten bzw. Dosen gegen Durchfall, Elektrolytverlust, Schmerzen, Erkältung, Fieber)
Persönliches Pillenset (Medikamente z. B. gegen Magensäure, Allergieschock oder Bluthochdruck, evtl. Kondome oder die Pille usw.)
Evtl. eine kleine (½) Tube Voltaren oder Diclofenac

Sonstiges

Diebstahlsichere Geldtasche (z. B. Geldgürtel oder Brusttasche)
Sonnenbrille oder staubdichte Gletscherbrille ☞
Ultraleichte Taschenlampe, z. B. LED-Lampe, oder eine kleine Stirnleuchte ☞
Eine Nähnadel mit 1 m Nähfaden
Kugelschreiber
Bis zu 6 Sicherheitsnadeln
Evtl. Jakobusmuschel ☞

Evtl. Brille oder Kontaktlinsen, deren Pflegemittel sowie Ersatz
Evtl. Ohropax
Evtl. 2 m Wäscheleine
Evtl. kleines Tagebuch (DIN-A5-Heft oder kleiner)
Evtl. Wanderstab, Pilgerstab oder Teleskopstöcke ☞
Evtl. Digitalkamera ☞
Evtl. Handy bzw. Smartphone und Ladegerät (✋ kann auch nerven!!) ☞

Papiere

Flugtickets
Personalausweis
Pilgerausweis
Praktischer Pilgerführer (evtl. mit Updates) ☞
Adressenliste von Freunden, Hausarzt und Hausbank
Papiere bzw. Karte für Auslandskrankenversicherung
Girocard (EC-Karte) ☞
Evtl. (Pilger-)Sprachführer ☞
Evtl. weitere wichtige pers. Daten (Impfungen) und Adressen
Evtl. einige doppelseitig kopierte Seiten Literatur oder leichter E-Reader ☞

Ernährung

Leichte Trinkflasche für 0,75 bis 1 Liter ☞
Etwas leicht verdauliche, kalorienreiche Nahrung (z. B. 3 bis 4 Bananen) ☞
Messer und Gabel aus Aluminium oder mit Kunststoffgriff
Evtl. einige Mineral- und Vitamintabletten
Evtl. ein mittelgroßes Plastikgefäß (Tupperdose) ☞

Transport und Schlafen

Rucksack

Für den Jakobsweg ist ein Trekkingrucksack mit breitem, ausgepolstertem Hüftgurt und höhenverstellbaren, ebenfalls gepolsterten Tragegurten zu empfehlen. Der Rucksack sollte nicht zu sehr nach hinten abstehen, da man sonst ständig, sich nach vorne beugend, das Gewicht ausgleichen muss. Die Aufteilung des Rucksacks in verschiedene Fächer und zusätzliche Seitentaschen ist von Vorteil. Am günstigsten ist es wohl, den Rucksack so zu bepacken, dass die schweren Gegenstände möglichst nah am Körper liegen – aber probieren Sie es am besten selbst aus. Auf jeden Fall sollte der Rucksack nicht ungleichmäßig gepackt oder schief getragen werden. Was die Größe des Rucksacks angeht, so kann hier keine klare Empfehlung abgegeben werden. Wenn Sie sich für den Jakobsweg noch einen Rucksack kaufen müssen, so ist es ratsam, Ihr vollständiges Gepäck und etwas Verpflegung in Tüten zu verpacken und diese bei der Wahl des Rucksackes mitzunehmen und zu testen, ob alles hineinpasst.

Relativ gute Rucksäcke können Sie im Internet ab ca. € 70 kaufen oder ersteigern. Wirklich gute Rucksäcke mit Klimasystem und eingebautem Trinkschlauch (☞) sind ab ca. € 130 zu haben, aber nicht unbedingt notwendig. Zur besseren Ordnung im Rucksack ist es zu empfehlen, einige Einkaufstüten oder Stofftaschen mitzunehmen.

Regenschutz fürs Gepäck

Wer keinen Poncho oder Regenschirm als Regenschutz wählt, kann sich einen wasserdichten Überzug für den Rucksack zulegen. Nicht alle in der Werbung angepriesenen Modelle sind aber wirklich wasserdicht. Das sicherste Mittel gegen nasse Kleidung ist, einfach alles in stabile Einkaufstüten oder in Ortlieb-Packsäcke PS10 (erhältlich in sieben Größen und fünf Farben) zu verpacken. Dies hat zudem den Vorteil, dass man seine Sachen gut ordnen kann. Sogenannte „Tütenterroristen“ sind in den Herbergen wegen des nächtlichen Raschelns ihrer Tüten aber sehr gefürchtet. Ordnen Sie Ihre Sachen daher bitte bereits vor dem Zubettgehen oder außerhalb des Schlafsaals.

Schlafsack

Der schwerste und größte Gegenstand, den man auf dem Jakobsweg mitschleppen muss, wenn man in einfachen Herbergen übernachtet, ist der Schlafsack. Er sei daher mit Bedacht ausgewählt. Manche sehr erfahrene und mutige Pilger verzichten ganz auf einen Schlafsack, schlafen in ihren Kleidern und spekulieren darauf, in der Herberge eine Decke zu finden. Diese Lösung kann aber im Allgemeinen nicht empfohlen werden. Eine sinnvolle Anschaffung stellen, das nötige Kleingeld vorausgesetzt, ultraleichte Sommer- oder Hüttenschlafsäcke mit 500 bis 900 g aus dem Outdoor-Fachgeschäft dar.

Schwerere 3- oder 4-Jahreszeiten-Schlafsäcke werden nur für Wintertouren benötigt oder wenn geplant ist, auch im Zelt zu übernachten. Eine sehr praktische Kompromisslösung besteht darin, einen billigen, leichten Schlafsack für ca. € 35 mitzunehmen und bei niedrigen Außentemperaturen darauf zu hoffen, in der Herberge eine Decke zu finden. Sollte sich dort keine finden, können Sie auch mal eine Nacht in Wanderkleidung übernachten oder Ihre Trinkflasche in eine Wärmflasche umfunktionieren. Die Schlafsackhülle können Sie übrigens mit Kleidung füllen und als Kopfkissen verwenden.

Isomatte

Auf den meisten Jakobswegen gibt es genug Pilgerherbergen und Gesetze verbietet es vielen Pilgerherbergen aus hygienischen Gründen sowieso, mehr Gäste aufzunehmen, als Betten vorhanden sind. Eine Isomatte vermittelt zwar ein Gefühl der Sicherheit und ist ohnehin meist sehr leicht, zu bedenken ist aber, dass sie oft viel Platz einnimmt und das Gepäck so unhandlicher werden lässt. Auch finden sich in den Herbergen oft vergessene Isomatten oder auch Decken, die als Ersatz dienen können.

Wenn nicht wirklich ein berechtigter Grund zur Annahme besteht, dass eine Isomatte gebraucht wird, ist es eine Überlegung wert, im Notfall evtl. doch ein oder zwei Nächte in einer Pension in Kauf zu nehmen. Insgesamt bin ich der Meinung, dass der Aufwand, eine Isomatte über den ganzen Weg mitzuschleppen, in den allermeisten Fällen kaum im Verhältnis zu der Chance steht, dass diese im lohnenden Maße zum Einsatz kommt. Lassen Sie diese also eher zu Hause.

Bekleidung

Wanderschuhe

Auch wenn Sie sich von der Werbung der boomenden Outdoorindustrie nicht irre machen lassen sollten und bei der Kleidung in der Regel problemlos auf Discounterprodukte zurückgreifen können – das wichtigste Bekleidungsstück auf dem Jakobsweg stellen mit Sicherheit die Schuhe dar und Sie sollten hier keine Mühen und Kosten scheuen. Sicher können Sie auch versuchen, den Jakobsweg mit günstigen Wanderschuhen aus dem Supermarkt oder von Temu zu bewältigen. Die Gefahr, dass Sie damit aber irgendwann Schiffbruch erleiden, ist jedoch wesentlich höher als mit Markenschuhen. Sich dann später auf dem Weg nachträglich mit guten, passenden Schuhen einzudecken, ist meist problematisch. Auch müssen diese ja dann erst wieder über Tage ☞ eingelaufen werden.

Auch wenn das Wandern mit Turnschuhen immer mehr Mode wird, sind für die meisten Jakobswegen im Allgemeinen **leichte Wanderschuhe** (Trekkingschuhe) zu empfehlen, die über den Knöchel reichen, um so bei Ermüdung der Füße ein Umknicken zu vermeiden. Ob Sie hier Schuhe aus Goretex oder Leder wählen, ist letztlich „Glaubenssache". Schuhe aus Goretex sind zweifellos leichter und somit angenehmer zu tragen. Auch sind Sie gewöhnlich etwas schneller eingelaufen. Bei hohen Temperaturen, z. B. in Spanien, versagt aber oft deren viel gelobte Atmungsaktivität und Sie stehen dann im eigenen Schweiß. Schwerer, zu Anfang härter, dafür aber klimatisch günstiger und in der Regel auch langlebiger sind leichte Volllederschuhe. Auf jeden Fall sollten die Schuhe genug Platz bieten. Bedenken Sie beim Kauf, dass die Füße durch das Gehen innerhalb von einigen

Tagen anschwellen und sie dann auch noch beim Bergabgehen genug Platz im äußeren Zehenbereich bieten müssen, wo erfahrungsgemäß die meisten Blasen entstehen. Kaufen Sie die Schuhe daher sicherheitshalber eine halbe Nummer größer als bei der Anprobe unbedingt notwendig. Von Fernkäufen, wie aus dem Internet, wird sehr abgeraten, da eine Anprobe unbedingt notwendig ist.

Gute Wanderschuhe, wie z. B. von Hanwag oder Lowa, können zum Nachbesohlen in die Firma zurückgeschickt werden und erhalten dort eine Originalsohle. Sie können somit mindestens zwei- bis dreimal länger getragen werden als „billigere" Schuhe.

Wenn Sie schon in ein gutes Paar Wanderschuhe investieren, die kaum unter € 150 zu haben sind, ist es zu empfehlen, sich für die guten Stücke vom Orthopäden noch spezielle **Sporteinlagen** (Schaleneinlagen) anfertigen zu lassen. Diese sind in zweierlei Hinsicht von Vorteil: Zum einen haben Sie durch maßgefertigte Einlagen einen 100 % geraden Gang, was sich bei mehreren Hundert Kilometern durchaus positiv bemerkbar macht. Zum anderen werden Ihre teuren Schuhe dadurch gleichmäßig abgelaufen und nicht so schnell „ausgelatscht". Auch wenn Sie sich auf Anhieb evtl. keines akuten orthopädischen Problems bewusst sind, wird Ihnen Ihr fachkundiger Hausarzt hier oftmals mit einem Rezept weiterhelfen können, das Ihnen diese Anschaffung sehr vergünstigt. Normalerweise werden Kassenpatienten aber trotzdem ca. € 30 zuzahlen müssen. Diese erscheinen aber auch ökonomisch durchaus gerechtfertigt, wenn Sie bedenken, dass Ihre Schuhe dadurch bedeutend länger leben werden. ✋ Achtung: Verpassen Sie es auf keinen Fall, Ihre neuen Schuhe gründlich ☞ einzulaufen. Sollten die Schuhe anfangs zu starr sein, so schmieren Sie sie mit einem normalen Pflanzenöl ein, das Sie in jeder Herberge oder einem Restaurant am Weg finden.

Pilgerschuhe in einer Herberge auf dem Camino Francés (sv)

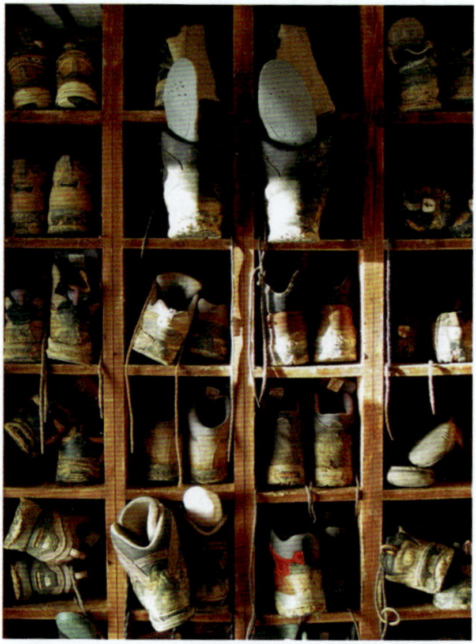

Das Mitnehmen von einem Schuhpflegemittel können Sie sich übrigens ebenfalls ersparen, wenn Sie auch zur Pflege der Schuhe auf Pflanzenöl zurückgreifen.

Wenn Sie auf überwiegend einfachen Strecken, wie dem Camino Francés oder dem Portugiesischen Jakobsweg, unterwegs sind und über starke Sprunggelenke verfügen, ist es eine Überlegung wert, den Weg mit stabilen Sport- oder am besten **Laufschuhen** (Joggingschuhen) zu gehen. Diese sind leichter und lassen seltener Blasen aufkommen. Sie haben aber den Nachteil, dass sie insbesondere dann, wenn die Füße nach 15 bis 20 km anfangen zu ermüden, keinen sicheren Schutz gegen Umknicken bieten.

Ähnlich verhält es sich mit **Wandersandalen**, die Sie nur dann wählen sollten, wenn Sie sich vorher durch einen Probelauf davon überzeugt haben, dass diese auch nach 25 km Wanderung keine Druck- oder Reibstellen erzeugen und für Sie bequem tragbar sind. Hier gab es auf dem Weg angekommen nämlich schon viele böse Überraschung.

Sollten Sie hingegen sowieso über Laufschuhe oder Wandersandalen verfügen, ist sehr zu empfehlen, diese als Freizeitschuhe auf den Weg mitzunehmen, um bei Fußproblemen oder besonders leichten Tagesetappen umsteigen zu können.

Freizeitschuhe oder Sportschuhe

Da Sie nicht den ganzen Tag in Ihren Wanderschuhen stecken können, brauchen Sie für die Zeit nach Ankunft in der Herberge ein Paar Freizeitschuhe. Diese sollten möglichst leicht und atmungsaktiv sein, damit Ihre aufgequollenen Füße trocknen und atmen können. Dies beugt der Bildung von Blasen vor.

Sollten Sie über ein leichtes Paar Laufschuhe (Joggingschuhe) oder Wandersandalen verfügen, ist es sehr zu empfehlen, solche zu wählen, die im Notfall auch als Ersatzschuhe dienen können. Ihr zugegebenermaßen etwas höheres Gewicht wird hierdurch leicht gerechtfertigt.

Wandersocken

Die Wandersocken sollten nicht zu dünn sein und keine auftragenden Nahtstellen aufweisen, um Druckstellen zu vermeiden. Aber auch zu dicke Socken können problematisch werden, wenn die Füße dann schwitzen, aufweichen und sich so schließlich Blasen entwickeln. Auch hier gilt: Zusammen mit den Schuhen vorher ausprobieren und einlaufen. Wenn Sie die Socken auf dem Weg waschen, sollten Sie darauf achten, entweder keine scharfen Waschmittel zu verwenden oder diese zumindest nachher gut auszuwaschen. Reste von Waschmitteln können sonst später die Fußhaut angreifen und so Blasen provozieren.

Unterhosen

Auch bei den Unterhosen sollten Sie darauf achten, dass sie beim Gehen nicht reiben, da Sie sich sonst wund laufen können. Notfalls schmieren Sie die Scheuerstellen mit etwas Hirschtalg oder Fett ein oder tragen Sie die Hose mit den Nähten nach außen.

Natürlich können Sie diese und viele andere Kleidungsstücke auch als **Funktionskleidung** kaufen, wobei viele Modelle dann leider auch nicht immer schadstofffrei und/oder nachhaltig produziert werden und oft auch nicht recycelt werden können. Billige Kleidung aus Merinowolle wird leider nicht selten aus qualvoller Tierzucht gewonnen.

☺ Die **Zwiebeltechnik**: Wer sich warm kleiden, aber dennoch nicht zu viel Gepäck mitschleppen will, trägt je zwei weniger warme Kleidungsstücke übereinander und erspart sich so das Mitnehmen warmer und schwerer Kleidung. Die Technik bietet den zusätzlichen Vorteil, dass Sie sich mit zunehmenden Tagestemperaturen, einer Zwiebel gleich, Stück für Stück entblättern können.

Pullover

Auch ein Wollpullover kann schwer sein. Wählen Sie deshalb am besten einen aus Fleece. Dieser ist sehr leicht, trocknet nach dem Waschen sehr schnell und hält praktisch genau so warm wie einer aus Wolle.

Windjacke

Ideal ist hier eine Laufjacke für Jogger. Gut geeignet ist auch eine sehr leichte Sportjacke bzw. gleichartiger Anorak. Über den Fleecepulli angezogen trotzen diese Wind und Kälte und sind gleichzeitig angenehm atmungsaktiv.

Regenschutz

Wie man sich gegen Regen schützt, ist vor allem Geschmackssache. Sie sollten es aber auf keinen Fall verpassen, irgendeinen Regenschutz mitzunehmen. Der klassische Regenmantel schützt nur den Oberkörper, aber nicht den Rucksack und die Beine, was im Sommer allerdings kein zu großes Problem ist. Da Sie wahrscheinlich sowieso durch eigenen Schweiß von innen in Ihrem Regenmantel nass werden, ist es in der Regel zu empfehlen, ein einfaches, leichtes und platzsparendes Modell für € 5 bis 20 zu wählen und keinen schweren, stabilen Gummimantel.

Die Varianten Regenponcho und Regenschirm haben den Vorteil, dass sie das Schwitzen vermeiden und auch den Rucksack schützen (☞ Regenschutz für Rucksack). Beide sind aber bei starkem Wind weniger vorteilhaft. Der Regenponcho bereitet zudem allein laufenden Pilgern mit großen Rucksäcken Probleme beim Anziehen.

Laufen Sie auf einer Strecke oder zu einer Jahreszeit, in der viel Regen zu erwarten ist, sind zusätzlich Regenhose bzw. Regenrock und Gamaschen zu empfehlen. Natürlich können Sie sich auch mit teurerer Funktionskleidung für € 300 und mehr eindecken, sollten aber gut überlegen, ob der höhere Preis für Sie wirklich im Verhältnis zum Nutzen steht. Als Regenschutz für besonders empfindliche Dinge, wie z. B. eine Kamera, kann ein Plastikgefäß, z. B. Tupperware, sehr dienlich sein.

Hut

In der warmen Jahreszeit sollte man eine Kopfbedeckung tragen, um einen Sonnenstich zu vermeiden. Strohhüte sind sehr zu empfehlen, da ihr breiter Rand zusätzlich vor Sonnenbrand schützt. Allerdings hat man bei windigen Tagen, nachts und auf der Heimreise seine liebe Mühe damit, sie zu verstauen.

Freizeitkleidung

Eigentlich brauchen Sie auf dem Weg, abgesehen von leichten Socken und Freizeitschuhen, keine ausgesprochene Freizeitkleidung, um z. B. abends essen zu gehen. Mit einer nicht allzu schmutzigen Wanderkleidung können Sie sich auf dem Weg normalerweise überall sehen lassen. Wollen Sie doch nicht darauf verzichten, so wählen Sie besonders leichte Bekleidung, die Sie notfalls auch als Wanderkleidung verwenden können. Schwere Hosen wie Jeans oder pflegeaufwendige Blusen sind nicht zu empfehlen.

Bei kaltem Wetter

Wenn Sie zu einer besonders kalten Jahreszeit laufen oder eine nördliche Route wählen, ist es evtl. angebracht, einige weitere warme Teile mitzunehmen, wie z. B. noch einen weiteren leichten Pulli (Rolli) oder ein langes Unterhemd und eine lange Unterhose aus Mikrofaser. Gemäß der eben erwähnten ☞ Zwiebeltechnik kombinieren Sie diese mit anderen Kleidungsstücken. Das Ersatzpaar Wandersocken kann man übrigens notfalls auch als Fausthandschuhe benutzen.

Körperpflege

Handtuch

Auch bei den Körperpflegeutensilien sollten Sie auf das Gewicht achten. Für Ihre tägliche Toilette führen Sie besser kein schweres großes Badetuch mit sich, sondern ein kleines leichtes. Besonders leichte und trotzdem saugfähige Handtücher bekommen Sie im Internet oder in einem Sportgeschäft für ca. € 10 bis 25. Ein recht gutes Preis-Leistungs-Verhältnis bieten Handtücher aus Viskosefleece für ca. € 5. Diese sind aber selten im Handel zu finden. Im Notfall kann man auch ein Unterhemd sehr gut als Handtuch benutzen.

Körperpflege- und Reinigungsmittel

Auf dem Jakobsweg braucht „Mann" zum Waschen von Haut, Haaren und Kleidern nur eine einfache Körperseife. Alles andere bedeutet unnötiges Gewicht. Auch finden Sie in den Herbergen genügend halb aufgebrauchte Packungen verschiedener Pflegemittel, die von überladenen Pilgern zurückgelassen wurden.

Wenn „Frau" nicht auf einige weitere Pflegeessenzen wie Spülung oder Antifaltencreme verzichten will, ist zu empfehlen, dies nur in kleinen Mengen abgepackt mitzunehmen (☞ Medikamente). Eine kleine Haarseife für ca. € 3 bis 5 stellt ebenfalls eine recht geschickte Lösung dar.

Medikamente

Bedenken Sie, dass Sie auf den meisten Jakobswegen normalerweise während eines Tagesmarsches auf mehrere Apotheken treffen werden. Es ist also nicht notwendig, Ihre Hausapotheke einzufliegen und nach Santiago zu tragen.

Rollenpflaster sind ein Muss. Ansonsten ist es zu empfehlen, von jedem Medikament nur die Dosis für einen Tag abzupacken und mitzunehmen. In Ihrer Apotheke können Sie übrigens für 20 bis 30 Cent kleine Döschen erwerben, in die Sie geringe Mengen Salbe abfüllen können. Desinfektionsmittel gibt es in Fläschchen mit 6 ml zu kaufen, was fürs Erste voll ausreicht. Vergessen Sie aber auf keinen Fall, Ihre persönlichen Medikamente in ausreichender Menge mitzunehmen.

Voltaren, Diclofenac oder andere Cremes gegen Fußbeschwerden sind sehr nützlich und kommen oft zur Anwendung. Sie sind aber normalerweise auch in jeder Herberge oder Apotheke vor Ort zu finden, wo sie meist noch preisgünstiger sind. Nehmen Sie also hier, wenn überhaupt, nur eine kleine Packung mit.

Sonstiges

Hören Sie auch bei den vielen Kleinigkeiten nicht auf, jedes Teil auf die Küchen- oder Briefwaage zu legen und dessen Nutzen und Gewicht abzuwägen.

Sonnenbrille

Da die Ozonschicht in den vergangenen Jahren ihre UV-schützende Funktion verringert hat, ist es besonders für Pilger, die sich ja über Wochen hinweg tagsüber längere Zeit unter direkter starker Sonneneinstrahlung befinden, prinzipiell unerlässlich, eine Sonnenbrille zu tragen. Die ständige Bestrahlung des Auges erhöht anderenfalls erwiesenermaßen die Wahrscheinlichkeit, frühzeitig an Sehkraft einzubüßen. Es ist zu empfehlen, bei der Auswahl der Brille auf einen sicheren Schutz zu achten.

Nur Brillen mit guten, ausreichend getönten Gläsern, die über einen geprüften UV-Schutz verfügen und das Auge auch seitlich bedecken, sind wirklich der Gesundheit Ihrer Augen zuträglich. Wenn Sie zu Hause kein geprüftes und dennoch günstiges Modell finden, werden Sie in Spanien vermutlich eher fündig und haben so auch noch ein kleines Andenken.

Taschenlampe

Eine größere Taschenlampe brauchen Sie nur dann, wenn Sie gerne längere Zeit bei Nacht laufen wollen, was jedoch im Normalfall nicht notwendig ist. Ansonsten reicht eine kleine Stablampe, Stirnleuchte mit LED-Diode oder Handy.

Jakobsmuschel

Das Tragen einer Jakobsmuschel ist besonders auf abgelegenen Strecken zu empfehlen, um besser als Pilger erkennbar zu sein und in den Genuss der damit verbundenen Gastfreundschaft zu kommen. Die Jakobsmuschel wird überall auf den Jakobswegen (ab € 1) angeboten. Sie bekommen sie aber auch zu einem deutlich höheren Preis bei einem Pilgershop (☞ Seite 149) oder auch bei mehr oder weniger umstrittenen Anbietern wie Temu, Amazon und Ebay. Traditionell wird sie ungeschmückt getragen – in neuerer Zeit aber auch gelegentlich liebevoll bemalt.

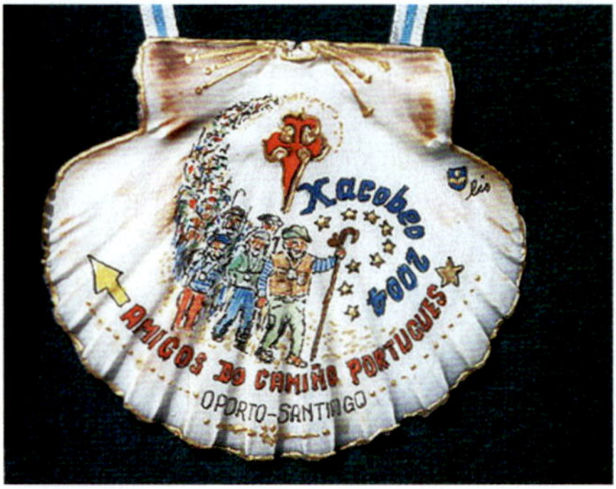

Jakobsmuschel (rk)

Wander- oder Pilgerstab

Im Allgemeinen sind Wanderstöcke sehr zu empfehlen, da sie zusätzlichen Halt bieten und auch die Arme beim Gehen einsetzen. Sollten Sie sehr viel und oft ohne Stöcke zu Fuß unterwegs sein oder regelmäßig joggen, ist es evtl. zu überlegen, darauf zu verzichten, da hierdurch vielleicht Ihr bereits gut eingeübter

Laufstil irritiert oder verlangsamt werden könnte. Probieren Sie es am besten zwei bis drei Tage aus und entscheiden Sie dann selbst. Sie können sich natürlich auch aus einem Ast einen klassischen Pilgerstab fertigen. Ist dieser zu schwer oder laufen Sie große Strecken, so kann es schon mal zu Blasen an den Händen oder einer Sehnenentzündung im Arm kommen.

Ein guter Wanderstab im Stil eines Pilgerstabs sollte 20 cm größer als sein Benutzer, nicht zu schwer und aus elastischem Holz sein. Natürlich können Sie auch einen oder zwei Teleskopstöcke benutzen. Sehr zu empfehlen sind auch herkömmliche Wanderstäbe mit einem oben abgerundeten Griff. Diese sollten bis zur Gürtellinie reichen.

Kamera

Ihr persönliches Andenken an den Weg müssen Sie nicht unbedingt in Form von Fotos bewahren. Wichtig ist das innere Bild, das Sie sich vom Weg gemacht haben und von dem ein Foto nur einen geringen Teil einfangen kann. Eine althergebrachte analoge Fotoausrüstung ist schwer. Eine digitale Kamera oder ein Smartphone sind sicher leichter, aber es könnte sein, dass Ihnen das Laden des Akkus Probleme bereitet, ☞ Handy und Ladegerät.

Handy, Smartphone und Ladegerät

Wenn es Ihnen möglich ist, dann geistern Sie bitte nicht als „Smombie“ (Smartphone-Zombie) über die Wege! Machen Sie sich und Ihren Pilgerfreunden besser eine Freude und lassen Sie Ihren digitalen Datenschnuller (Smartphone) einfach mal zu Hause. So können Sie die Zeit auf dem schönen Jakobsweg dazu nutzen, mal wieder den Unterschied zwischen einer digitalen Existenz und der guten alten analogen Welt zu erleben. Gemäß belastbaren Forschungsergebnissen sind Smartphones nämlich bestens dazu geeignet, zu verhindern, dass Sie Ihren Alltag im Urlaub hinter sich lassen, wirklich „abschalten“ und so ganz in den Weg eintauchen können. Auch werden Sie gelegentlich Schwierigkeiten bekommen, einen freien Stecker zu finden, um den Akku aufzuladen. Nehmen Sie also evtl. nur Ihr altes Handy mit, das Sie dann nur abends oder in Notfällen kurz für einen Anruf oder eine SMS in die Heimat anschalten.

Entschließen Sie sich dennoch dafür, ein Smartphone mit auf Ihre Packliste zu setzen, so nehmen Sie evtl. vorsichtshalber einen kleinen, sehr leichten sternförmigen Reisemehrfachstecker mit, um sich mit Ihren Zimmergenossen eine der wenigen Steckdosen in den Herbergen teilen zu können. Da Sie Ihr Handy während des Ladevorganges nur schwer lückenlos im Auge behalten können und es an einigen Orten Diebe gibt, ist es anzuraten, nur so ein Gerät mit auf den Jakobsweg zu nehmen, auf das Sie evtl. auch verzichten können.

Wer meinem Rat folgt, sein Handy idealerweise ganz zu Hause zu lassen, kann auch noch an einigen Stellen zu humanen Preisen von öffentlichen Telefonen aus in die Heimat telefonieren und sich an manchen Orten auch zurückrufen lassen (☞ Infos zu WLAN und Wi-Fi Seite 124).

GPS-Gerät und GPS-Apps

Seit geraumer Zeit kann man sich aus dem Internet kostenlose GPS-Tracks verschiedenster Jakobswege herunterladen und diese in die virtuelle Karte eines GPS-Gerätes oder einer GPS-App kopieren. Eine gute GPS-App bietet Ihnen darüber hinaus noch besondere technische Möglichkeiten, wie z. B. die Zeit des Sonnenuntergangs Ihres Standorts auf die Sekunde genau zu berechnen. (Dies scheint besonders dann lohnend, wenn Sie in der Angst leben, tatsächlich einmal aus heiterem Himmel von einem Sonnenuntergang überrascht zu werden.) Auch können Sie versuchen, mit technischen Daten wie Ihrer stündlich gemessenen Durchschnittsgeschwindigkeit Ihre Pilgerfreunde zu beeindrucken. Da der Weg auf fast allen in diesem Buch aufgeführten Jakobswegen gut oder sogar idiotensicher ausgezeichnet ist und die Wegführung (sicherheitshalber) sowieso im Pilgerführer beschrieben ist, ist ein GPS-Gerät oder eine App aber eigentlich nicht notwendig.

GPS-Routen können heute in verschiedene, meist kostenlose Apps geladen werden und bieten so die Möglichkeit der Orientierung ... zumindest solange Ihr Akku noch Saft hat oder das Handy nicht durch Regen oder Stürze beschädigt ist. Ist dies der Fall, stehen Sie dann genau an den Orten und zu den Gelegenheiten, bei denen eine Orientierung besonders von Nöten wäre, verloren in der Landschaft.

Der größte Nachteil, den eine GPS-App mit sich bringen könnte, ist aber m. E. nicht das Gewicht oder eine überflüssige oder mangelhafte Funktionsweise, sondern die Gefahr, dass die Aufmerksamkeit des Pilgers genauso wie im Alltag auch auf dem Camino wieder ständig an dem Display seines digitalen Datenschnullers klebt ... (☞ Handy). Abgesehen davon sind diese durch das Aufkommen der später beschriebenen ☞ Pilger-Apps inzwischen weitgehend abgelöst geworden.

Pilgerführer und weitere Literatur

Praktischer Pilgerführer

☺ Achtung: Da ich selbst zahlreiche praktische Pilgerführer verfasst habe, ist mein Urteil hier nicht ganz unparteiisch.

Mit einem guten Pilgerführer verhält es sich wie mit einem Rucksack. Er soll nur die Dinge bzw. Informationen enthalten, die Sie auf Ihrem Weg wirklich täglich brauchen. Alles, was darüber hinaus hineingepackt wird, ist nur unnützer Ballast. Ein Pilgerführer wird durch viele kleingedruckte Informationen nicht unbedingt schwerer, aber doch unübersichtlicher und damit schwerer lesbar. Er muss auch so gelesen werden können, wie man seinen Weg läuft. D. h., ständiges Hin- und Herblättern zwischen verschiedenen redaktionellen Teilen und vorgeschlagenen Tagesetappen ist verwirrend und mühsam und entspricht so nicht der Philosophie des Pilgerns.

Mancher Führer, der auf den ersten Blick einen guten Eindruck vermittelt, entpuppt sich später oft als Flop. Auf Massen großer farbiger Fotos können Sie genauso gut verzichten wie auf ausschweifende Beschreibungen zur Geschichte und Kultur. Was Sie wirklich auf dem Weg brauchen, ist ein möglichst aktueller praktischer Führer. Ob dieser für motorisierte Pilger oder Fußpilger verfasst wurde, können Sie bereits an dessen Gewicht erkennen. Großformatige, schwere Pilgerführer wurden für das Handschuhfach eines Autos hergestellt. Kleinformatige, die in die Hosentasche passen und so ständig griffbereit sind, wurden von Insidern für Fußpilger konzipiert.

Entscheidendes Merkmal eines Wegführers ist zum einen die Wegbeschreibung. Bei einer mangelhaften Markierung sind ausführliche wörtliche Wegbeschreibungen schönen bunten Karten vorzuziehen. Beschreibungen wie „... ca. 300 m nach Ende des Waldes gehen bei einer Viehtränke zwei kleine Pfade nach links ab. Sie nehmen hier den linken Pfad und folgen ihm bis ..." können unmöglich durch eine Karte ersetzt werden. Karten können Ihnen dagegen einen anschaulichen „Über-Blick" geben. Wörtliche Wegbeschreibungen sind aber bei Weitem genauer und beschreiben den Weg aus der Perspektive des Gehenden und nicht eines Flugzeuges. Auch wenn die Mehrzahl der Nebenwege heute ausreichend bis gut markiert ist, ist eine detaillierte Wegbeschreibung dort in nicht wenigen Fällen ein sinnvoller Begleiter. Wegemarken und Schilder können verschwinden oder aufgrund von Witterungseinflüssen, wie z. B. Waldbränden, nicht mehr lesbar sein. Auch gibt es an manchen Stellen geschäftstüchtige Anwohner, die den ursprünglichen Weg mit Schildern ein wenig umleiten, um die Pilger z. B. direkt an ihrem Laden vorbeizuführen. Auf dem Camino Francés ist die Kennzeichnung des Weges hingegen meist idiotensicher, sodass nur an wenigen Stellen eine detaillierte Wegbeschreibung notwendig ist.

Höhenprofile sind nur auf Streckenabschnitten notwendig, auf denen es auch nennenswerte Höhenunterschiede gibt.

Ebenfalls sehr wichtig ist eine ausführliche und aktuelle Beschreibung der bekannten Unterkunftsmöglichkeiten. Einfache Adressenlisten, bei denen die Herbergen mit Sternen oder Ähnlichem ausgezeichnet wurden, sind wenig hilfreich.

Was eine gute Herberge ist, hängt stark vom persönlichen Interesse des einzelnen Pilgers ab. Einige legen großen Wert auf Sauberkeit und nehmen eine sterile Atmosphäre in Kauf. Andere hingegen schätzen die Atmosphäre einer alten Behausung, bei der man aber dann manchmal einige Abstriche bei der Sauberkeit machen muss. Von großer Wichtigkeit sind auch die Bettenzahl, die Größe der Schlafsäle, die Freundlichkeit der Gastleute, die Ausstattung der Küche und gegebenenfalls die besonderen Öffnungszeiten. Die Aufzählung von Unterbringungsmöglichkeiten in Privatunterkünften ist nur dann als vollständige Information zu bewerten, wenn dort auch der Preis für die Übernachtung aufgeführt ist, ansonsten können Sie am Ende des Tages eine böse Überraschung erleben. Hilfreich sind auch noch Tipps und Reiseinformationen wie Anreise, Preise im Land, kulturelle Gewohnheiten und Anlaufadressen vor Ort. Hintergründe über Land und Leute sowie über Kultur und Geschichte sollten nicht ganz fehlen, sind aber nicht das Wichtigste, da Sie auf dem Weg erfahrungsgemäß ohnehin nicht viel Lust und Gelegenheit zum Lesen haben werden.

Sehr von Nutzen ist es, wenn der Verlag kostenlose Updates anbietet, die der Buchlieferung beiliegen oder im Internet zu sehen sind. Einige der Pilgerführer werden auch als Kindle-Version oder in einer App angeboten. Seit dem Aufkommen der nun beschriebenen Pilger-Apps sind diese digitalisierten Ausgaben aber ins Hintertreffen geraten.

Pilger-Apps

Der größte Vorteil der Pilger-Apps ist wohl, dass diese kostenlos oder gegen eine geringe Gebühr auf das Smartphone heruntergeladen werden können. Auch ist die Auswahl an Unterkünften im höheren Preissegment hier wesentlich umfangreicher. Pilger-Apps bieten keine Wegbeschreibung, sondern lediglich virtuelle (Google-)Karten mit dem bereits installierten genauen Wegverlauf und den Positionen der Unterkünfte usw. Wörtliche Herbergsbeschreibungen sind in der Regel durch Links zu den ☞ Buchungsportalen ersetzt ... und deren Darstellungen sind bekanntlich vom Gewinninteresse der Gastgeber und Portale gekennzeichnet. Günstige öffentliche und kirchliche Herbergen werden daher in diesen nicht selten vernachlässigt, abwertend oder überhaupt nicht dargestellt. Grundsätzlich wird wie vorher schon näher beschrieben der regelmäßige Gebrauch eines ☞ Smartphones oft dem authentischen Pilgererleben als wenig zuträglich empfunden. Da solche Apps m. E. zwar keinen Ersatz für einen richtigen Wanderführer, sondern in bestimmten Situationen eher eine Ergänzung dazu darstellen, finden Sie auf Seite 146 im Anhang dieses Buches einige kurze Vorstellungen der bekanntesten Vertreter.

(Pilger-)Sprachführer

Auf den Hauptrouten ist der Gebrauch eines Sprachführers nicht unbedingt notwendig, da man hier die Pilgerspezies und deren Anliegen zur Genüge kennt und gelernt hat, sich mit ihr per Zeichensprache oder auf Englisch zu verständigen. Wenn Sie Ihren Gastgebern aber Interesse und freundliches Entgegenkommen signalisieren wollen oder während Ihrer Pilgerreise die Möglichkeit nutzen möchten, einige Brocken Spanisch zu lernen, ist das Mitnehmen (m)eines kleinen Pilgersprachführers ratsam (📖 1).

Auf den spanischen Nebenwegen ist es dagegen zu empfehlen, (m)einen kleinen Pilgersprachführer im Gepäck dabeizuhaben, da hier die Infrastruktur meist nicht so gut ausgebaut ist und der Pilger gelegentlich noch ein weniger bekanntes Wesen darstellt. Auch in Frankreich ist ein kleiner Sprachführer von Vorteil, da man dort nicht immer auf Einheimische trifft, die bereit sind, Fremdsprachen zu sprechen.

Weitere Kopien oder Bücher

Auf den Jakobswegen sind Sie eher mit Laufen als mit Lesen beschäftigt. Sollten Ihnen die Anregungen aus Ihrem praktischen Führer dennoch nicht ausreichen, so wählen Sie ein sehr leichtes Buch oder einen E-Reader für den Weg aus oder kopieren Sie sich einige ausgewählte Seiten doppelseitig und evtl. etwas verkleinert, die Sie dann vorzugsweise in Klarsichtfolien aufbewahren und nach dem Lesen gleich verschenken oder wegwerfen, um Ballast abzuladen.

Das Gleiche gilt auch für dieses Buch: Nehmen Sie es entweder ganz mit auf den Weg oder sparen Sie Gewicht, indem Sie nur die Seiten kopieren, die Sie Ihrer Meinung nach wirklich benötigen werden.

Girocard (EC-Karte) und Kreditkarte

Auch das Bezahlen mit „Plastikgeld" und dem Handy ist inzwischen an verschiedenen Stellen auf den Jakobswegen möglich und es findet sich meist auch spätestens alle zwei Tage ein Geldautomat am Weg. ✋ Achtung: Es können bei einigen Banken Gebühren von bis zu € 10 für das Auszahlen von Bargeld anfallen und manche Tastaturen von spanischen Geldautomaten weisen eine andere Zahlenreihenfolge auf als die deutsche Standardtastatur. Geben Sie also Ihre Geheimzahl bewusst ein.

Halten Sie auch auf jeden Fall einen Notfallkontakt bereit, damit Sie im Falle eines Verlustes oder Diebstahls die Karte umgehend sperren lassen können. ☞ auch 💻 www.kartensicherheit.de

Ernährung

Trinkflasche oder Trinkschlauch

Als Trinkflasche eignen sich in der Regel normale Ein- oder Mehrwegflaschen am besten. Wenn Sie zwei kleine Flaschen zu je 0,5 Liter anstelle einer Flasche mit 1 Liter wählen, können Sie das Gewicht im Rucksack besser aufteilen. Entscheidend ist aber nicht die Größe der Flaschen, sondern wie weit Sie diese füllen. Oftmals reicht es schon, 0,5 Liter im Rucksack vorrätig zu haben, da man auf dem Weg regelmäßig Wasser nachfüllen kann. Bedenken Sie, dass 1 Liter Wasser genau 1 kg wiegt, und entscheiden Sie nach dem Studium des Wegführers, wie viel Wasservorrat Sie tatsächlich brauchen.

Wenn Sie sich für einen Trinkschlauch entscheiden, sollten Sie bedenken, dass dieser nur schwer zu reinigen ist und daher einen potenziellen Infektionsherd darstellt. Praktischer und auch ein wenig günstiger ist wohl ein Schlauch, der direkt an einer handelsüblichen PET-Flasche angeschlossen werden kann. Sie bekommen diesen im Fachhandel oder Internet (Suchwort: Trinksystem für Flaschen) ab € 10.

Proviant, Plastikdose, Dosenöffner usw.

Nehmen Sie nur so viel Proviant mit auf den Weg, wie Sie bis zur nächsten Einkaufsmöglichkeit benötigen. Wählen Sie Nahrung, die kalorienreich, aber dennoch leicht zu tragen ist (☞ Ernährung). Praktisch ist auch ein Plastikgefäß (Tupperware), in dem Sie Übriggebliebenes vom Vortag mitnehmen können. Daneben gibt es weitere vielfältige Verwendungsmöglichkeiten, z. B. als Regenschutz für Wertgegenstände. Ein Dosenöffner ist schwer und nicht unbedingt notwendig, da Sie in fast jeder Herberge einen finden werden oder auch von anderen Pilgern leihen können.

✋ Wiegen Sie vor Aufbruch nochmals Ihre vollständige Ausrüstung einschließlich der Marschverpflegung und einer halbvollen Trinkflasche, aber abzüglich einer Garnitur Kleider und der Wanderschuhe, die Sie ja bei der Anreise und auf dem Weg tragen werden. Sollte der Rucksack das zu Anfang des Kapitels angegebene Gewicht überschreiten, so ist er entschieden zu schwer und sollte von Ihnen nochmals neu gepackt werden.

Auf dem Weg

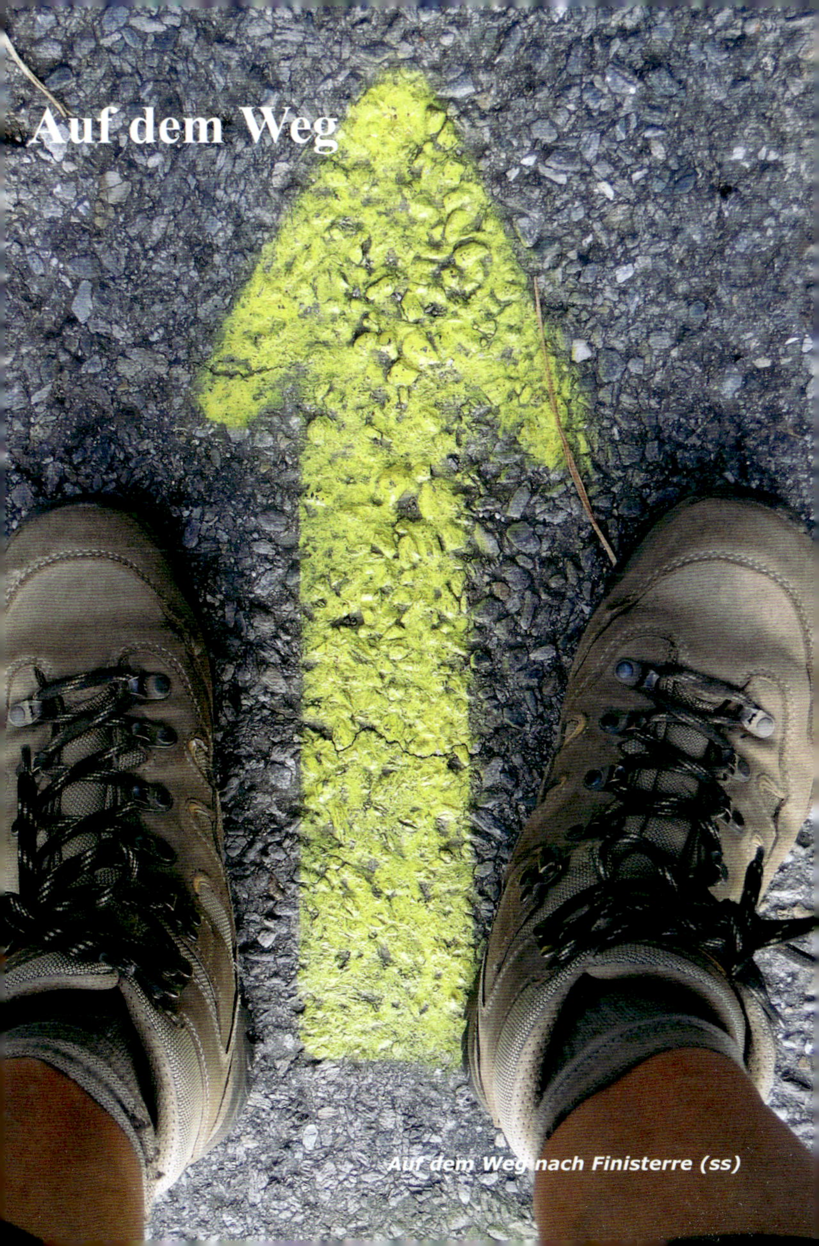

Auf dem Weg nach Finisterre (ss)

Sind Sie nun endlich auf dem Weg angekommen, so öffnet sich bald nach dem ersten „Kulturschock“ eine neue Welt für Sie. Ihr Tagesablauf wird nun von einigen wenigen Dingen gestaltet, deren richtige Mischung es macht. Die vier Säulen Ihres täglichen Erlebens sind Gehen, Essen und Schlafen sowie die Begegnung mit der Natur, Ihren Pilgerfreunden, sich selbst und – je nach Weltanschauung – mit Gott. In Ihrem täglichen Tagesablauf geht es nun darum, diese vier Säulen in ein für Sie passendes Gleichgewicht zu bringen und so Ihren Pilgeralltag zu Ihrer und der Freude Ihrer Begleiter zu gestalten.

Der „Tages-Ablauf“

Wann Sie Ihren Tag beginnen, ist im günstigsten Fall von Ihrer persönlichen Neigung abhängig, der Sie ja während Ihres Urlaubs mit gutem Recht folgen dürfen. Die meisten beginnen ihren Tagesmarsch in der Regel mit oder kurz vor Tagesanbruch, d. h., wenn man den Weg ohne die Hilfe einer Taschenlampe sieht oder nur noch kurze Zeit von ihr Gebrauch machen muss. In den Tag hineinzulaufen ist eine beeindruckende Erfahrung, die Sie zumindest einmal miterleben sollten. Jeder wird früher oder später einmal gezwungenermaßen dazu die Gelegenheit haben, da der allgemeine Aufbruch in manchen Herbergen Sie oft schon früh aus dem Bett holen wird.

Nach dem mehr oder weniger freiwilligen Aufstehen folgt, wenn Sie denn nach einigen Minuten einen Platz an einem Wasch- oder Spülbecken ergattert haben, die gemeinsame Morgentoilette der Jakobspilger, an die sich dann ein sehr kurzes, oft schweigendes Frühstück anschließt. Manche frühstücken aber erst, nachdem sie einige Zeit gelaufen sind. Der Rucksack wird fertig gepackt und die Trinkflasche gefüllt. Bevor Sie aufbrechen, kehren Sie noch mal zu Ihrem Schlafplatz zurück und überprüfen, ob Sie etwas vergessen haben (Blick unters Bett!). Dann geht es zügig los, denn zwischen 8:00 und 9:00 schließen die meisten Herbergen. Während besonderer **Hitzephasen** ist es auf manchen Wegstrecken empfehlenswert, sehr frühzeitig aufzubrechen, um vor Anbruch der Mittagshitze das Ziel zu erreichen. Zur Hauptsaison ist es möglich, dass sich die Herbergen schneller füllen und ein seltsames Wettrennen um den besten Schlafplatz stattfindet. Wollen Sie sich in Ihrem Urlaub an einer derartigen Ausscheidung beteiligen, ist es zu empfehlen, auch hier früh anzutreten, um Ihre Konkurrenz durch einen straffen Nachtmarsch frühzeitig aus dem Feld zu schlagen. Ich empfehle aber, in diesem Fall eher vorab in privaten Herbergen zu reservieren oder aber auf Nebenstrecken oder in die Nebensaison auszuweichen.

Einige Zeitgenossen ziehen es auch ohne einen zwingenden Grund vor, ihren Weg bereits sehr früh zu beginnen. Oftmals handelt es sich hier schlicht um bedauernswerte Workaholics, die noch nicht begriffen haben, dass sie sich bereits im Urlaub befinden. Egal: Stehen Sie in Ihrem Urlaub dann auf, wann es Ihnen passt oder es der Hospitalero Ihnen nahelegt. Augenbinden und Ohropax aus dem Drogeriemarkt helfen Ihnen dabei.

Nun steht Ihnen gewöhnlich eine ☞ Tagesetappe von ca. 25 km bevor, die im Allgemeinen nicht von Ihrer Kondition, sondern vom Zustand Ihrer Füße vorgegeben wird. Sie folgen dabei immer der meist guten Wegausschilderung, die auf den meisten Strecken durch einen gelben Pfeil oder eine Muschel markiert ist. Da der normale Pilger bei unproblematischem Gelände ca. 4 bis 5 km/h zurücklegt, besteht kein Grund zur Eile, wenn äußere Bedingungen dies nicht vorgeben. Dennoch sollten Sie nicht zu sehr trödeln, denn Pausen machen müde und das Weiterlaufen kostet danach etwas Überwindung.

Laufen Sie, um warm zu werden, die ersten 2 bis 4 km etwas gemächlich und ziehen Sie dann, wenn die Schwere und evtl. auch die Schmerzen in den Beinen nachlassen, das Tempo etwas an. Machen Sie kleinere Pausen, um etwas zu trinken und einen kleinen Happen zu essen (☞ Ernährung) oder den schönen Dingen am Wegrand etwas Beachtung zu schenken. Setzen Sie sich nicht länger als 10 Minuten hin, da Sie sonst müde und träge werden.

Nach gut der Hälfte der Tagesetappe empfiehlt sich eine größere Mittagspause. Essen und trinken Sie hier etwas mehr und ziehen Sie Ihre Schuhe und Socken aus, damit Ihre Füße Luft bekommen.

Der Genuss von Alkohol oder ein kaltes Fußbad sind zu dieser Tageszeit jedoch noch nicht zu empfehlen. Ruhen Sie sich so lange aus, wie Sie glauben, dass Ihnen dies guttut, oder bis die größte Mittagshitze vorbei ist. Füllen Sie Ihren Proviant wieder auf, quälen Sie sich wieder in Ihre Schuhe und machen Sie sich dann wieder auf den Weg. Nicht selten werden Ihre Füße nun schmerzen, was nach einer längeren Pause aber normal ist. Gehen Sie trotzdem zügig weiter, denn mit jedem Meter und jedem Tag werden die Schmerzen nachlassen.

Sind Sie nur noch einige Kilometer von Ihrem Ziel entfernt und ist der Tag noch nicht weit fortgeschritten, können Sie sich jetzt eine weitere Pause an einem angenehmen Ort gönnen. Wenn es etwas kühler wird, können Sie nun auch etwas Alkohol zu sich nehmen.

Sollten Sie schon einige Tage Wegerfahrung haben und Ihnen und Ihren Begleitern Ihre Beine bis hierhin noch keinerlei Probleme bereitet haben, ist evtl. zu überlegen, ob Sie doch noch die Strecke bis zu einer etwas weiter gelegenen Herberge an Ihre ursprünglich geplante Tagesetappe anhängen.

Achten Sie aber auf jeden Fall auf die kleinen Signale, die Ihr Körper an Sie sendet. Kleine Probleme können sich besonders dann, wenn gegen Abend eine gewisse ☞ Panik entsteht, rechtzeitig am Ziel anzukommen, schnell zu sehr massiven und bleibenden Problemen auswachsen.

In den vergangenen Jahren wurde es vielerorts zur Gewohnheit, dass einige wohl innerlich getriebene Menschen die Herberge bereits ab 12:00 erreichen (vermutlich, um wirklich das beste Bett des Ortes zu erwischen oder genug Zeit zu finden, sich der Maniküre, Bartpflege oder ähnlichen Dingen zu widmen). Ich lege Ihnen hingegen sehr nahe, den Tag nach Möglichkeit ausgiebig auf dem Weg zu genießen. Wenn Sie dann so zwischen ca. 15:00 und 18:00 schließlich leer an Kräften und reich an Eindrücken an Ihrem Tagesziel angekommen sind, ist zu empfehlen, zügig Quartier zu beziehen, dann zu duschen, die Füße zu pflegen und etwas reichlicher zu essen.

Je nach Müdigkeit ruhen Sie sich vorher etwas aus oder besichtigen sofort in Ihren Freizeitschuhen den Ort und dessen Sehenswürdigkeiten. Dort machen Sie Besorgungen für das Abendessen und für den kommenden Morgen und/oder erkundigen sich nach einer günstigen Einkehrmöglichkeit für den Abend.

Bevor Sie zum Abendessen gehen, planen Sie die Strecke für die folgenden ein bis zwei Tage und machen Sie Ihren Rucksack schon jetzt startbereit. Gegen 20:00 wird dann am besten in fröhlicher Runde mit den anderen Pilgerinnen und Pilgern gegessen und die Qualität des örtlichen Weins ausgiebig getestet und gewissenhaft beurteilt. Zwischen 22:00 und 23:00 schließen gewöhnlich die Herbergen und zu Bett geht es gewöhnlich relativ früh, meist schon kurz nach Einbruch der Nacht. Sollten schnarchende Pilgerbrüder und -schwestern Sie vorher nicht zu tatkräftigen Gegenmaßnahmen (☞ Herbergsregeln) zwingen, so steht Ihnen nun hoffentlich eine erholsame und oft traumreiche Nacht bevor.

Vier Phasen des Pilgerns

Auf Ihrem Jakobsweg werden Sie nicht jeden Tag in gleicher Weise erleben. Mit ersten Erfahrungen fangen Sie an und reifen mit jedem gelaufenen Kilometer zu einem erfahrenen Pilger heran. Dieser Prozess einer typischen Pilgerreise lässt sich erfahrungsgemäß oft in die beschriebenen vier Phasen gliedern. Natürlich erlebt aber jeder Einzelne seinen Weg unterschiedlich, sodass hier kein Anspruch auf allgemeine Gültigkeit erhoben wird.

Die ersten Schritte

Die ersten Schritte auf dem Jakobsweg sind oft gleichzeitig von Begeisterung und Unsicherheit geprägt. Sie werden ähnlich wie die letzten Tage der Reise meist sehr intensiv erlebt und bleiben lange in Erinnerung. Hier entstehen viele Weggemeinschaften, die oft bis zum Ende des Weges bestehen bleiben. Wie lang diese

Phase andauert, ist sehr unterschiedlich. Sie sollten aber bei aller Begeisterung und bei allem Ehrgeiz nicht den Fehler machen, unbedacht in den Weg hineinzurennen. Bedenken Sie, dass Sie nicht nur wenige Tage unterwegs sind, sondern einen stetigen Gang und einen damit verbundenen Lebensstil einüben sollten, der dann auch über lange Zeit durchgehalten werden kann. Die meisten Fußprobleme, die nach einiger Zeit zum Abbruch der Reise führen können, entstehen oft schon jetzt. Achten Sie daher sehr gut auf die Gesundheit Ihrer Füße und lesen Sie die einschlägigen Kapitel dieses Buches hierzu. Sollten Sie jetzt schon merken, dass Ihr Rucksack zu schwer ist, versuchen Sie nicht, sich daran zu gewöhnen, da sich Ihr Körper später dafür rächen wird. Werfen Sie besser schon jetzt unnützen Ballast ab (☞ Packliste)!

Wenn der erste Schwung raus ist

Wenngleich Gehen eine natürliche menschliche Tätigkeit ist, müssen sich Körper und Geist dennoch erst darauf einstellen, dass dies zu einem Dauerzustand wird. Je nachdem, wie gut Sie trainiert sind, werden Sie daher evtl. nach einigen Tagen in ein mehr oder weniger tiefes physisches und/oder psychisches Loch fallen, das sich oft in einer körperlichen und geistigen Müdigkeit äußert. Es handelt sich hier um einen natürlichen und gesunden Prozess, in dem Körper und Geist ihre Grenzen kundtun und sich innerlich und äußerlich auf eine neue Situation einstellen. Sie werden in dieser Zeit wahrscheinlich betroffen feststellen, dass Ihre Füße, obwohl Sie erst einen geringen Teil des Jakobsweges hinter sich gebracht haben, schon jetzt schmerzen und jeden Tag schwerer werden. Oft tauchen in dieser Zeit auch erste Konflikte unter Pilgerfreunden auf. Sie werden sich dann fragen, warum Sie auf die aberwitzige Idee gekommen sind, den Jakobsweg laufen zu wollen, und könnten dann evtl. in Erwägung ziehen, die Wanderschuhe auszuziehen und an das spanische Meer zu reisen.

Fangen Sie jetzt an, wie ein richtiger Pilger zu denken und zu leben! Denken Sie immer nur an den heutigen Tag, den nächsten Brunnen, den nächsten Kilometer, den folgenden Schritt. Machen Sie evtl. mal einen halben Tag Pause. Sollten Sie dann dennoch das Gefühl haben, keinen Schritt mehr weitergehen zu können, so hilft nur noch eins: Stehen Sie auf, setzen Sie Ihren Rucksack auf und laufen Sie einfach weiter!! Sie werden dann wahrscheinlich merken, dass es jeden Tag wieder etwas besser geht (☞ Motivation).

Wenn „es“ gut läuft

Nach ca. 150 bis 250 km Wegstrecke wird der müde Wanderer langsam zum routinierten Pilger. Das Gehen wird zum Alltag – zum Automatismus. Der Weg beginnt nun, sich Ihnen beim Gehen förmlich unter die Füße zu schieben, und Sie bekommen auf längeren Strecken das Gefühl, dass nicht Sie, sondern „es" geht. Schritt, Atem, das Geräusch des Pilgerstabes und Ihr Denken bilden einen Rhythmus, der von vielen oft als Trance beschrieben wird und nahezu zur Sucht werden kann.

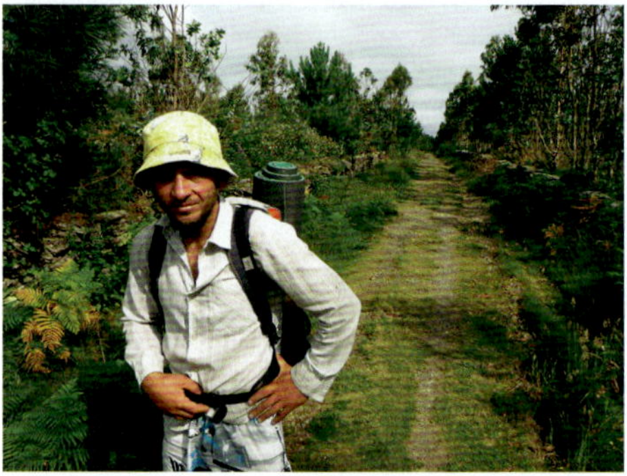

Russischer Pilger nach 4.500 km kurz vor seinem Ziel bei Finisterre (rj)

Wenn Sie über eine gute Grundkondition verfügen, ist es möglich, dass sich bei Ihnen überraschend „der Turbo anschaltet", das heißt, dass Körper und Geist nun wie eine Laufmaschine funktionieren. Es kann dann sein, dass Sie an einem Tag plötzlich ohne Probleme 5 bis 10 km mehr laufen können und sich am Abend dennoch „fit wie ein Turnschuh" fühlen. Aber aufgepasst: Auch in dieser Phase entstehen viele Fußprobleme, da man hier im Eifer des „Laufrausches" oftmals dem Irrglauben unterliegt, keine körperlichen Grenzen mehr zu besitzen!

Das Erleben der Natur und die Qualität der menschlichen Begegnungen mit den Pilgerfreunden sowie evtl. die spirituelle Erfahrung gewinnen hier oft an Intensität (📖 8). Der Pilgeralltag schleift sich ein und man gewinnt nicht selten den Eindruck, auf dem Weg zu Hause zu sein und ewig dort bleiben zu wollen.

Wenn das Ziel in Sicht ist

Sind Sie nur noch einige Tage vom Ziel entfernt, kann sich Ihre Perspektive des Weges ändern. Das baldige Ende des Weges vor Augen, fangen viele an, noch weiter in sich zu gehen und sich an das bisher Erlebte zu erinnern und es zu ordnen. Man beginnt, ein Resümee der Pilgerreise zu ziehen. Oft macht sich dann auch so etwas wie eine leichte Sentimentalität breit: Man bedauert, dass die vielen schönen Erlebnisse nun bald Vergangenheit sind, und stellt vielleicht auch fest, dass nicht alle Hoffnungen, die man in den Weg gesetzt hat, erfüllt wurden.

Der Gang wird wieder zunehmend schwerer, was zum einen mit dem unbewussten Wunsch zusammenhängt, den Weg noch nicht beenden zu wollen, zum anderen aber auch daran liegt, dass der Körper nach der langen Zeit des Gehens oft ausgelaugt ist und nun sein Recht fordert.

Je näher der Gedanke an die Heimat rückt, kommt evtl. auch eine kleine Spur von Heimweh auf. Man beginnt bereits damit, den Weg innerlich abzuschließen und zu verlassen, ist aber eigentlich noch nach wie vor auf diesem unterwegs. Befinden Sie sich in einem so beschriebenen Dilemma, versuchen Sie, diese Situation bewusst zu erleben und aus Ihren Überlegungen persönliche Schlüsse zu ziehen. Nehmen Sie diese mit nach Hause. Denken Sie daran, dass mit dem Ende dieses Weges Ihr Leben als Pilger nicht beendet sein muss. Sie haben die Möglichkeit, schon in den nächsten Ferien auf diesen oder einen anderen Weg zurückzukehren und so an Ihre Erfahrungen anzuknüpfen.

Am Ziel angekommen

☞ Kapitel Am Ziel (Seite 136)

Laufen innerhalb und abseits der Menschenmassen

Wenn Sie eine zu große Zahl an Mitpilgern als sehr störend empfinden, so können Sie diesem Problem auf viererlei Weise begegnen:

Zum einen haben Sie die Möglichkeit, Ihre **innere Einstellung** zu ändern: Dass viele Menschen diesen faszinierenden Weg erleben wollen, ist eine erfreuliche Tatsache und muss von Ihnen nicht unbedingt als Ärgernis aufgefasst werden. Sie sind nämlich letztlich selbst einer von diesen vielen Freunden des Weges. Nutzen Sie die Möglichkeit, Menschen kennenzulernen, und lassen Sie sich in einer begeisterten Welle von Pilgern nach Santiago „schwemmen".

Beachten Sie, dass Sie sich vom Wettstreit um den besten Schlafplatz nicht zu sehr verrückt machen lassen. Auch wenn es gelegentlich zu kleineren Engpässen kommen mag, ist die Panik, die sich in Pilgerkreisen gelegentlich breit macht, meist maßlos übertrieben und bisher ist noch kein Pilger wegen Überfüllung der Herberge gestorben. Schlimmstenfalls müssen Sie eben mal die eine oder die andere Nacht auf einer etwas improvisierten Schlafgelegenheit oder einer geliehenen Isomatte verbringen.

Zum Glück sind in der Zwischenzeit eine Reihe privater Pilgerherbergen entstanden, die man **vorab reservieren** kann. Wer den Weg auch zu Stoßzeiten ohne Zeitdruck genießen will, hat so die Möglichkeit, auf Nummer sicher zu gehen. Reservierungen in Pensionen und Herbergen haben aber auch einige Nachteile: Erstens verplant man sich so den Tag im Voraus, was von vielen als eine Einschränkung der Pilgerfreiheit empfunden wird, zweitens sind telefonische Reservierungen nicht immer sicher und drittens haben Sie bei Nichtgefallen eigentlich keine Möglichkeit, einfach zur nächsten Herberge weiterzuziehen.

Hat Sie das eben Gesagte nicht überzeugt, so können Sie den Pilgermassen evtl. wie folgt entkommen: **Laufen Sie antizyklisch**, d. h., brechen Sie entweder bereits kurz vor Tagesanbruch auf und lassen Sie die Pilgermassen dann hinter sich oder warten Sie ganz im Gegenteil, bis alle die Herberge verlassen haben und laufen Sie diesen dann im gebührenden Abstand als Nachzügler hinterher.

Noch besser ist jedoch die Methode, seine Tagesetappen antizyklisch zu wählen: Da die meisten gern in Städten oder in der Nähe bestimmter Sehenswürdigkeiten Quartier nehmen und am Tag normalerweise zwischen 20 und 30 km zurücklegen, ist es ratsam, die eigenen Tagesetappen so zu wählen, dass Sie diese Orte und solche, die 20 bis 30 km davor und dahinter liegen, meiden. Im Klartext heißt dies: Übernachten Sie möglichst an Orten, die 5 bis 15 km vor oder hinter den Brennpunkten liegen. Besuchen Sie die Sehenswürdigkeiten dann eben während Ihrer Mittagspause und nicht am Ende Ihrer Tagesetappe.

Auf den letzten 100 km oder wenn alle Pilger gleichzeitig aufbrechen, kann es auf den Wegen auch mal recht „gesellig" zugehen (rj)

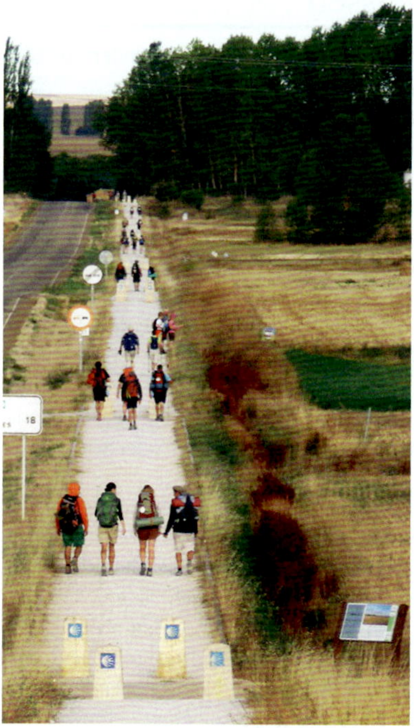

Wer weder über die hinreichende Möglichkeit einer positiven Selbstsuggestion verfügt, noch Lust hat, zu reservieren oder antizyklisch zu laufen, für den ist natürlich zu empfehlen, schon bei der Planung **besondere Strecken und Zeiten zu meiden**. Die bekannteren Wege sind dann z. B. von Mitte Juli bis Ende August möglichst zu meiden. Auf den Nebenstrecken werden Sie hingegen eher selten Probleme aufgrund überfüllter Herbergen bekommen. Zudem sind diese meist ursprünglicher und noch weniger kommerzialisiert. Sie bieten heute also eine echte Alternative, die auch immer häufiger in Anspruch genommen wird (Näheres unter ☞ Jakobswege).

Über 35 km laufen

Das Vorhaben, regelmäßig mehr als 35 km am Tag zu laufen, sollte in der Regel nur von erfahrenen Pilgerbegeisterten oder gut trainierten Laufsportlern in Erwägung gezogen werden. Wer mehr als 35 km pro Tag laufen will, dem bleibt in der Regel nur wenig Zeit und Kraft, den Weg zu genießen und dessen Sehenswürdigkeiten zu besichtigen. Auch bedarf es einer gewissen psychischen und physischen Erfahrung, einer solchen Belastung mehr als einige Tage standzuhalten.

Es ist jedoch zu beobachten, dass einige erfahrene Pilgerinnen und Pilger mit jedem Mal auf dem Jakobsweg die Länge ihrer Tagesetappen ausdehnen und schließlich ohne größere Probleme regelmäßig Distanzen zwischen 35 und 50 km laufen können. Diese Pilger haben die Sehenswürdigkeiten am Rande des Weges bereits zu Genüge gesehen und spüren dann nur noch einen Drang in sich, den ganzen Tag bis zum Umfallen zu laufen und im Vorbeigehen schweigend bei jedem Atemzug die Schönheit des Weges in sich aufzusaugen, um daraus die Kraft zum Weitergehen zu schöpfen.

Wer die Idee hat, den Weg einmal in dieser Weise zu erfahren, sollte einige Jahre Pilgererfahrung mitbringen und auch sonst regelmäßig Sport treiben oder aber ein besonders gut trainierter Langstreckenläufer sein. Bedenken Sie, dass ein solches Vorhaben trotz Vorbereitung und ausgezeichneter Kondition in der Regel nicht zuverlässig planbar ist, da hierzu auch ein gewisses Maß an Glück gehört. Die Belastung der Beine und des gesamten Körpers ist derart hoch, dass Sie von großem Glück reden können, wenn körperliche Beschwerden Sie nicht nach einigen Tagen in Ihre natürlichen Grenzen verweisen. Es ist also auch sehr erfahrenen Pilgern nicht zu empfehlen, vorab einen Tagesdurchschnitt von mehr als 35 km einzukalkulieren, um sich so nicht unter Druck zu setzen. Auch sollten Sie vorher eine knappe Woche Einlaufzeit mit Distanzen zwischen 25 und 35 km planen.

Haben Sie sich entschlossen, es einmal zu versuchen, so stellen Sie sich am Vortag mental darauf ein, dass Sie ab dem kommenden Tag das kontinuierliche Gehen auf dem Weg noch mehr zum Mittelpunkt Ihres Erlebens machen wollen. Überprüfen Sie Ihren Köper genau, ob er dazu in der Lage ist. Am kommenden Morgen stehen Sie so zeitig auf, dass Sie ca. eine halbe Stunde mithilfe einer Taschenlampe gehen. In dieser halben Stunde laufen Sie sich entspannt, aber immer zügiger ein.

Mit Tagesanbruch verstauen Sie Ihre Taschenlampe im Rucksack und geben sich ein inneres Signal zum Start. Ab jetzt laufen Sie im zügigen, kraftvollen Schritt ca. 2 bis 3 Stunden in einer Durchschnittsgeschwindigkeit von 6 oder sogar 7 km/h. Sie halten nur sehr kurz an, um etwas zu trinken oder eine Banane zu essen. Wechseln Sie dabei gelegentlich Schrittlänge und Gangart. Innerhalb der ersten 3 Stunden sind Sie so die ersten 17 bis 18 km gelaufen.

Sie machen nun eine kurze Pause, in der Sie erstmals den Zustand Ihrer Füße beurteilen, und brechen dann wieder auf, um ca. weitere 2 Stunden mit der gewohnten Geschwindigkeit von ca. 5 km/h weiterzulaufen. Trinken Sie dabei viel und essen Sie ständig kleinere Mengen an Bananen oder Früchten. Bis zur Mittagspause haben Sie die ersten 25 km hinter sich gebracht. Nun steht eine längere Mittagspause an, in der Sie Ihre Schuhe, Socken und Füße trocknen lassen, etwas Leichtes essen, aber keinen Alkohol zu sich nehmen. Überprüfen Sie den Zustand Ihrer Füße und Ihres Rückens genau und entscheiden Sie dann auf dieser Grundlage zusammen mit Ihrem Begleiter, wie viele Kilometer Sie heute noch „zum Nachtisch vernaschen" wollen.

Auch wenn Ihnen die Füße nach der Pause wahrscheinlich schmerzen werden, sollten Sie zügig weiterlaufen und die nächsten 2 Stunden ohne große Pausen gehen. Ab dieser Zeit, also nach ca. 35 km, wird Ihr Tempo erfahrungsgemäß von allein abfallen und Ihre Pausen werden immer häufiger werden. Ab 40 km Wegstrecke wird das Gehen mit einem Trekkingrucksack zunehmend beschwerlich. Alles über 50 km bedeutet auch für die meisten gut trainierten Geher nur noch Qual und purer Wahnsinn. Auch sind Distanzen über 45 km allein deshalb wenig zu empfehlen, da Sie den Körper so stark belasten, dass auch während der Nacht keine ausreichende Regeneration stattfinden kann. Auf längere Sicht besteht dabei die Gefahr einer ernsten Erschöpfung. Durchschnittsdistanzen von 45 km und mehr pro Tag sind daher nur sehr selten über einen längeren Zeitraum als drei Wochen durchzuhalten.

Lesen Sie hierzu auch die Ausführungen zu Planung der ☞ Tagesetappen und ☞ Gesamtstrecke.

Wer Strecken über 35 km pro Tag plant, sollte darüber hinaus auf jeden Fall einen besonders leichten Rucksack mitbringen, sich sehr bewusst ☞ ernähren und dabei weitgehend auf Alkohol verzichten. Es ist auch zu empfehlen, gelegentlich einige leichte Dehnübungen durchzuführen.

Die richtige Ernährung

Mancher versteht den Weg ja als eine vorwiegend kulinarische Reise. Nicht wenige scheinen mit dem Anspruch anzutreten, sich durch Frankreich oder Spanien so „wie die Made durch den Speck zu fressen" und den eigenen Flüssigkeitsverlust überwiegend durch den reichlichen Genuss von Wein auszugleichen. Wer dies will und meint, sich dies auch finanziell und gesundheitlich leisten zu können, findet auf den Jakobswegen meist die kulinarischen Voraussetzungen dazu. Er sollte aber nicht gleichzeitig die Absicht hegen, sich täglich mehr als 20 oder 25 km gehend fortzubewegen.

Frühstück – den Anfang versüßen

Das Frühstück, das Sie sich am Abend des vorhergegangenen Tages besorgt haben, sollte Ihnen schnell Kraft geben und nicht zu schwer verdaulich sein. Essen Sie am besten etwas Süßes und trinken Sie einen Saft dazu. Noch besser sind natürlich Früchte wie Ananas oder Trauben. Diese enthalten neben Vitaminen auch Enzyme, die die Fettverbrennung ankurbeln und kleinere Sportverletzungen auskurieren helfen. Milch ist nicht in zu großen Mengen zu empfehlen, da sie beim Gehen schwer im Magen liegen kann.

Unterwegs und mittags – Bananen und anderes Pilger-Fast-Food

Unterwegs sollten Sie sich ausschließlich von leicht verdaulicher, aber kalorienreicher Nahrung ernähren, die nicht zu viel wiegt. Essen Sie möglichst jeden Tag mindestens drei große Bananen. Sie sind die optimale natürliche Sportlernahrung. Sie enthalten Kohlenhydrate, die einen idealen Kraftspeicher bilden, und Magnesium und Calcium, was sehr wichtig für den Stoffwechsel eines Sportlers ist. Die Muskeln bleiben hierdurch locker und leistungsstark. Essen Sie diese auch dann, wenn Sie noch keinen Hunger spüren, denn das Hungergefühl signalisiert bereits einen Mangel und Ihre Leistungsfähigkeit ist dann schon beeinträchtigt. Auch anderes Obst ist zu empfehlen, da es neben Vitaminen auch Zucker und Wasser enthält.

Als Notreserve ist z. B. gerösteter Mais zu empfehlen. Er hat viele Kalorien, ist sehr leicht und zudem auch noch sehr billig. Sind Sie in Spanien unterwegs, so finden Sie am Wegrand meist zudem recht günstig traditionelle Formen des typisch spanischen Pilger-Fast-Foods wie *bocadillo* (de: belegtes Stangenbrot), *tortilla española* (de: Kartoffelomelett) und *empanada* (de: Brotpastete) bzw. *epanadilla* (de: Brotpastetchen), deren Genuss ja sowieso fast schon ein Muss für jeden Spanienurlauber ist. Sie bekommen diese am günstigsten in Lebensmittelläden, Bäckereien, Kiosken oder einfachen Bars am Wegrand. Das Gleiche gilt auch für die meist nicht allzu teuren *tapas* (de: Appetithappen), die allerdings wie *empanada* mit Fleisch etwas schwerer im Magen liegen können.

Auf schwere Nahrung wie Käse, Fleisch und Fisch sollten Sie unterwegs und auch in der Mittagspause möglichst verzichten. Ebenso auf Alkohol. In der vorherrschenden Hitze belastet die Verdauung den Körper sehr und es kommt schnell das Gefühl von Müdigkeit auf. Nehmen Sie grundsätzlich nur so viel Proviant in Ihrem Rucksack mit, wie Sie bis zur nächsten Einkaufsmöglichkeit brauchen.

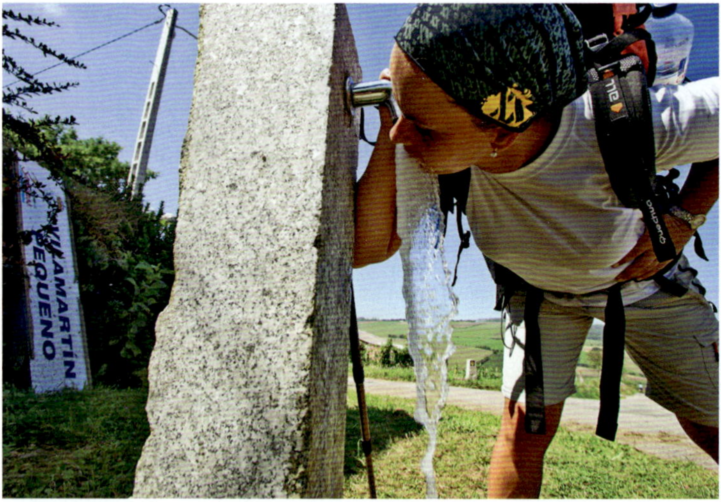

Pilgerbrunnen vor Vilamartin Pequeno - Camino del Norte (cs)

Abends und nachts – essen, was das Zeug hält

Nach Ankunft am Etappenziel ist es angesagt, die Reserven des Körpers wieder voll aufzufüllen, es sei denn, Sie wollen bewusst abnehmen. Sollten Sie täglich regelmäßig 30 km und mehr laufen, können Sie fast nie zu viel essen, um Ihren Kalorienverbrauch wieder auszugleichen. Wenn Sie sich den Tag über vorwiegend von Kohlenhydraten ernährt haben, sollten Sie nun auch Eiweiß und wegen des Calciumgehalts besonders auch Milchprodukte zu sich nehmen. Genuss von Alkohol ist am Abend in Grenzen kein Problem, da ein sauberer Wein ohne Zusatz von Chemikalien meist gut bekömmlich ist. Allzu schwere Speisen sollten Sie spät abends meiden, denn mit einem schweren Magen werden Sie nicht gut schlafen.

Salz dürfen Sie, wenn es Ihnen Ihr Arzt nicht ausdrücklich verboten hat, jetzt reichlich verwenden, um das in der Hitze ausgeschwitzte Salz des Körpers wieder zu ergänzen und so Muskelkrämpfen vorzubeugen. Es ist ratsam, am Tag mindestens einmal und vorzugsweise abends warm zu essen, da der ständige ungewohnte Genuss von kalter Nahrung Ihr Verdauungssystem sonst auf Dauer zu sehr belasten könnte. Zusammen mit der ständigen körperlichen Anstrengung führt dies dann erfahrungsgemäß oft zu Bauchschmerzen, Appetitlosigkeit und Durchfall. Sie können sich natürlich auch in der ☞ Küche der Herberge selbst ein einfaches warmes Gericht kochen oder sich auch abends großteils mit dem eben beschriebenen Pilger-Fast-Food über Wasser halten.

Wasser – viel und ständig

Trinken Sie reichlich, auch bevor Sie Durst spüren, denn nur so bleibt Ihr Stoffwechsel bei der Hitze optimal in Gang. Vorzugsweise trinken Sie in Supermärkten oder Bars entlang des Weges gekauftes Wasser. Wasser aus der Leitung ist in Spanien zwar in der Regel trinkbar, aber deshalb auch oft stark mit Chlor versetzt. Trinken Sie zu viel davon, können Ihr Magen und Darm empfindlich darauf reagieren. Füllen Sie also das gechlorte Leitungswasser besser vor dem Schlafengehen ab und lassen Sie die Flasche über Nacht offen stehen, dann entweicht das Chlor und das Wasser wird so bekömmlicher. Quellwasser ist Wasser aus Bächen und Flüssen im Allgemeinen vorzuziehen. Besonders in sehr fruchtbaren Gebieten wie Galicien, in denen viel Vieh auf den Wiesen unterwegs ist, sollten Sie besonders vorsichtig mit dem Genuss von Wasser aus Bächen sein.

Eine letzte Garantie besteht grundsätzlich überall nur dann, wenn Sie nicht ausdrücklich als Trinkwasser deklariertes Wasser vor dem Genuss mit Chlortabletten desinfizieren. Eine Sicherheitsmaßnahme, die allerdings von den wenigsten eingehalten wird, was bei einer gewissen Vorsicht meist auch ohne negative Folgen bleibt. Ältere und körperlich labile Menschen sollten hier jedoch sicherheitshalber größere Vorsicht walten lassen.

Isotonische Getränke

Schwitzen Sie sehr viel oder ist Ihnen das Trinken von Wasser auf die Dauer zu eintönig, so sind isotonische Getränke zu empfehlen. In Spanien ist hier z. B. der Softdrink Aquarius weitverbreitet. Eine ebenfalls recht günstige Lösung ist Apfelsaftschorle aus naturtrüben Apfelsaft. Die offensichtlich trinkfesten, römischen Legionäre schworen auf ihren Fußmärschen übrigens noch auf stark verdünnte Weinschorle, wovon Sie aber besser nur sehr sparsam Gebrauch machen sollten.

Nahrungsergänzungsmittel

Je natürlicher Ihre Ernährung ist, um so gesünder und günstiger ist diese in der Regel auch. Halten Sie sich also besser wie eben beschrieben an Bananen und Früchte. Sollten Ihnen diese aber einfach „zu gesund“ schmecken oder im Rucksack für Sie zu schwer sein, so schlucken Sie besser prophylaktisch (kostspielige) Präparate mit Magnesium, Calcium und evtl. weiteren Vitaminen.

Probleme auf dem Weg

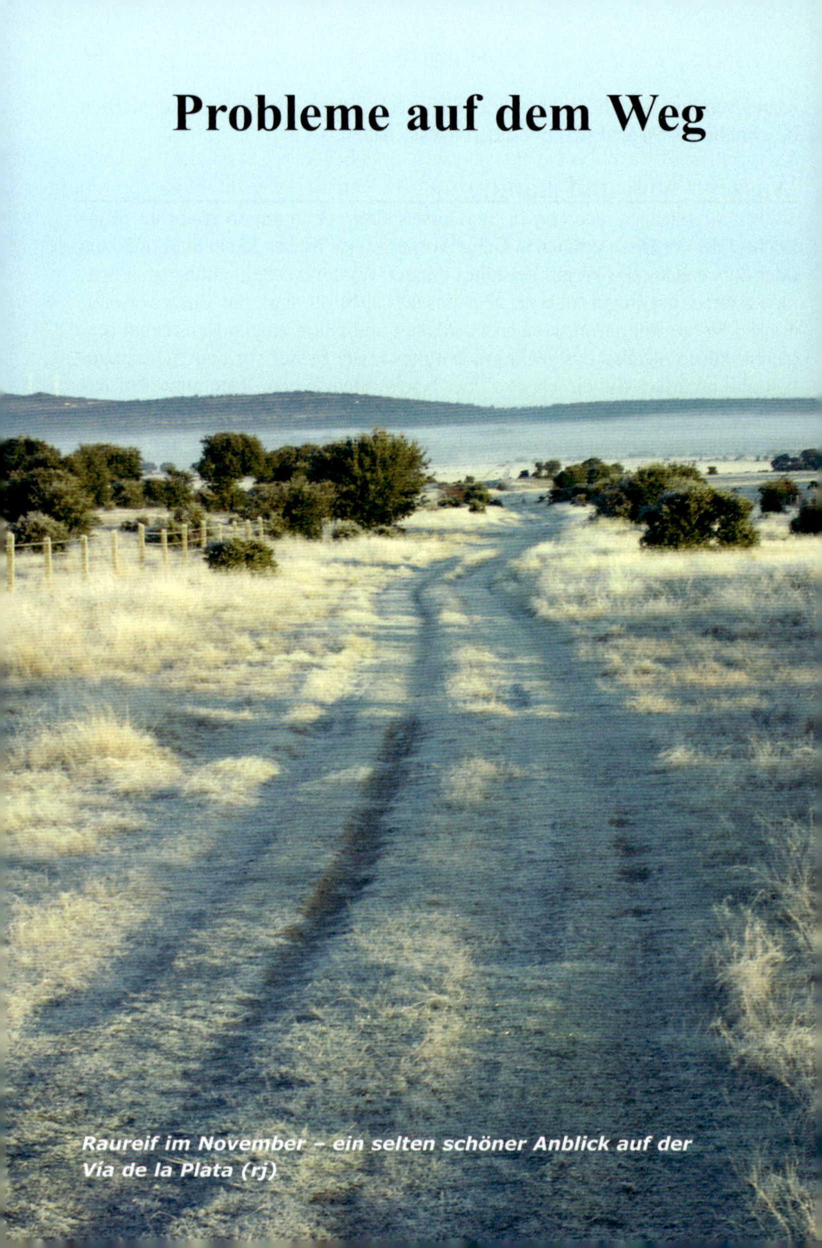

Raureif im November – ein selten schöner Anblick auf der Vía de la Plata (rj)

Die meisten Probleme, die Ihnen auf dem Weg begegnen werden, haben ihren wahren Ursprung im eigenen Kopf oder werden dort erst zu einem wirklichen Problem gemacht. Bewusstes „gehirngesteuertes" Gehen kann schon im Vorfeld helfen, die meisten Probleme zu vermeiden oder bereits bestehende Probleme zu meistern. Rennen Sie also nicht hirnlos durch die Gegend, sondern laufen Sie bewusst mit Verstand und allen Sinnen. Es gehört zu einer der wichtigsten Erfahrungen der Pilgerreise, dass nur derjenige die täglichen Herausforderungen des Weges bestehen kann, der in der Lage ist, seinen Körper und seinen Geist in Einklang mit dem Weg zu bringen.

Achten Sie also sehr genau auf Ihren Körper und Ihren Geist und versuchen Sie, sich und Ihre Möglichkeiten und Grenzen bewusst zu erfahren. Laufen Sie nicht so lange, „bis es nicht mehr geht", sondern bedenken Sie, dass auch morgen noch ein Tag vor Ihnen liegt, an dem Sie Körper und Geist nicht einfach gleich einem Ersatzreifen auswechseln können.

Gesundheitliche Probleme

Die meisten körperlichen Schwierigkeiten entstehen in Situationen körperlicher Überforderung, die im Grunde vermeidbar sind. Die erste Situation stellt hier, wie unter ☞ Wegstrecke bereits ausführlich dargestellt, die Überforderung aufgrund von Selbstüberschätzung oder Unterschätzung der äußeren Bedingungen dar. Eine weitere überfordernde Situation kann dann eintreten, wenn der ☞ „Laufrausch" den Pilgerjunkie seine Grenzen vergessen lässt.

Ebenfalls kritisch gestalten sich Situationen, in denen sich durch Nachteinbruch, Regen oder andere unvorhergesehene Ereignisse Panik breit macht. Das Schmerzempfinden des Menschen ist dann aufgrund von Stress heruntergesetzt und der Adrenalinstoß führt zu einer Leistungsbereitschaft, die enorm, aber nicht unbedingt der Situation angemessen und gut für Körper und Geist ist.

Legen Sie in solchen Situationen eine Denkpause ein und versuchen Sie, das „Bedrohungspotential" der Situation nüchtern einzuschätzen. Sie werden dann bald zu einem besseren Entschluss kommen, als kopflos weiterzurennen. Es macht z. B. keinen rechten Sinn, aus Angst, keinen günstigen Schlafplatz mehr zu bekommen, auf den letzten Kilometern einen furiosen Sprint hinzulegen, an dessen Ende Sie dann schließlich evtl. ein Bett, aber auch kaputte Füße haben. Langfristig ist dies um einiges teurer und auch unangenehmer als die Folgen, die Sie erwarten, wenn Sie vorsorglich den Entschluss fassen, es mal auf eine Übernachtung in einer etwas teureren Pension ankommen zu lassen.

Es gilt also die goldene Regel, sich evtl. aufkommenden Problemen immer sofort zu stellen und nicht erst so lange zu warten, bis diese dann schließlich akut und nur noch schwer lösbar werden. Es handelt sich hier übrigens um eine Jakobswegerfahrung, die man später auch gut in den Alltag mitnehmen kann.

Blasen

Zur Entstehung von Blasen

Fußblasen sind das bekannteste Pilgerproblem. Sie entstehen beim Gehen durch Druck, Reibung und Hitze und bilden sich meist an den Zehen und an den Fußsohlen. Die Oberhaut löst sich vom Fleisch ab und zwischen beiden Schichten lagert sich Gewebeflüssigkeit ab. Oft vergrößern und entzünden sich Blasen übermäßig, was dann sehr schmerzt und nicht selten zu einem humpelnden Gang führt. Das dadurch ungleichmäßige Gehen kann zu einer dauernden untypischen Belastung der Bänder und Gelenke führen, wodurch dann wiederum die Gefahr von Folgeproblemen besteht.

Blasen im Bereich der Zehen sind meist sehr schmerzhaft, aber nur dann gefährlich, wenn sie zu einem ungleichmäßigen Gang führen. Ihre Ursache ist meist in zu engen ☞ Wanderschuhen zu suchen. Seltener, aber um einiges gefährlicher, sind Blasen an den Sohlen der Füße. Sie wachsen gelegentlich zu suppenlöffelgroßem Ausmaß an und trocknen nur schwer. Nicht selten führen sie zu einem Abbruch der Pilgerreise. Ihr Auftreten gibt oft auch erfahrenen Pilgern Rätsel auf. Im Allgemeinen spielen aber die Länge der Wegstrecke, das Gewicht des Rucksacks und eine hohe Außentemperatur bei ihrem verhängnisvollen Entstehen eine begünstigende Rolle. Nicht selten ist die Ursache auch in nicht gut genug eingelaufenen Schuhen zu suchen. Oftmals kann man aber auch nur noch von Pech sprechen.

Blasenprophylaxe

Wie zu Anfang erwähnt, ist es unerlässlich, seine neuen Schuhe und Socken einzulaufen und sich bekannte Druckstellen gut zu merken. Um die Blasen von Anfang an zu vermeiden, ist es sehr zu empfehlen, bekannte Druckstellen, an denen Reibung und so letztlich Hitze entsteht, schon vor dem Loslaufen mit Rollenpflaster (z. B. Hansaplast oder Micropore) abzukleben und dieses dann so lange dort zu belassen, bis es von allein abfällt.

Wenn Sie z. B. an einem Zeh eine Druckstelle bemerken, so umwickeln Sie diesen ein- oder zweimal mit einem solchen Klebestreifen. So kann keine Reibung entstehen und jeder Bildung von Blasen ist die Basis entzogen. (☺ Eine übereifrige Spanierin, die mich einmal falsch verstanden hatte, klebte sich einst des Morgens die gesamten Füße bis zur Höhe der Knöchel mit Rollenpflaster ab. Nach weit über

50 km Fußmarsch fand sich nur an einer Stelle eine kleine Blase, nämlich genau dort, wo sie aus Versehen eine erbsengroße Stelle ausgespart hatte.)

Als weitere Maßnahmen gegen Blasen sind zu empfehlen, keine zu langen Strecken zu laufen, die Mittagshitze zu meiden und keinen zu schweren Rucksack (☞ Packliste) zu tragen. Auch sollten die ☞ Socken keine Rückstände von aggressiven Waschmitteln enthalten, welche die Fußhaut angreifen können. Manche Pilger cremen sich die Füße am Morgen mit Hirschtalg ein oder tragen unter den Socken dünne, abgeschnittene Damenstrümpfe aus Nylon. Hirschtalg und auch Nylon haben den Zweck, eine Gleitschicht über der Haut zu bilden und so die Reibung zu vermeiden. Wenn Ihre Füße zu sehr schwitzen, sollten Sie bald anhalten, um sie trocknen zu lassen oder gegebenenfalls die nassen Socken durch trockene zu ersetzen. Vermeiden Sie es aber, Ihre Füße in kaltem Wasser abzukühlen, denn die Haut wird aufquellen und aufweichen, was die Bildung von Blasen ebenfalls begünstigt.

✋ Fühlen Sie beim Gehen eine Druckstelle, die sich meist durch ein leichtes Brennen oder Zwicken bemerkbar macht, so halten Sie sofort an und kleben Sie diese Stelle gut mit Rollenpflaster ab.

Behandlung von Blasen

Hat sich bei Ihnen bereits eine Blase gebildet, so gibt es zahlreiche Möglichkeiten, diese zu behandeln. Auch unter erprobten Pilgern besteht hier Uneinigkeit, was unter anderem daran liegt, dass das Entstehen von Blasen unterschiedliche Gründe hat und Pilger unterschiedlich auf die genannten „Therapieansätze" reagieren. Die Heildauer beträgt bei sehr kleinen Blasen wenige Tage. Normalerweise werden Sie sich aber auf ca. ein bis zwei Wochen einstellen müssen. In dieser Zeit sollten Sie, wenn Sie gehen, mutig in den Schmerz „hineinlaufen" und nicht humpeln, da Sie sonst durch das ungleichmäßige Gehen mit Folgeproblemen in Knien und Hüfte rechnen müssen. Auch lässt der Schmerz nach einer halben Stunde meist stark nach.

Für kleine stecknadelkopfgroße **Blasen im Zehenbereich** gilt grundsätzlich: Tagsüber mit einem glatten Rollenpflaster wie z. B. Leukoplast oder Leukosilk abkleben. Über Nacht, wenn möglich, den Klebeverband dann wieder sehr vorsichtig abnehmen, damit die Blasen trocknen können. Das Abkleben von größeren Blasen im Zehenbereich führt oft zu größeren Schmerzen, da der Klebeverband noch mehr aufträgt und so noch mehr Druck auf die wunde Stelle entsteht. Sie können es aber versuchen. Belassen Sie ein Pflaster aber dann so lange auf einer großen Blase, bis es anfängt zu jucken oder von alleine abfällt. Sonst besteht die Gefahr, dass Sie beim Entfernen des Pflasters auch die Blase abreißen. Eine andere Möglichkeit besteht darin, die Blase zu lassen, wie sie ist, und zu hoffen, dass sie von allein trocknet und nicht anfängt, (noch stärker) zu schmerzen. Die Methode ist riskant, aber nicht selten die richtige. Wenn Blasen sehr schmerzen und/oder immer weiterwachsen, erscheint es oft angebracht, sie mit einer sterilen Spritze anzustechen, auszusaugen und mit derselben Spritze die Blase mit ein wenig Desinfektionsmittel aufzufüllen, um sie so zu desinfizieren. Achten Sie hier peinlich genau auf Sterilität und verwenden Sie z. B. Jod oder Kodan. Sie können auch einen mit Desinfektionsmittel getränkten Bindfaden durch die Blase ziehe, diesen hinter der Nadel abschneiden und in der Blase belassen. Dies führt dann dazu, dass die Blase offen bleibt, weiter auslaufen kann und gleichzeitig desinfiziert wird. An sensiblen Stellen, wie den Zehen, ist es allerdings zu empfehlen, den Faden nur während der Freizeit und nachts in der Blase zu lassen und beim Wandern wieder zu entfernen, da dieser sonst in der Wunde reibt und schmerzen kann.

Eine andere Möglichkeit, Blasen auszukurieren, ist, die Schuhe zu wechseln, vorausgesetzt man ist in der glücklichen Lage, wandertaugliche ☞ Freizeitschuhe mitgenommen zu haben. Auch besteht bei Fußproblemen in den meisten Herbergen die Möglichkeit, eine zweite Nacht zu bleiben, um seine Leiden auszukurieren. Eine Möglichkeit, die Sie gegebenenfalls besser gleich nutzen sollten, bevor es zu spät ist. Sollte der Zeh nicht aufhören zu schmerzen oder sogar anfangen zu eitern, können Sie sich die Blase von einem Arzt oder einer anderen fachkundigen Stelle entfernen und die entstehende Wunde behandeln lassen. Im Anschluss wird der Arzt Ihnen dann wahrscheinlich einen Verband verpassen, mit dem Sie nicht mehr in Ihre Schuhe passen und Ihnen den professionell begründeten Rat geben, nun drei Tage nicht mehr zu gehen. Viele hartgesottene Pilger greifen in dieser Situation daher vorab auf eigene Gefahr beherzt zu einer Nagelschere und entfernen das üble Stück eigenhändig. Sie tränken die Wunde und auch die entsprechende Stelle der Socke anschließend in Desinfektionsmittel und laufen dann nach einem Tag Pause langsam weiter. Es handelt sich hier allerdings um ein riskantes Vorhaben, da sich die Infektion des Zehs in dem stickigen Klima der Schuhe im schlimmsten Fall noch weiter ausbreiten kann.

Bei **Blasen an den Fußsohlen** ist guter Rat teuer, denn hier kann alles, was Sie machen, im schlimmsten Fall auch das Gegenteil bewirken und fatale Folgen nach sich ziehen. Allgemein wird empfohlen, die betreffende Druckstelle mit Compeed-Blasenpflaster abzukleben. Es handelt sich hierbei um ein mit Gel gepolstertes Pflaster, das wie ein Kissen über der Druckstelle liegt. Auch hier besteht aber die Gefahr, dass das Pflaster zu sehr aufträgt und so den Druck auf die wunde Stelle noch verstärkt. Auch kann die abgeklebte Blase darunter nicht mehr so gut trocknen. Das Abnehmen des Pflasters zum Zweck des Trocknens würde dazu führen, dass die Blase aufreißt und dann eine Entzündung kaum noch zu vermeiden wäre. Compeed wird daher ständig auf der Blase belassen. Es erscheint aus diesem Grund gelegentlich günstiger, die betreffende Stelle nicht mit Compeed, sondern nur mit einfachem, wenig auftragendem Rollenpflaster abzukleben oder ganz in Ruhe zu lassen. Probieren Sie es aus und entscheiden Sie selbst.

Wächst die Blase dennoch weiter oder entzündet sie sich, so können Sie es noch mit der eben angepriesenen Methode des Schuhwechsels versuchen. Als weitere Option steht Ihnen die gerade beschriebene Methode zur Verfügung, die Blase aufzustechen und zu desinfizieren. Hier ist dann vorzugsweise die „Fadenmethode" zu empfehlen. Da Blasen an den Fußsohlen aber oft recht große Ausmaße annehmen können und nur schwer trocknen, ist es leicht möglich, dass sich die Infektion und die Schmerzen derart ausbreiten, dass jede Hilfe zu spät kommt und Sie abbrechen müssen – ein Schicksal, das auch erfahrene Pilger ereilt. Sie befinden sich dann also in guter Gesellschaft und können mit Recht behaupten, dass Sie dieses Mal einfach ein riesengroßes Pech gehabt haben. Das erste Gebot heißt hier also ganz besonders: Prophylaxe vor Therapie!!! Und evtl. ist es angebracht, schon in einem frühen Stadium lieber einen Tag Pause einzulegen, um der Blase die Möglichkeit zum Trocknen zu geben.

Vollendete Pilgerfüße in Santiago (ss)

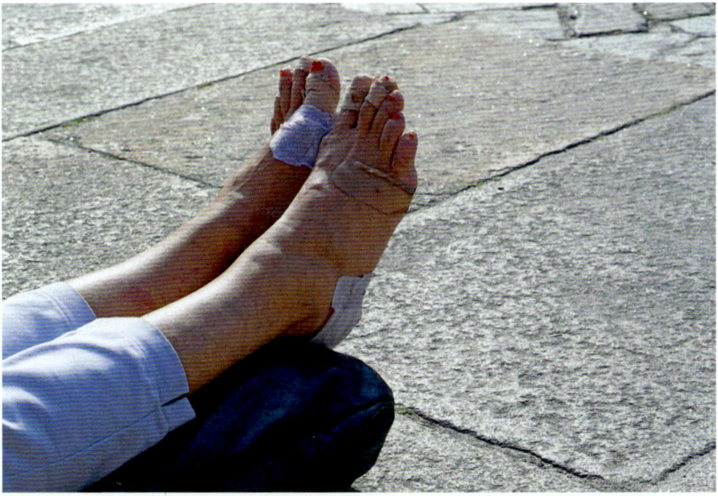

Wundlaufen

Beim Wundlaufen oder beim „Sich-einen-Wolf-Laufen" reiben die Gesäßbacken oder die Oberschenkel aneinander. Unter dem zusätzlichen Einfluss der Hitze und des salzhaltigen Schweißes kann sich die Haut an den betreffenden Stellen entzünden und beträchtliche Schmerzen verursachen. Die damit verbundene typische Gangart des akut erkrankten Pilgers gibt dann zu allem Überfluss den lieben „Pilgerfreunden" oft auch noch Anlass zur allgemeinen Erheiterung. Um diesem unangenehmen und zugleich peinlichen, meist drei bis vier Tage andauernden Schicksal zu entgehen, empfiehlt es sich, sofort anzuhalten, wenn Sie ein Brennen an den genannten Stellen verspüren. Suchen Sie einen geeigneten Ort auf und schmieren Sie die betreffenden Stellen prophylaktisch mit Hirschtalg ein. Sollten die Stellen schon wund sein, so behandeln Sie diese während der Nacht mit einer Wundsalbe, z. B. einer Zinksalbe, und während des Gehens weiter mit Hirschtalg.

Manche Pilgerinnen und Pilger (!) haben auch mit dem Tragen einer abgeschnittenen Damenstrumpfhose aus Nylon gute Erfahrungen gemacht. Es kann auch vorkommen, dass Sie sich am Tragegurt des Rucksacks oder an den Achseln wund reiben. Auch hier gelten die gleiche Prophylaxe und Therapie.

Muskel- und Sehnenentzündung (Tendinitis)

Oft liegt die Ursache in Überlastung oder ungewohnter Belastung wie z. B. längerem Bergaufgehen. Das Bein schwillt direkt über dem Fuß an. Besonders das Strecken und Beugen des Fußes bereitet dann am äußeren vorderen Bereich des Beines (neben dem Schienbein) große Schmerzen.

Um dem Problem zu begegnen, sollten Sie auf jeden Fall viel Wasser trinken. Zu empfehlen ist auch das ausgiebige Einmassieren mit Voltaren oder Ähnlichem, was allerdings auch mit Schmerzen verbunden sein kann. Über Nacht können Sie sich dann einen losen Verband mit Voltaren anlegen. An den darauffolgenden zwei bis drei Tagen ist es angebracht, den Fuß durch kurze Tagesetappen oder gänzliche Ruhe zu schonen. Versuchen Sie, ob Sie besser laufen können, wenn Sie eine Zeit in Ihren Freizeitschuhen laufen oder dem Fuß mehr Luft lassen, indem Sie den Schuh nicht bis oben zuschnüren und den Sockenbund über den Schuhhals stülpen. Stellen Sie sich auf eine Heildauer von mindestens zwei bis drei Tagen ein. Der Schmerz lässt beim Laufen normalerweise etwas nach, was aber nicht bedeuten soll, dass Sie Ihren Fuß weiter überlasten.

☺ **Pferdesalbe** hat sich als rein pflanzliches Hausmittel gegen müde Pilgerfüße sowie kleineren Schwellungen und Zerrungen sehr bewährt. Und für Freunde der Homöopathie: **Arnicakügelchen** (Globuli D 12) können es sogar erstaunlich gut mit größeren Schwellungen und Zerrungen aufnehmen.

Knochenhautentzündung

Diese Erkrankung beginnt mit Schmerzen an der Innenkante des Schienbeins und ist meist auf harte Erschütterungen, die beim Gehen auf Straßen oder durch eine falsche Lauftechnik entstehen, zurückzuführen. Auch schlechte Schuhe können hierzu beitragen. Zur Therapie sind kürzere Tagestouren, ein weicherer Gang oder ein Schuhwechsel bzw. orthopädische ☞ Sporteinlagen zu empfehlen. Voltaren ist auch hier anzuwenden.

Achillessehnenentzündung

Bei einer Dauerbelastung der Achillessehne durch ein ständiges monotones Bewegungsschema kann die Entzündung derselben hervorgerufen werden. Dies tritt z. B. auch beim langen Gehen auf Asphalt auf. Zur Vorbeugung sollte versucht werden, innerhalb monotoner Passagen für kurze Zeit die Gangart zu wechseln, indem Sie z. B. wenn möglich einige Hundert Meter auf dem schmalen Grasstreifen neben der Straße laufen. Auch das vorsichtige Dehnen der Achillessehnen an einer Stufe ist zu empfehlen.

Bei einer ausgeprägten Achillessehnenentzündung tritt gelegentlich ein Sehnenknirschen auf. Die Erkrankung sollte frühzeitig ernst genommen werden, denn sie kann leicht chronisch werden und im schlimmsten Fall bleibende Schäden verursachen. Sollten Sie erste Anzeichen spüren, so sind auch hier kürzere Tagesetappen oder Ruhetage angesagt. Sie können auch versuchen, ob das festere Zuschnüren des Schuhs oder ein Wechsel der Schuhe eine Besserung bringt. Auch die Anwendung von Voltaren-Gel ist einen Versuch wert.

Probleme der Hüfte und der Knie

Die Symptomatik und deren Ursachen sind hier so vielseitig, dass an dieser Stelle nur der Rat gegeben werden kann, bei akuten Problemen einen Facharzt für Orthopädie oder einen Sportarzt aufzusuchen. Probleme im Bereich der Knie und der Hüfte treten oftmals in Folge von Überlastung oder Humpeln auf. Erstes Gebot ist natürlich, beides prophylaktisch zu vermeiden.

Durchfall

Das von Nordeuropäern in Südeuropa traditionell sehr gefürchtete Symptom hat in den vergangenen Jahren aufgrund einer verbesserten Hygiene stark an Schrecken verloren. Dennoch ist beim ☞ Wasser, Essen und auf öffentlichen Toiletten weiterhin gewisse Vorsicht geboten. Nicht selten handelt es sich bei Durchfall aber auch um ein Symptom einer körperlichen oder psychischen ☞ Überanstrengung. Sollten Sie nach dem Genuss von Wasser oder offenen Lebensmitteln ein verdächtiges Rumoren im Bauch verspüren, ist es evtl. ratsam, eine oder zwei alles abtötende Cola zu trinken. Sollten Sie wirklich an Durchfall leiden, so bringen Sie einen Warnhinweis an das von Ihnen verwendete WC an, um andere vor Ansteckung zu warnen. Nehmen Sie neben Cola, Salzstangen und Durchfallmitteln unbedingt auch ein spezielles, in der Apotheke erhältliches Salzpräparat (Superoral Casen) ein, das Ihren Salzverlust ausgleicht und Sie so wieder erstaunlich schnell zu Kräften bringt.

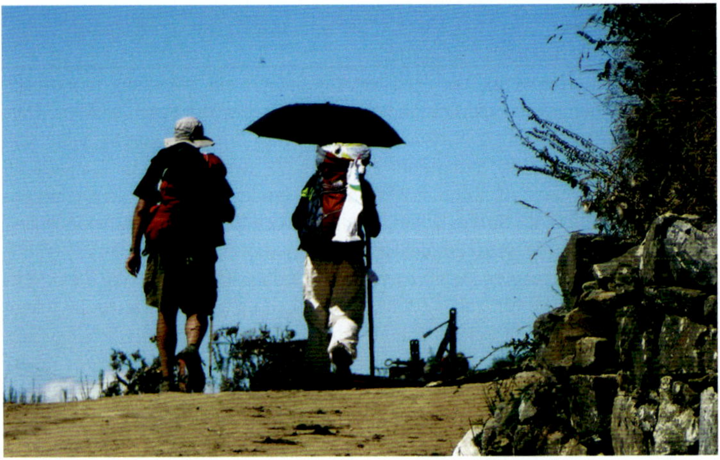

Lichtempfindlicher Pilger hinter Fonfría – Camino Francés (rj)

Sonnenbrand

Wie wohl inzwischen allgemein bekannt, sind Sonnenbrände nicht nur unangenehm, sondern können langfristig Hautkrebs nach sich ziehen. Warten Sie also nicht, bis Sie erste Beschwerden spüren, sondern schützen Sie sich frühzeitig durch das Aufbringen eines Sonnenschutzes mit hohem Schutzfaktor. Besonders zu schützen sind je nach Sonnenstand Nase und Ohren, der Nacken, die hinteren Bereiche der Arme und die Waden. Das Tragen eines ausladenden Hutes ist sehr zu empfehlen.

Sollten Sie bereits Hautverbrennungen erlitten haben, so kann eine Creme aus der Apotheke oder einer Drogerie den Heilungsprozess etwas unterstützen. Tragen Sie an den folgenden zwei bis drei Tagen wenn möglich lange Kleidung, um die betreffenden Stellen zu schützen. Waschen Sie die Stellen nur mit Wasser, um die belastete Haut nicht noch weiter zu reizen und nicht die wichtige natürliche Schutzschicht weiter zu zerstören.

Sonnenstich

Durch direkte Sonneneinstrahlung kommt es zu einer Reizung der Hirnhaut, die zu Kopfschmerzen, Übelkeit und Erbrechen, hochrotem, heißem Kopf, Nackensteifheit und sogar zur Bewusstlosigkeit führen kann. Um dies zu vermeiden, sollten Sie einen Sonnenhut tragen, viel trinken und die heißesten Mittagsstunden nicht in der Sonne verbringen. Bei den ersten Anzeichen begeben Sie sich an einen kühlen Ort und legen sich dort mit erhöhtem Kopf hin. Rufen Sie auf jeden Fall einen Arzt. Kühlen Sie Ihren Kopf und Nacken mit feuchten Tüchern und lassen Sie sich von Ihren Mitpilgern beobachten, bis professionelle Hilfe eintrifft.

Hitzekollaps und Hitzekrampf

Wer durch viel Schwitzen Wasser und Elektrolyte verliert, kann einen Hitzekrampf oder sogar Hitzekollaps erleiden, der sich in einem Kreislaufzusammenbruch äußert. Beste Prophylaxe hiergegen ist die ausreichende Zufuhr von Elektrolyten, z. B. durch ☞ Bananen und Tafelsalz, viel zu trinken sowie eine ausgiebige Mittagsruhe. Die Therapie besteht aus denselben Maßnahmen wie beim Sonnenstich: Das Herbeirufen einer professionellen Hilfe ist auch hier unerlässlich!

Verspannung

Durch das Tragen eines schweren Rucksacks kann es leicht zu Verspannungen des Rückens und der Schultern kommen. Hier ist es natürlich zunächst angebracht, unnötigen Ballast abzuwerfen (☞ Packliste) und den Rucksack richtig einzustellen. Auch gelegentliche Streckübungen, das Kreisen der Schultern und das Ausschütteln der Arme während der Pausen können helfen.

In der Herberge angekommen empfiehlt es sich, mit anderen Pilgerinnen und Pilgern eine sitzende oder stehende Kette oder einen Kreis zu bilden, in welchem man sich dann gegenseitig den Rücken und die Schultern massiert. Dieses Leiden bietet auch einen geeigneten Vorwand für eine längere Partnermassage zu zweit ...

Überanstrengung – Erschöpfung

Dieses Symptom ist in seiner leichten Ausprägung auch einfach mit dem der affektiven Leistungsabwehr (de: Faulheit) zu verwechseln. Sollten Sie aber z. B. an leichtem Fieber, Schwindel, Appetitlosigkeit oder kalten Schweißausbrüchen leiden, von Zittern, Muskelkrämpfen oder Nervosität geplagt sein, so könnte dies unter anderem auch durch eine zeitweilige Überanstrengung oder Erschöpfung verursacht worden sein. Besinnen Sie sich, dass Sie sich eigentlich im Urlaub befinden, machen Sie einen halben oder ganzen Tag Pause, essen Sie gut und lassen Sie es sich gut gehen. Besuchen Sie aber auch einen Arzt und lassen Sie die

Symptomatik und Ihren allgemeinen körperlichen Zustand von diesem fachkundig abklären, um andere Ursachen zweifelsfrei ausschließen zu können.

Notfall, Unfall, Arztbesuch

Da das Vorgehen im akuten Falle einer Krankheit oder eines Unfalls in den verschiedenen Ländern nicht immer gleich ist, sollten Sie sich vor Abreise gründlich über die diesbezüglichen Regelungen im Reiseland informieren. Informationen hierüber finden Sie in jedem guten praktischen Pilgerführer. Informieren Sie sich auch rechtzeitig über die diesbezüglichen Regelungen Ihrer Krankenversicherung. Sollten Sie dies versäumt haben, so kann Ihnen der Hospitalero evtl. erste Informationen geben.

☺ Auch in Spanien, Frankreich, Österreich und Portugal ist die **Notrufnummer** ☏ 112 gebräuchlich.

Hygienische Probleme

Toilette

In den Herbergen und in Lokalen finden Sie üblicherweise Möglichkeiten zum Austreten, die nicht immer allen gehobenen deutschen Sauberkeitsansprüchen gerecht werden. Sollten Ihnen an einigen Stellen die hygienischen Verhältnisse nicht genügen, können Sie von einem Desinfektionsspray Gebrauch machen, das Sie gegebenenfalls auch im Ausland erwerben können, oder Ihr Geschäft im Stehen verrichten, was meist nur wenig Übung bedarf.

Es ist ratsam, einen kleinen Vorrat an Toilettenpapier oder Papiertaschentücher mit sich zu führen, da Toilettenpapier in den Herbergen nicht selten fehlt oder Sie evtl. auf abgelegenen Wegen wie z. B. der Vía de la Plata in die Verlegenheit geraten könnten, Ihr Geschäft unterwegs verrichten zu müssen. Aber auch zu dieser Problemlage ist inzwischen hilfreiche Literatur erschienen (📖 7).

Waschgelegenheit

Fast alle Herbergen haben einen Waschraum oder zumindest eine Waschgelegenheit. Oft finden sich auch eine Waschmaschine und ein elektrischer Wäschetrockner. In einigen Orten am Weg gibt es natürlich auch Wäschereien. Normalerweise reicht für die tägliche Handwäsche eine herkömmliche Körperseife. Diese hat auch den Vorteil, dass sie hautverträglich ist.

Nehmen Sie besser eine eigene Wäscheleine mit, für den Fall, dass in der Herberge der Platz zum Trocknen knapp wird. In Notfällen können Sie auf die Methode ☞ Wäschetrocknen à la Peregrino zurückgreifen, die später beschrieben wird.

Parasiten, Ungeziefer und Fußpilz

Gelegentlich hört man von Belästigung der Pilger durch Ungeziefer und Parasiten wie Flöhe, Bettwanzen und sonstiges Getier. Sollten Sie hier einen Verdacht haben, so melden Sie es dem Herbergsvater oder der Herbergsmutter, sodass diese den betreffenden Raum sofort schließen und einen Kammerjäger bestellen.

Von den genannten Plagen sind besonders ungepflegte Herbergen, aber, wie bei jeder Epidemie, auch andere Einrichtungen wie Pensionen und Hotels betroffen. Die Komplikationen nehmen selten wirklich gefährliche Ausmaße an, können aber gelegentlich doch die Laune verderben. Wirklich effektive chemische und auch biologische Abwehrmittel gegen derartige ungebetene Gäste stehen leider im Verdacht, auch nicht gänzlich unbelastend für den Menschen zu sein. Das Gleiche gilt auch für mit Insektiziden, d. h. Nervengiften, imprägnierte Bettwanzenschutzlaken. Wer sich schützen will, wählt daher vorzugsweise saubere Herbergen aus, fragt nach einem wirklich frisch gewaschenen Bettbezug oder benutzt ein selbst mitgebrachtes Spanntuch, das er, ebenso wie seinen Schlafsack und seine Kleider, öfter bei 60 Grad wäscht. Sehr zu empfehlen sind auch Einwegspanntücher, die in manchen Herbergen am Weg im Übernachtungspreis enthalten sind.

Was speziell die Vermeidung des Befalls von Bettwanzen angeht, sind für sehr Vorsichtige darüber hinaus folgende Maßnahmen hilfreich: Räume, in denen ein süßlicher Geruch wahrzunehmen ist, sind verdächtig. Ebenso Bettbezüge, auf denen Spuren von kleinen Blutströpfchen zu finden sind. Legen Sie sich vorzugsweise auf die oberen Stockbetten und vermeiden Sie es so gut wie möglich, Ihre Sachen gleich überall auszubreiten. Wanzen sind kein besonderes Problem des Jakobsweges und auch wenn die wenigen Fälle, die bekannt werden, dann gleich im Pilgertratsch sehr hochgekocht werden, besteht wirklich kein objektiver Grund zur Panik. Wenngleich die Bisse dieser eher seltenen bluthungrigen Geschöpfe jucken und das Äußere der Pilgerinnen und Pilger nicht gerade verschönern, werden durch sie gewöhnlich keine gefährlichen Krankheiten übertragen. Sollte es doch gerade Sie erwischt haben, schauen Sie besser nicht den ganzen Tag betroffen in den Spiegel, kratzen Sie sich nicht und pflegen Sie die befallenen Stellen, damit sich diese nicht weiter entzünden und infizieren. Und vergessen Sie keinesfalls, einige Erinnerungsfotos von Ihrem nun sehr interessanten Erscheinungsbild zu machen.

Die Infektion mit Fußpilz ist grundsätzlich möglich, aber ebenfalls eher selten. Hier kann eine günstige Creme aus der Apotheke schnelle Abhilfe schaffen. Manche schützen sich durch das Tragen von Badeschlappen, welche aber regelmäßig und gründlich gereinigt werden müssen und deren Gewicht m. E. in keinem günstigen Verhältnis zu ihrem Nutzen steht.

Trinkwasser

Lesen Sie hierzu die vorhergegangenen Ausführungen unter dem Stichwort ☞ Wasser im Kapitel Ernährung.

Widrige Umstände und Gefahren

Hitze und Sonne

Ältere und hitzeanfällige Menschen sollten besonders im Juli und August die spanischen Wege meiden. Wer dennoch zu dieser Zeit dort unterwegs ist, sollte auf die richtige ☞ Ernährung und eine dementsprechende Tagesplanung achten. Tragen Sie einen Sonnenschutz, verbringen Sie die Nachmittagsstunden ebenso wie Spanier im Schatten, trinken Sie viel und nehmen Sie genug ☞ Magnesium, Calcium und Kochsalz zu sich. Cremen Sie frei liegende Körperstellen bereits früh am Tag mit Sonnencreme ein und vergessen Sie dabei die Nase und den Nacken nicht (☞ Sonnenbrand).

Kälte und Schnee

Auch hier ist vorab die Auswahl der richtigen Jahreszeit und des passenden Weges zu beachten. Die wenigsten Probleme bereiten diesbezüglich die ersten 450 km der Vía de la Plata. Auf den Pässen Nordspaniens und Frankreichs ist im Winter hingegen mit Schnee zu rechnen. Auch sollten Sie die geeignete Kleidung und einen warmen Schlafsack mit sich führen. Kaltes Wetter bringt übrigens den entscheidenden Vorteil mit sich, dass die gefürchteten Blasen meist ausbleiben. Wenn Ihnen beim Laufen kalt wird, hilft ein fünfminütiger Sprint. Die Herbergen auf dem Weg sind im Winter in wenigen Fällen nicht beheizt. Ihre Trinkflasche eignet sich in der Nacht aber hervorragend als Bettflasche und wenn alle Pilger in einem möglichst kleinen Raum übernachten, steigt auch hier die Temperatur auf ein erträgliches Maß an.

Regenwetter

Abgesehen von einigen Perioden im Frühling, Spätsommer und Herbst, wo es besonders in Galicien feuchter ist, stellt Regen auf den südeuropäischen Jakobswegen kein großes Problem dar. Dennoch ist es unerlässlich, einen leichten ☞ Regenschutz mit sich zu führen. Wo viel Regen zu erwarten ist, sollte dieser natürlich besonders sorgfältig gewählt werden. Wenn es warm ist, können Sie ohne Probleme auch bei Regen eine etwas kleinere Tagesetappe zurücklegen. Tragen Sie vorzugsweise kurze Hosen und verstauen Sie Ihre Kleider vorher in wasserfeste Tüten, da nur diese einen 100-prozentigen Regenschutz bieten. Sollte Ihnen das Laufen im Regen spontan nicht zusagen, steht es Ihnen frei, Ihre innere

Einstellung hierzu zu ändern: Freuen Sie sich zusammen mit der Natur über die lang ersehnte, lebensspendende Erfrischung. Sollten Sie schließlich bis auf die Knochen durchgeweicht sein, seien Sie darüber erleichtert, denn sehr viel nässer können Sie dann nicht mehr werden. Halten Sie selten an, da Sie sonst evtl. auskühlen. Singen Sie gegen den Regen an und vergessen Sie nicht, am Ende des Tages ein Erinnerungsfoto von sich machen zu lassen.

In der Herberge angekommen sollten Sie sich zügig trocknen und warm duschen. Ihre Kleider können Sie, falls vorhanden, in einer Wäscherei (sp: *lavandería*) trocknen lassen. Wo sich keine findet oder diese zu kostspielig ist, hilft Ihnen in Notfällen folgender Insidertipp weiter:

☺ Wäschetrocknen à la Peregrino

Wringen Sie die nasse Kleidung am besten mithilfe eines Pilgerfreundes sehr gut aus. Legen Sie je zwei bis vier Lagen Zeitungspapier (sp: *periódico*) oder ein Handtuch in und unter das betreffende Kleidungsstück und drehen Sie dann eine „Roulade" daraus. Trampeln und springen Sie auf dieser so lange herum, bis sich die Zeitung mit Wasser vollgesaugt hat. Entpacken Sie die Roulade wieder, wechseln Sie das Zeitungspapier und wiederholen Sie den Vorgang weitere zwei bis drei Mal, bis die Kleidung nur noch sehr leicht feucht ist. Wenn das Wetter einigermaßen warm oder die Herberge gut geheizt ist, können Sie die Kleidung dann evtl. sofort anziehen und am Leib trocknen lassen. Wäsche wird übrigens ansonsten am schnellsten trocken, wenn man sie auf einen warmen, trockenen Stein- oder Sandboden legt oder mit einer Leine und Sicherheitsnadeln an den Rucksack hängt.

Achtung: Wochenende und Feiertage

So mancher dem Alltag entrückter Pilger wurde auf seiner Pilgerreise von Wochenenden oder Feiertagen überrascht und hatte dann große Probleme, unterwegs und abends etwas günstiges Essbares zu finden. Auf dem Camino Francés haben einige Läden und Bars meistens auch an den Wochenenden geöffnet, sodass sich das Problem hier kaum stellt. Auf den Nebenwegen beugen Sie dem Problem vor, indem Sie am Freitag oder Samstag etwas mehr, aber umso leichteren Proviant einkaufen und vorher in Erfahrung bringen, wann im Zielland Feiertage im Kalender stehen.

Allergien

Allergien stellen nur selten ein Problem dar. Die ausgiebige körperliche Bewegung und der Wegfall des Alltagsstresses stärken erfahrungsgemäß das Abwehrsystem und in den meisten Regionen sind nur wenige belastende Pollen unterwegs.

Dennoch sollten Allergiker schon alleine zur persönlichen Beruhigung ihre Medikamente mitnehmen. Wer sich über den Pollenflug in Spanien schlaumachen will, gibt am besten den Suchmaschinenbegriff „Pollenflugkalender für Spanien" ein, woraufhin dann verschiedene aktuelle und zum Teil auch deutschsprachige Einträge aufgezeigt werden.

Hunde, Schlangen, Skorpione und Stiere

Auf den Hauptstrecken werden Ihnen Hunde wahrscheinlich nur noch wenige Probleme bereiten, da sie meist angekettet sind oder sich inzwischen an den Pilgertraffic in ihrem (ehemaligen) Revier gewöhnt haben. Auf den Nebenwegen ist dies nicht immer der Fall, wobei auch hier keinesfalls von einer echten Behinderung gesprochen werden kann. Hunde, die faul am Wegesrand liegen, sollten Sie besser nicht streicheln, da manche dies als Angriff interpretieren könnten.

Betreten Sie kein fremdes Grundstück, um nach Wasser oder dem Weg zu fragen, denn es ist möglich, dass Sie dann zuerst von einem pflichtbewussten und gut abgerichteten Wachhund begrüßt werden. Hunde, die Sie anbellen, wollen Ihnen meistens lediglich einen guten Weg wünschen. Andere Vierbeiner, die die Nackenhaare aufstellen, die Zähne zeigen und knurrend auf Sie zulaufen, haben in seltenen Fällen auch konkrete unfriedliche Absichten und sollten von Ihnen ernst genommen werden. Wenn sie Sie nicht friedlich passieren lassen, hilft oft schon das Drohen mit einem Stock oder das Aufheben eines Steines, mit dem dann zunächst ein Wurf angedeutet und notfalls auch ausführt wird. Sie können auch laut und mit dunkler Stimme schreien, um den Hund zu beeindrucken und dessen Besitzer zu alarmieren. Sollten Sie dennoch gebissen werden, was äußerst selten bekannt geworden ist, lassen Sie sich vom Besitzer des Hundes gleich zum nächsten Arzt und dann weiter zur Polizei fahren.

Auch Schlangen und Skorpione stellen in der Regel kein ernstes Problem dar, sollten aber dennoch mit Respekt behandelt werden. Sie sonnen sich gerne an steinigen, warmen Plätzen. Halten Sie hier deshalb besser die Augen etwas offen. Machen Sie einen großen Bogen um die Tiere oder verjagen Sie diese, wenn sie den Weg nicht freigeben, mit einem Steinwurf. Werden Sie wider Erwarten gebissen, so bewahren Sie Ruhe, lagern Sie das betreffende Körperteil möglichst tief und bringen Sie vor und hinter der Bissstelle eine elastische Binde an (nicht abbinden). Alarmieren Sie den Notarzt und beschreiben Sie das Tier so genau wie möglich (fotografieren), um eine gezielte Therapie zu ermöglichen.

Frei laufende Stiere stellten in der Vergangenheit nur in einigen Regionen der Vía de la Plata ein kleines Problem dar. Sie sind ebenso wie Kühe friedliebende Tiere. Beide können aber bei schlechter Laune, oder wenn sie den Eindruck haben, dass ihre Jungtiere bedroht sind, etwas zudringlich werden. Es ist daher

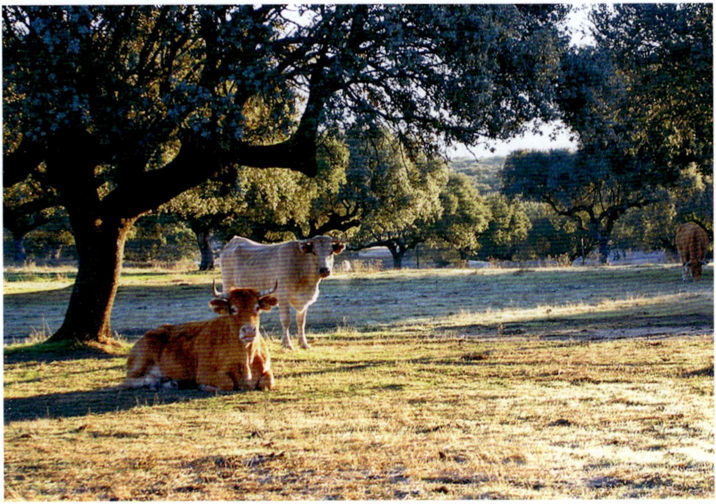

Morgenstimmung mit friedlichen Stieren an einem Novembermorgen auf der Vía de la Plata (rj)

sicherheitshalber zu empfehlen, einen großen Bogen um sie zu machen. Zur eigenen Beruhigung können Sie den Rucksack in der Hand tragen, um diesen bei Bedarf sofort abwerfen und so schneller fliehen zu können. Zu ernsten und folgenreichen Zwischenfällen ist es bisher aber sehr selten gekommen.

Frei laufende Jungtiere eignen sich übrigens nicht zum Streicheln oder Spielen, da dies von deren Eltern evtl. als Angriff missverstanden werden könnte und auch die Möglichkeit besteht, dass Ihnen die Jungtiere selbst im Eifer des Spiels aus Versehen Verletzungen zufügen.

Sexuelle Belästigung

Gelegentlich ist zu beobachten, dass besonders jüngere, allein laufende Frauen, aber auch Männer am Weg von Männern in aufdringlicher Weise angesprochen werden. Hierzu muss man wissen, dass es in südlichen Ländern unüblich ist, dass Frauen ohne Begleitung unterwegs sind und dies deshalb oft missverstanden wird. Pfeift man Ihnen auf der Straße nach, so ist das hier eher als ein Kompliment denn als eine Beleidigung aufzufassen. Allerdings sollten Sie dann darauf ebenso wenig reagieren, wie auf neugierige Anfragen unbekannter Männer, denn dies kann sehr leicht als Interesse Ihrerseits missverstanden werden.

In Spanien gehört eine gewisse Aufdringlichkeit von Männern oft schon fast zum guten Ton eines ernsthaften Verehrers. Ebenso üblich ist es aber auch, dass Sie, wenn Sie wirklich Desinteresse zeigen wollen, sich hier von Anfang an sehr deutlich zu verstehen geben müssen, denn eine „freundliche Absage" wird hier eher als eine Einladung zum Flirt missverstanden. Sollten Sie sich nach deutlichen Signalen dennoch weiter belästigt fühlen, so drohen Sie mit der Polizei oder begeben Sie sich, wenn möglich, in die vorläufige Gesellschaft von anderen Pilgern.

In südlichen Ländern sind der Machismo und die damit verbundene Respektlosigkeit gegenüber Frauen leider sehr ausgeprägt. Nicht alle Männer reagieren daher auf die eben genannten Gegenmaßnahmen und wenn Sie Pech haben, kann es gelegentlich zu exhibitionistischen Präsentationen oder kleinen Grapschereien kommen, welche dann die Laune verderben und Angst einjagen können. Schlimm genug – aber Schlimmeres ist bisher sehr selten bekannt geworden.

Sollte es tatsächlich auch nur ansatzweise zu echten Tätlichkeiten kommen, so setzen Sie sich zum Schutze nachfolgender Frauen auf jeden Fall mit der nächsten Polizeidienststelle in Verbindung und erstatten Sie immer schriftliche Anzeige. Eine Hospitalera oder ein Hospitalero der nächsten Herberge hilft Ihnen evtl. dabei. Ausgezeichnet wäre es auch, wenn Sie nach dem ersten Schreck ein Foto von dem Übeltäter schießen können.

Sollten Sie aus welchen Gründen auch immer nicht in der Lage gewesen sein, vor Ort eine Anzeige zu erstatten, können Sie dies auch in Deutschland tun. Die hierzu empfohlene Kontaktadresse eines engagierten Polizisten und Pilgerfreundes lautet: andreas.glowienke@polizei.berlin.de.

Grundsätzlich sollten Sie als Frau aber nur dann allein in der Nebensaison oder auf Nebenstrecken unterwegs sein, wenn Sie sich dazu in der Lage sehen, mit derartigen Unsicherheiten umzugehen, ohne dass darunter Ihre Laune zu stark leidet.

Diebe

Diebe stellen besonders in großen Herbergen gelegentlich immer noch eine unangenehme Begleiterscheinung dar. Lassen Sie wertvolle Dinge, auf die Sie nicht verzichten wollen, nie unbeaufsichtigt. Ihr Geld oder andere Wertsachen nehmen Sie am besten sogar mit in die Duschkabine und in den Schlafsack. Nachts wird in den Schlafsälen selten gestohlen, aber wenn es Sie beruhigt, können Sie Ihren Rucksack sicherheitshalber unter das Bett schieben und den Hüftgurt um ein Bein des Bettes wickeln. Einige Herbergen bieten zur besseren Sicherheit bereits abschließbare Spinde an. Bedenken Sie, dass sich geschickte Diebe klugerweise oft als Pilgerinnen oder Pilger tarnen und genau wissen, wann sie zugreifen müssen. Führen Sie vorsichtshalber nicht zu viel Bargeld mit sich und überlegen Sie im Voraus, welche Wertsachen Sie überhaupt mit auf den Weg nehmen wollen oder ob es einen billigen Ersatz gibt. Wählen Sie einen sicheren Ort zu deren Verwahrung wie z. B. einen Geldgürtel.

Wenn Ihnen neben Ihrem Bargeld auch die Girocard (EC-Karte) abhandengekommen ist, können Sie sich übrigens von Freunden oder Angehörigen per Post über den Service der Western Union innerhalb von Stunden Geld zu verschiedenen Banken oder Poststellen schicken lassen, was allerdings nicht billig ist.

Psychosoziale Probleme

Motivationsprobleme

Der Umstand, dass jedes Jahr Tausende von Menschen sich aufmachen, Hunderte von Kilometern zu Fuß in Richtung Santiago zu ziehen und wochenlang in selbstgewählter Einfachheit zu leben, kann trotz aller Erklärungsversuche als ein Motivationswunder bezeichnet werden, das man nur dann verstehen kann, wenn man es am eigenen Leib erlebt hat. Dennoch gibt es auch im Alltag eines Pilgers Situationen, in denen die Motivation stark nachlassen kann. Dies kann zum Beispiel eintreten, wenn der Weg schwer oder unschön ist oder verschiedene Probleme auftauchen. Aber auch Sinnkrisen sind dazu in der Lage, die Motivation zu schmälern, z. B. dann, wenn es absehbar wird, dass der Weg Ihnen nicht das zu geben vermag, was Sie sich anfangs eigentlich von ihm erwartet hatten, oder wenn Sie im Gegenteil ein persönliches Ziel, das Sie verfolgt haben, bereits erreicht haben oder dies zumindest glauben.

Wo ein Wille da ein Weg – Pilger am Ortseingang von Arzúa – Camino Francés (ss)

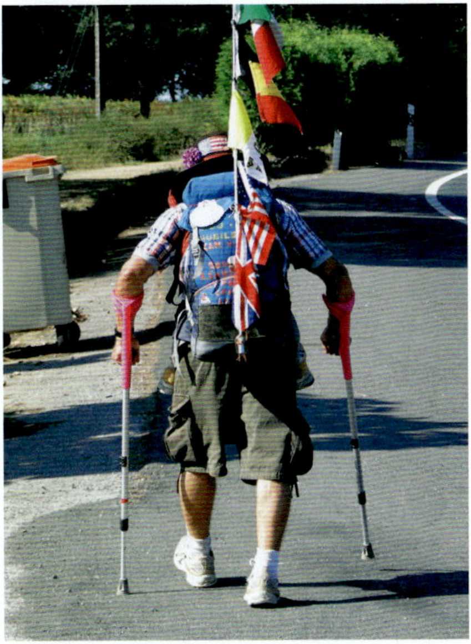

Alle diese Probleme haben jedoch ein wesentliches gemeinsames Merkmal: Sie sind nur „vor-läufig" und „ver-gehen", wenn Sie weitergehen. Nach Sonne kommt Regen, nach Schmerz Freude, nach Verlust Gewinn und auf Sinnlosigkeit folgt Sinnerfüllung. Sie müssen lediglich „aufbrechen", um immer wieder aufs Neue aus dem Tal hinauszusteigen, in dem Sie sich eben gerade befinden und das Ihre Sicht im Moment so einschränkt. Lassen Sie sich jeden Tag immer wieder neu von dem Geist des Weges anstecken, um sich von diesem auf unbegreifliche Weise nach Santiago tragen zu lassen.

Laufen Sie evtl. kleinere Wegetappen, machen Sie Pausen, überdenken Sie, ob es vielleicht angemessen ist, Ihre persönliche Gangart, Geschwindigkeit oder Ihren persönlichen Lebensstil auf dem Weg zu ändern. Suchen Sie neue persönliche Ziele, die Sie auf dem Weg finden wollen, aber laufen Sie weiter, denn fast alles „geht vorbei", wenn Sie nur nicht aufhören, immer wieder „aufzubrechen" und weiterzugehen.

☺ **„Ultreja!",** lautete der alte Gruß der Pilgerfreunde. Seine sprachliche Herkunft ist nicht restlos geklärt. Er bedeutet jedoch wohl so viel wie: „Auf – immer weiter nach Santiago". Heute hat sich eher der Gruß „Bon Camino!" oder „Buen Camino!" durchgesetzt, was so viel wie „guter Weg" bedeutet.

Streit

Wo die verschiedensten Kulturen, Altersgruppen, sozialen Schichten und Weltanschauungen aufeinanderprallen, sind Missverständnisse vorprogrammiert und Konflikte fast unvermeidbar. Dennoch berichten die meisten, wieder zu Hause angekommen, geradezu schwärmerisch von der Einheit und Friedlichkeit der Menschen auf dem Weg, was ohne Weiteres als eines der Wunder des Weges bezeichnet werden kann.

Pilgerinnen und Pilger berichten einträchtig, dass es die gemeinsame Wegerfahrung ist, die ein Einverständnis ermöglicht, das nur noch weniger Worte bedarf. Dennoch herrschen auch auf den Jakobswegen keine gänzlich paradiesischen Verhältnisse. Es kommt besonders dann, wenn widrige äußere Bedingungen allgemein die Stimmung drücken, gelegentlich zu Konflikten.

Aber auch hier kann die Erfahrung des Weges einen Schlüssel zur Einigung bieten: Machen Sie sich bewusst, dass Sie, wenngleich Sie an unterschiedlichen Orten aufgebrochen sind, doch ein gemeinsames Ziel anstreben. Umgekehrt sollten Sie sich aber auch darüber im Klaren sein, dass Sie, obwohl Sie auf ein gemeinsames Ziel zugehen, doch aus verschiedenen geistigen und kulturellen Heimaten stammen und so natürlich über entsprechend unterschiedliche kulturelle und persönliche Vorbedingungen verfügen.

Dies ist nicht immer einfach und bedarf oft eines großen Maßes an Sensibilität und Übung, für die der Weg aber ein ideales Übungsfeld bietet. Pilgerin oder Pilger zu sein bedeutet deshalb eine Auszeichnung, hat aber gleichzeitig auch einen hohen Anspruch.

Selten wirkt in einer Situation des Streites daher etwas so entwaffnend und gleichzeitig so verbrüdernd, wie die fünf simplen Worte, die zugleich Frage, Feststellung, Appell, Entschuldigung und Trost sind:

„Wir sind doch alle Pilger!?!"

Tränen

Vielleicht werden Sie es nur beobachten, vielleicht dürfen Sie es aber auch am eigenen Leib erleben: Der Weg kann Tränendrüsen, die schon seit Jahren verschlossen scheinen, wieder öffnen und Ihnen auch helfen, sich von alten seelischen Lasten zu befreien. Das Phänomen ist psychologisch relativ einfach zu erklären und bietet, wenn es Ihnen dabei gut geht, keinerlei Anlass, an Ihrer seelischen Verfassung zu zweifeln. Dadurch, dass Ihr Leben auf dem Weg denkbar einfach strukturiert ist, werden auch Ihre Gefühle wieder so elementar einfach und ursprünglich, wie die eines Kindes. Vordergründig wenig bedeutende Ereignisse, wie z. B. ein kleiner Streit, werden dann wieder sehr unmittelbar erlebt und dabei emotional sehr intensiv wahrgenommen. Die Reaktion fällt dann letztlich auch sehr intensiv aus und Sie tun evtl. endlich das, was Sie vielleicht schon längst einmal wieder tun wollten, aber aus rätselhaftem Grund schon lange nicht mehr konnten – Sie weinen. Danach werden Sie sich dann aber so entspannt fühlen wie schon lange nicht mehr.

Haben Sie einmal auf dem Weg die eben beschriebene Emotionalität erlebt, bedarf es jedoch nicht unbedingt eines besonders aktuellen tragischen Erlebnisses, um zu weinen. Allein die Erinnerung an ein solches Erlebnis aus der Vergangenheit ist dann manchmal genug, um sich ausgiebig auszuheulen. Seien Sie froh darüber, denn so mancher psychisch schwer kranke Mensch muss sich in jahrelange psychotherapeutische Behandlung begeben, um einen vergleichbaren Effekt zu erzielen. Lang vergessen geglaubte Ängste, Enttäuschungen und Traumata, die – um mit den Worten eines Psychoanalytikers zu sprechen – in den Bereich des Unbewussten verdrängt wurden und dort in der Psyche üblen Schaden anrichten, tauchen wieder auf. Wieder im Bewusstsein angekommen führen sie zu den eigentlich adäquaten emotionalen Reaktionen und können so endlich bewusst bewältigt werden.

Natürlich steht es Ihnen dann auch frei, aus purer Lust am Weinen oder aber ganz im Gegenteil aus Freude über die einfachsten Dinge des Lebens die eine oder andere Träne zu vergießen. Ein Vorgang, der für nordeuropäische Verhältnisse zwar auf den ersten Blick etwas befremdlich erscheinen mag, aber z. B. in südlichen Ländern durchaus salonfähig ist.

Wenngleich Ihre Tränen grundsätzlich kein ernstes Problem darstellen und Sie sich auch nicht dafür zu schämen brauchen, ist es dennoch zu empfehlen, diese nicht zu sehr in der Öffentlichkeit zu zeigen, da Ihr ungewohntes Verhalten von vielen Weggefährten nicht verstanden würde und dann folglich Beklommenheit und Verlegenheit auslösen könnte. Sehen Sie einen weinenden Pilgerfreund, so können Sie ihn, wenn Sie dies wollen, natürlich fragen, ob er Hilfe braucht oder ob er es lieber vorzieht, allein zu bleiben. Es ist nämlich auch möglich, dass Tränen ein Zeichen für eine akute psychische Überforderung sind – ein Trauma –, von dem nun in der Folge die Rede sein wird.

Trauma

Auf dem Jakobsweg liegen Licht und Schatten eng nebeneinander und persönliche Krisen sind dort genauso an der Tagesordnung wie Perioden, in denen man einfach nur rundherum wunschlos glücklich ist. Problematisch wird es lediglich, wenn jemand aufgrund besonderer persönlicher Eigenschaften und der dazu passenden widrigen äußeren Umstände auf die Dauer nicht mehr in der Lage ist, die alltäglich anstehenden Probleme zu bewältigen. Wenn dies der Fall ist, kann so etwas wie ein psychologischer Problemstau entstehen, der die Seele auf Dauer sehr belasten kann. Sensible Personen, die z. B. an sozialen Hemmungen oder Platzangst leiden, werden sich evtl. auf die Dauer sehr schwertun, sich zur Hochsaison Tag für Tag um ein Bett zu bemühen, um dann zusammen mit 40 weiteren, meist unbekannten, Personen in einem Schlafsaal zu übernachten. Auch ältere Menschen oder Pilgerneulinge fühlen sich dadurch gelegentlich überfordert. Kurz und gut: Es gibt Situationen, die manche Menschen schlichtweg persönlich überfordern und dann das Gefühl einer existenziellen persönlichen Bedrohung auslösen können. Situationen wie diese können dann schließlich ein persönliches Trauma zur Folge haben, das nicht im Geringsten erholungsfördernd ist.

Erfahrungen dieser Art sind zum Glück eher selten, vermeidbar und kündigen sich zudem auch vorher an. Wer z. B. Zweifel daran hegt, zusammen mit 40 Unbekannten in einem Schlafsaal schlafen zu können, der sollte sich die Herbergen, wenn möglich, unter diesem Aspekt auswählen oder gleich die eine oder andere Übernachtung in einer Pension oder einem mitgeführten Zelt einplanen.

Wer sich im Ausland allein verloren fühlt oder sich aufgrund seines Alters oder seiner alltäglichen Gewohnheiten nicht in der Lage sieht, von heute auf morgen auf einen gewissen Luxus zu verzichten, schließt sich z. B. besser gleich der organisierten Reisegruppe eines Reiseunternehmens an. Haben Sie nach einigen Tagen

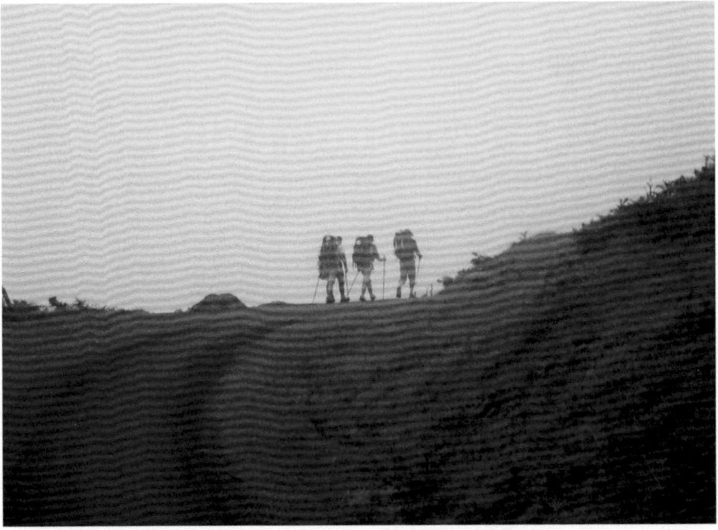

Pyrenäenüberquerung auf der ersten Tagesetappe des Camino Franés (rj)

auf dem Jakobsweg einfach nur das dumpfe Gefühl, irgendwie hoffnungslos überfordert zu sein, dann nehmen Sie sich eine kurze Auszeit, in der Sie evtl. mit einem mit einem Pilgerfreund oder Hospitalero sprechen und sich so darüber im Klaren werden, was Sie genau belastet. Beispielsweise können Sie hier auch den Rat einer Freundin, eines Freundes oder eines Hospitaleros suchen.

Stellen Sie dann später dennoch fest, dass der Weg zunehmend zu einer psychischen Belastung für Sie wird, dann brechen Sie ihn ab, um ihn vielleicht später wieder fortzusetzen. Vorher sollten Sie sich aber darüber klar werden, ob ein tiefer liegendes psychisches Problem Ihre Schwierigkeiten ausgelöst hat, dafür aber inzwischen eine befriedigende Lösung gefunden wurde (☞ Lebenszeit). Evtl. kommen Sie später aber auch zu der simplen Einsicht, dass Sie sich vorher schlicht und einfach in eine fixe Idee verrannt hatten und eine Pilgerreise auf dem Jakobsweg für Sie, ebenso wie übrigens für die allermeisten normalen Menschen, einfach nicht die richtige Urlaubsform ist.

In der Unterkunft

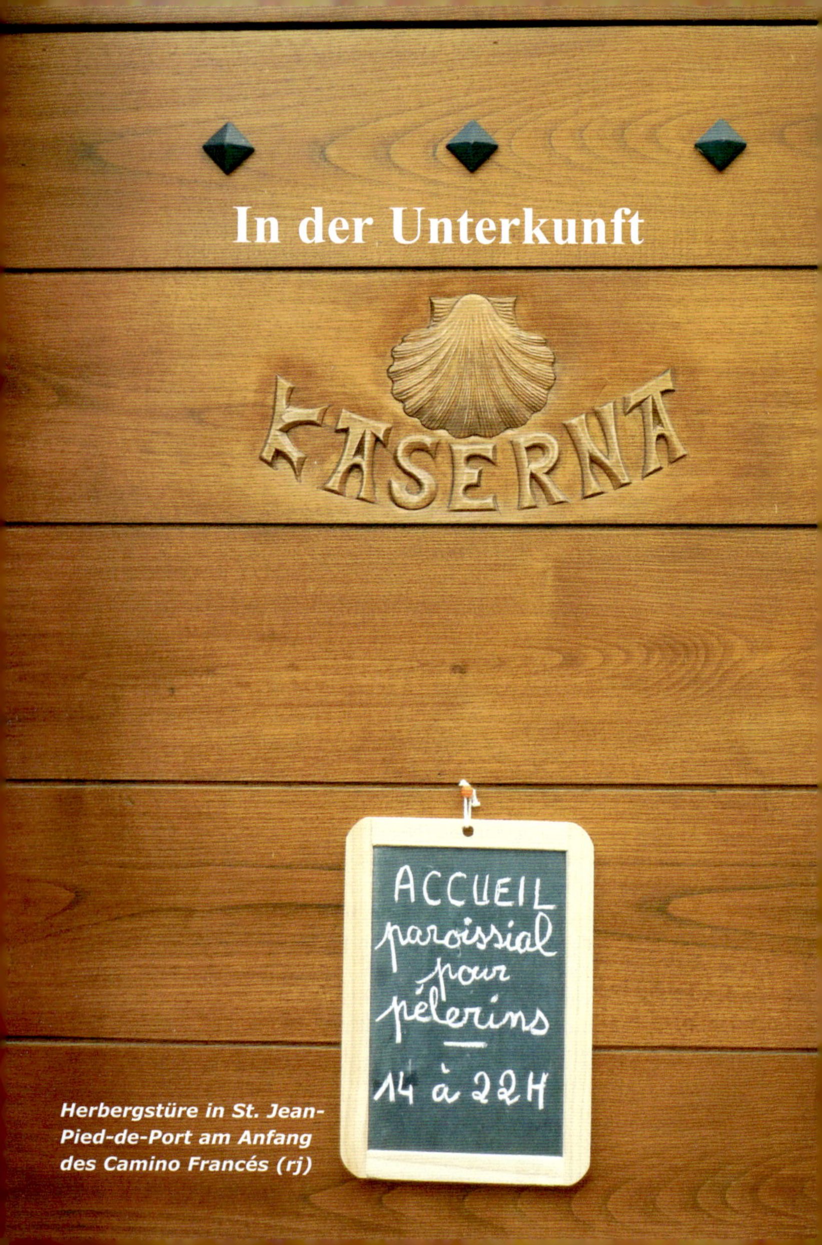

Herbergstüre in St. Jean-Pied-de-Port am Anfang des Camino Francés (rj)

Es gibt verschiedene Möglichkeiten, auf den Jakobswegen nachts unterzukommen, die sich je nach Land und Route etwas unterschiedlich gestalten (☞ Jakobswege). In der Regel wählen Individualreisende Pilgerherbergen oder ähnliche Unterkünfte. Gruppenreisende ziehen in der Regel Hotels oder Pensionen vor. Natürlich können Sie auch unter freiem Himmel übernachten oder ein Zelt aufschlagen. Hier wird zunächst ausführlich auf die viel gerühmten Pilgerherbergen eingegangen, um dann noch kurz auf die weiteren Möglichkeiten zu sprechen zu kommen.

Die Pilgerherberge

Ihr wahrer Wert erschließt sich oft erst mit etwas Erfahrung und für manche Pilgerinnen und Pilger machen sie dann fast schon den wichtigsten Aspekt des Pilgerweges aus. Pilgerherbergen bestehen nicht nur aus Räumen, sondern strahlen, jede für sich, eine besondere, unverwechselbare Atmosphäre aus. Nicht immer sind sie ein Ort der Stille, aber stets ein Platz der Begegnung. Viele haben das Leben in den Pilgerherbergen so schätzen gelernt, dass sie dort zeitweilig eine ehrenamtliche Tätigkeit als Herbergsvater oder -mutter dem Gehen auf dem Weg den Vorzug geben.

Wenn Sie sich entschlossen haben, eine Kamera mit auf den Weg zu nehmen, sollten Sie es nicht verpassen, auch hier einige Fotos zu schießen, denn damit werden Sie sich später gern an das Leben in den Herbergen zurückerinnern.

Bedenken Sie, dass es in der Regel nur möglich ist, eine Nacht in derselben öffentlichen Herberge zu verbringen. Ausnahmen sind bei nachweislichen Notfällen, wie z. B. kaputten Füßen oder akuter Krankheit, möglich. In privaten Herbergen haben Sie hingegen nicht selten regulär die Möglichkeit, mehrere Nächte zu bleiben.

Hintergrund dieser Regelung ist, dass öffentliche und kirchliche Pilgerherbergen meist eine finanziell bezuschusste soziale Dienstleistung der Kommunen, der Kirchen oder Pilgervereine sind, die ansonsten leicht von unredlichen Touristen als günstige Übernachtungsmöglichkeit ausgenutzt würde.

Hartnäckige Pilgergerüchte, man hätte ein verbrieftes Recht, in Pilgerherbergen zu übernachten, da sie aus Mitteln der Kirchensteuer oder der Europäischen Union finanziert werden, sind falsch. Es ist ganz im Gegenteil so, dass Sie den Betreibern für Ihre freundliche Aufnahme dankbar sein dürfen und Sie sich hier deshalb auch normalerweise nicht das gewohnte Verhalten eines zahlenden Gastes erlauben können.

Verschiedene Arten von Herbergen

In Spanien werden sie allgemein „Albergue de Peregrino" genannt, was mit „Pilgerherberge" zu übersetzen ist. Auch das Wort „Refugio" ist diesem Zusammenhang – allerdings seltener – gebräuchlich, denn es steht eher für „Notunterkunft" und auch „Tierheim".

Die Geschichte der Herbergen geht auf das Mittelalter zurück, als den Pilgern von der Kirche und den Städten ein kostenloser, einfacher Schlafplatz, ein wenig medizinische Hilfe und gelegentlich auch einfache Speisen angeboten wurden.

Auch heute bieten Kirchen und Kommunen den Pilgern auf dem Weg nach Santiago zahlreiche Herbergen an, die bezüglich Ausstattung und Größe in der Regel mit einfachen Jugendherbergen zu vergleichen sind. Die meisten setzen heute eine „Spende" von ca. € 8 bis 10 voraus. Einige Herbergen arbeiten noch gänzlich auf freiwilliger Spendenbasis. Diese freiwillige „Spende" ist dann aber keinesfalls als mildtätige Gnadengabe zu verstehen, sondern sollte vielmehr als notwendiger, individuell fair bemessener Beitrag zum Betrieb der Herberge und Unterstützung der Herbergseltern betrachtet werden. Mit der Zeit sind auf allen Jakobswegen noch zusätzliche private Herbergen entstanden, die oft von ausländischen Pilgervereinen geführt, nicht selten aber auch von normalen Gastwirten betrieben werden. Letztere sind meist etwas besser ausgestattet und dementsprechend teuer. Hier ist es zum Teil auch möglich, zu reservieren und mehrere Nächte zu verbringen. Auf dem Camino Francés ist so mit den Jahren ein Netz von ca. 250 Herbergen entstanden, die meist nicht viel weiter als 8 km voneinander entfernt liegen. Nicht alle, aber doch die notwendigsten sind das ganze Jahr über geöffnet.

Auch auf den meisten Nebenwegen existiert heute eine stattliche Anzahl an Pilgerherbergen, die es in der Regel zulassen, normale Tagesetappen von 25 km zu planen (☞ Jakobswege). Gelegentlich sind sie noch improvisiert, aber gerade deshalb umso origineller und persönlicher. Besonders in privaten und kirchlichen Herbergen wird oft ein Frühstück oder sogar ein Abendessen angeboten. Normalerweise kann man aber nicht davon ausgehen.

In den letzten Jahren bieten einige private Herbergen vermehrt auch einfache Einzel- und Doppelzimmer an, die preislich etwas unter denen der einfachen Pension liegen und die typische Atmosphäre einer Pilgerherberge bieten. Für viele also eine recht attraktive Mischung aus Pilgerleben und Privatsphäre.

Ausstattung einer Herberge

Herbergen sind oft in recht schönen, renovierten historischen Gebäuden untergebracht. In Galicien findet man öfter zweckmäßige, genormte, moderne Bauten.

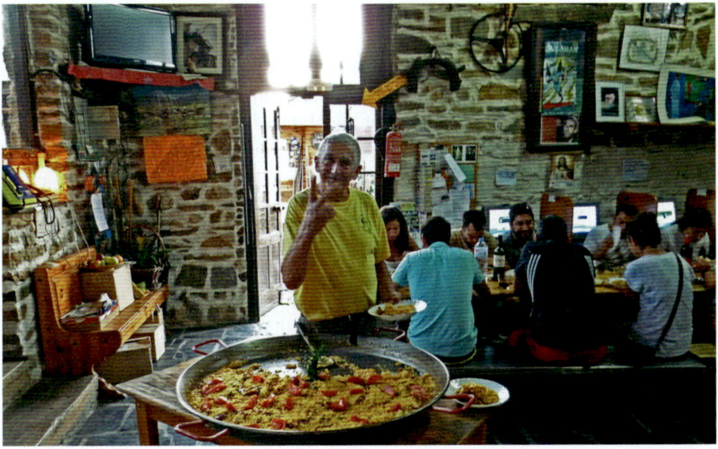

Immer sonntags ... Paella mit Jesus in der Herberge Ave Fenix – Camino Francés (rj)

Schlafräume

Unentbehrlich für jede Herberge sind natürlich die Schlafräume, die je nach Größe zwischen 4 und 60 Schlafmöglichkeiten bieten. Meist handelt es sich um einfache Stockbetten aus Metall oder Holz; in selteneren Fällen wird auch auf Matratzen oder einfachen Sportmatten auf dem Boden übernachtet, was aber normalerweise selten Probleme bereitet. Häufig finden sich in den Herbergen auch Decken und Kissen. Öffentliche und kirchliche Herbergen verfügen oft über eine Kapazität, welche auf dem Camino Francés die 100er-Grenze bei Weitem übersteigt. Private Herbergen bewegen sich meist in einer Größenordnung zwischen 15 und 50 Betten, wobei die einzelnen Schlafräume hier meist bedeutend weniger Betten haben.

In der Regel übernachtet man in allen Herbergen nicht nach Geschlechtern getrennt. Viele Herbergen halten für Stoßzeiten noch weitere einfache Matratzen bereit, die bei Bedarf auf dem Boden ausgelegt werden.

Waschräume / WC

Die Herbergen verfügen über Gemeinschaftswaschräume, die in der Regel nach Geschlechtern getrennt sind. Hier befinden sich Waschbecken, WC und warme Duschen.

Aufenthaltsraum

Auch ein Aufenthalts- und Esszimmer ist bei den meisten Herbergen heute Standard. Er ist in manchen Fällen mit etwas Literatur und Informationsmaterial ausgestattet. Gelegentlich finden sich dort auch ein öffentliches Telefon und ein Internetanschluss. Unterwegs trifft man zunehmend auch Fernseher und kostenlos zugängliches **WLAN**, was in Spanien unter dem Begriff Wi-Fi bekannt ist, an. ✋ Überlegen Sie sich gut, ob Sie ausgerechnet in einer derartigen technisierten Online-Herberge Ihre Freizeit verbringen wollen, denn besonders ein laufender Fernseher und ein für jeden uneingeschränkt nutzbares Netz behindern dort den sonst so freundschaftlichen sozialen Austausch zwischen den Gästen doch sehr. (Siehe auch meine kritischen Anmerkungen zum Thema ☞ Handy auf S. 79.)

Küche

Viele Herbergen haben auch eine Küche oder eine Kochgelegenheit. Nicht alle sind aber mit ausreichend Koch- oder Essgeschirr ausgestattet und während der Hochsaison muss man oft etwas warten, bis eine Kochplatte frei ist.

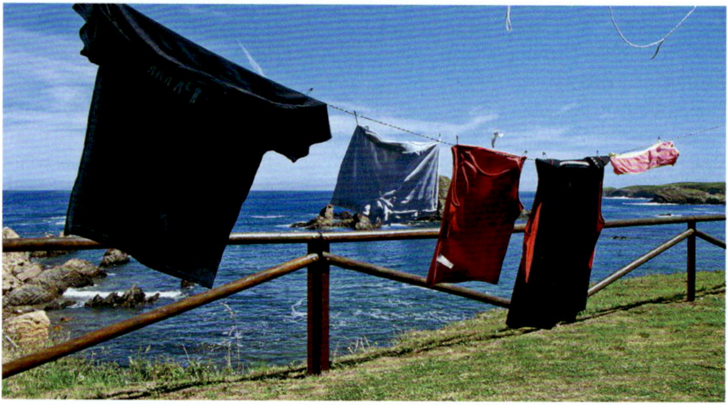

Pilgerwäsche vor der Herberge in Tapia de Casariego – Küstenweg (cs)

Wäsche waschen

Fast alle Pilgerherbergen verfügen über einen Waschraum mit Waschgelegenheit. Es finden sich dort oft auch Waschmaschinen und elektrische Wäschetrockner. Platz zum Wäschetrocknen wird oft besonders dann knapp, wenn es vorher geregnet hat. Aber auch hier findet sich eine Insiderlösung (☞ Wäschetrocknen).

Lager
Manche Herbergen haben darüber hinaus noch ein Lager zu bieten, in dem z. B. Fahrräder abgestellt werden oder im Notfall weitere Matratzen ausgelegt werden können.

Hausapotheke
Einige Herbergen verfügen auf Nachfrage evtl. auch über eine kleine Hausapotheke mit Verbandszeug, Desinfektionsmitteln u. Ä. Gelegentlich hilft Ihnen die Hospitalera oder der Hospitalero bei der Wahl der Medikamente und deren Anwendung. Insbesondere unbekannte Medikamente zur inneren Anwendung sollten Sie jedoch unbedingt meiden. Lassen Sie als Gegenleistung für den Gebrauch der Apotheke eine weitere kleine Spende in der Herberge. Auch können Sie sich dadurch erkenntlich zeigen, dass Sie einige zu viel mitgenommene allgemeingebräuchliche Medikamente wie z. B. Schmerz- oder Durchfallmittel aus Ihrer persönlichen Apotheke dort lassen. Kennzeichnen Sie diese aber möglichst gut, damit keine Verwechslungsgefahr besteht.

Das Gästebuch
Es gibt kaum eine Herberge, in der es nicht zu finden ist: das Herbergsbuch. Es ist fast schon eine Institution und es lohnt wirklich, einmal hineinzuschauen. Jedem ist es freigestellt, Wegerfahrungen niederzuschreiben oder kleine Zeichnungen zu hinterlassen. Auch eignet es sich für kleine Nachrichten an verlorene, hinter sich gewähnte Pilgerfreunde oder gibt Aufschluss über die, die sich unmittelbar vor Ihnen befinden. Sein eigentlicher Zweck ist es aber, Lob und Tadel über die verbrachte Zeit in der Herberge niederzuschreiben.

Auch Sie können hier sehr gern Erfahrungen und Ideen verschiedenster Art zu Papier bringen. Verwechseln Sie das Gästebuch aber nicht mit Ihrem Tagebuch. Persönliche Erinnerungen sind von wenig allgemeinem Interesse. Machen Sie nachfolgenden Pilgerfreunden eine kleine Freude, indem Sie Dinge niederschreiben, die zur allgemeinen Erheiterung, Unterhaltung oder tieferen Wegerfahrung beitragen. Besonders gern gesehen sind Zeichnungen.

Das Leben in der Herberge und die Herbergsregeln
Das Leben in einer Pilgerherberge kann ein einmaliges soziales Erlebnis sein, an das man sich noch lange gern erinnert. Voraussetzung ist natürlich, dass man bereit ist, nicht nur seinen eigenen Vorteil im Kopf zu haben, sondern auch willens ist, andere nicht nur mit Respekt, sondern auch mit Wohlwollen zu behandeln. Legen Sie besonders auf diesem engen Raum die Rücksichtnahme an den Tag, die Sie sich selbst wünschen, dann sind wunderbare Begegnungen und Begebenheiten möglich.

Die Ankunft und der Empfang

In den meisten öffentlichen Herbergen Spaniens ist es nicht möglich, ein Bett zu reservieren. Anders sieht dies aber zunehmend bei privaten Herbergen und den meisten Herbergen in Frankreich aus, wo Sie normalerweise auch reservieren können.

Es ist erstaunlich, dass gerade die Herbergen, die sich in ihrem Dienst am Pilger oftmals ausdrücklich auf ein christliches Welt- und Menschenbild berufen, bei der Vergabe der Betten fast ohne Ausnahme das Faustrecht des Schnelleren und Gerisseneren zulassen. Im Klartext: Wer als Erstes die Herberge erreicht hat, bekommt das beste Bett. Eine sehr archaische Methode, die im Grunde die ursprüngliche Idee der Pilgerherberge ad absurdum führt. Alte, Fußkranke und Bedürftige, für die die Herbergen ursprünglich geschaffen wurden, ziehen dann gelegentlich den Kürzeren.

Es liegt daher an Ihnen, in Fällen von Engpässen hier für etwas mehr Menschlichkeit zu sorgen und Bedürftigen Ihr besseres Bett zu überlassen.

Manche kleinen Herbergen stehen permanent offen oder werden bei Bedarf für Sie aufgeschlossen. Oft können Sie den Schlüssel auch selbst an einem beschriebenen Ort abholen. Die Formalitäten werden dann, wenn überhaupt, irgendwann im Laufe des Tages erledigt, wenn die Hospitalera oder der Hospitalero in der Herberge vorbeischaut, um nach dem Rechten zu sehen. In der Regel öffnen die Herbergen aber zwischen 12:00 und 17:00. Fußpilger haben bei der Bettenvergabe meist Vorrang vor Radpilgern. Pilger, die mit dem Auto oder Ähnlichem angereist sind, erhalten in öffentlichen Herbergen normalerweise nur dann einen Schlafplatz, wenn sie die Unverschämtheit besitzen, sich als Fußpilger auszugeben und so das gutgläubige Vertrauen des Gastgebers schamlos ausnutzen. Es gibt hier nach allgemeiner Übereinkunft nur eine Ausnahme, nämlich falls Sie den ersten Tag auf dem Weg unterwegs sind.

Hunde haben bis auf wenige Ausnahmen keinen Zutritt.

Der ☞ Pilgerausweis wird vorgelegt und vom ☞ Hospitalero abgestempelt. Nicht selten werden Ihre persönlichen Daten aufgenommen. Meist bittet man Sie jetzt auch um die Übernachtungsgebühr oder Spende, die dann vor Verlassen der Herberge noch aufgebessert werden kann. Im Anschluss wird Ihnen ein Bett zugewiesen. Manchmal haben Sie auch die Möglichkeit, sich selbst eines auszusuchen.

Sie rollen Ihren Schlafsack aus, um so sichtbar zu machen, dass das Bett von Ihnen besetzt ist. Ihr Gepäck breiten Sie möglichst nicht auf den anderen Betten aus, da sonst für andere nicht mehr erkennbar ist, ob diese noch frei sind oder nicht. Später, wenn absehbar ist, dass nicht alle Betten benötigt werden, haben Sie die Möglichkeit, ein zweites Bett zu belegen. Wenn Sie bemerken, dass Zimmergenossen ruhebedürftig sind, sollten Sie hierauf Rücksicht nehmen.

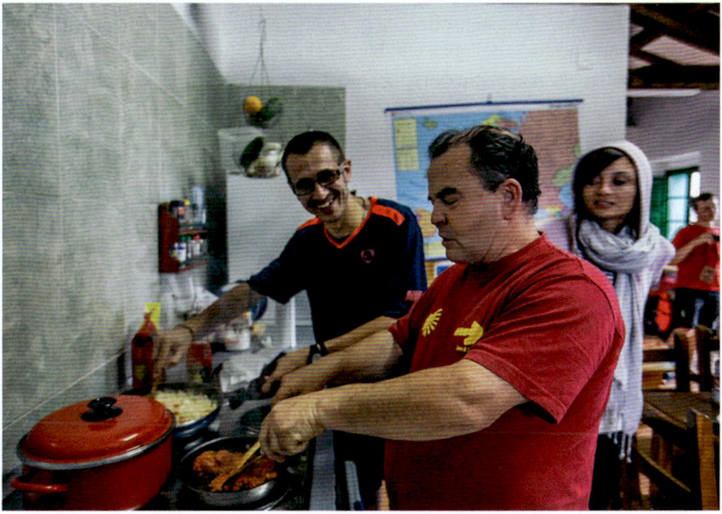

Hospitalero Domingo beim gemeinsamen Kochen mit Pilgern in San Juan de Villapañada – Camino Primitivo (cs)

Das gemeinsame Kochen und Abendessen

Viele Pilger ziehen es vor, außerhalb zu essen. In manchen Herbergen wird aber auch Abendessen angeboten, das wegen seiner besonderen Atmosphäre oft sehr zu empfehlen ist, aber nicht immer die gleich große Speisenauswahl und das gleiche Preis-Leistungs-Verhältnis wie ein nahe gelegenes Restaurant bietet. Wenn in der Herberge eine Küche und ausreichend Koch- und Essgeschirr vorhanden ist, Sie Zeit und Lust haben und sich irgendwann eine freie Kochplatte findet, ist nichts so gesellig wie das gemeinsame Kochen mit anschließendem Essen. Da die Küchen aber oft wenig Platz bieten und auch andere Gäste Hunger haben, ist es zu empfehlen, hier nicht zu zeit- und platzaufwendig zu Werke zu gehen und einfache Rezepte zu wählen, die nicht mehr als eine Kochplatte in Anspruch nehmen.

☺ Die folgenden zwei einfachen Gerichte sind schnell auf nur einer Kochplatte zubereitet und die Zutaten sind überall in Spanien günstig zu haben:

✗ Nudeln mit Raimunds Tomaten-Thunfisch-Rotwein-Soße

Die Spiralnudeln o. Ä. fast gar kochen und dann noch im Wasser von der Platte nehmen. Den Topf mit einem Handtuch oder Pullover umwickeln und ihn so warm halten. (Sie sollen bzw. können in Herbergen ja nur eine Kochplatte in Beschlag nehmen.) Einfache Tomatensoße oder leicht verdünntes Tomatenmark etwas kochen lassen und nach Belieben vorab zerkleinerten Thunfisch dazugeben. Soße je nach Geschmack mit einem oder mehreren Teelöffeln Zucker und Oregano verfeinern und dann mit Salz und, wenn vorhanden, mit Suppenwürfel abschmecken. Die Soße so lange mit Rotwein verdünnen, bis diese die gewünschte Konsistenz erreicht. Alles erhitzen, aber nicht aufkochen. Zusammen mit den (evtl. nochmals nachgekochten) Nudeln servieren und nach Bedarf noch reichlich Olivenöl oder etwas Käse darüber geben.

✗ Spanische Knoblauchsuppe

Die folgende Suppe wird in ähnlicher Form im Kloster von San Juan de Ortega serviert und hat längst Kultcharakter auf dem Jakobsweg erreicht. Für 3 Personen gibt man folgende Zutaten in ca. 1 Liter kochendes Wasser:

Ca. 125 g altes oder frisches spanisches Weißbrot, je nach Mut zwei bis drei geschälte und zerkleinerte Zehen Knoblauch (ersatzweise Knoblauchgranulat), ½-1 Teelöffel mildes Paprikapulver (muss aber nicht unbedingt sein), 6 Körner zerstoßener schwarzer Pfeffer (ersatzweise etwas gemahlener Pfeffer). Alles gut ziehen lassen, reichlich salzen und kräftig (halbe Tasse) Olivenöl drüber geben. Am besten mit viel Weißbrot und Wein servieren und nach Belieben nachwürzen.

Ein Buch mit einigen weiteren sehr pilgergerechten Rezepten ist im Anhang erwähnt (📖 6). In der Herberge finden Sie oftmals zurückgelassene Nahrung von abgereisten Pilgern, die Sie mit gutem Gewissen verwenden können. Sie sollten aber im eigenen Interesse nur von solchen Gebrauch machen, die wie z. B. Nudeln oder Wein nicht verderblich sind oder offensichtlich vom Vortag stammen. Ein gemeinsames Essen ist vorzüglich dazu geeignet, neue Freundschaften zu schließen und sich für Kleinigkeiten erkenntlich zu zeigen. Haben Sie keine Hemmungen, auch Menschen, mit denen Sie vorher nur einige Worte gewechselt haben, ein gemeinsames Essen vorzuschlagen, denn dies ist unter Pilgern nicht ungewöhnlich und übrigens auch eine hervorragende Möglichkeit, mit Personen in näheren Kontakt zu kommen. Sollte später noch etwas vom Gekochten übrig sein oder es absehbar werden, dass zu viel gekocht wurde, findet sich immer ein wildfremder hungriger Pilger, der es gern geschenkt nimmt, wenn Sie es ihm unter die Nase halten. Verlassen Sie die Küche so, wie Sie diese auch gerne vorfinden würden – nämlich sauber und ordentlich!

Reste vom Vortag oder Zutaten, die übrig geblieben sind und die Sie nicht mit auf dem Weg herumschleppen wollen, lassen Sie für nachfolgende Gäste in der Herberge. Versäumen Sie es dabei aber nicht, schriftlich darauf zu vermerken, dass man sich hier frei bedienen kann. Bei verderblichen Waren vermerken Sie zusätzlich noch das Kaufdatum.

Nachts und am Morgen

Sollten Sie laut schnarchen (sp: *roncar*), so teilen Sie dies dem Hospitalero in Ihrem und dem Interesse der anderen Pilgerinnen und Pilger mit, damit er Sie, wenn möglich, an einen geeigneten Ort legt. Wenn Sie Probleme haben, einzuschlafen, weil sich ein oder mehrere laute Schnarcher in Ihrem Schlafraum befinden, so ist der Gebrauch von Ohropax das erste Mittel der Wahl. Vertragen Sie diese nicht oder gewinnen Sie den Eindruck, dass auch noch weitere Pilger unter dieser Störung leiden, so bitten Sie die Hospitalera bzw. den Hospitalero, für Abhilfe zu sorgen und den Schnarcher, wenn möglich, in den Gang oder in das Badezimmer zu verlegen. Es ist immer noch besser, einen Schnarcher kurz zu wecken, als dass ein halber Schlafsaal am nächsten Morgen gerädert aufsteht. Sollte der Hospitalero nicht verfügbar sein, so treten Sie entschlossen vor den „Übeltäter“ hin und klären Sie diesen freundlich, aber bestimmt über sein Fehlverhalten auf, denn viele wissen selbst nichts davon, da sie allein leben oder dieses Verhalten nur bei Erschöpfung oder nach dem Genuss von Alkohol zeigen. Bieten Sie ihm dann freundlich an, ihm dabei zu helfen, seine Matratze an einen einsameren Ort zu verlegen – man wird es Ihnen des Morgens allseits danken ☺.

Wer sich nachts noch leise unterhalten will, hat das gute Recht dazu, sollte dies aber selbstredend nicht in den Schlafsälen tun. Hörbare Weckalarme durch Wecker oder Handys sind in Schlafräumen natürlich tabu. Auch wenn der Wecker genau neben Ihnen steht und Ihrer Meinung nach sehr leise eingestellt ist, werden durch ihn zahlreiche Zimmergenossen geweckt, die dies eigentlich nicht unbedingt wünschen.

Sollte dennoch die Notwendigkeit zu einem Weckalarm bestehen, z. B. wenn Sie wegen der Rückreise in die Heimat einen Abfahrtstermin einhalten müssen, so verwenden Sie evtl. den Vibrationsalarm Ihres Handys, das Sie dann mithilfe Ihres Geldgürtels spürbar nahe am Körper tragen. Wenn Sie über keinen solchen lautlosen Alarm verfügen, halten Sie es wie die Schnarcher und lassen Sie sich vorher an einem geeigneten Ort unterbringen oder übernachten Sie in einer Pension.

Sollten Sie Blasenprobleme haben und nachts „öfter raus müssen“, ist es ratsam, sich vorsorglich ein Bett (in der unteren Etage des Stockbettes) nahe der Tür geben zu lassen. Verwenden Sie auf dem Weg zum WC eine schwache oder verdunkelte Taschenlampe, um Ihre Zimmergenossen nicht aufzuwecken. Dinge, die Sie während der Nacht evtl. brauchen könnten (z. B. Tabletten gegen Magensäure), legen Sie schon vor dem Zubettgehen griffbereit hin, um durch Ihr nächtliches Suchen niemanden unnötig zu belästigen. In Pilgerherbergen kehrt oft schon verhältnismäßig früh Nachtruhe ein und in der Regel wird zwischen 22:00 und 23:00 geschlossen. Nicht immer kommen Sie dann später z. B. mit einem Türcode wieder ins Haus.

Erkundigen Sie sich daher, bevor Sie am Abend die Herberge verlassen, bis wann und wie Sie hier später noch reinkommen.

Wenn Sie aufgewacht sind und die Herberge verlassen wollen, tragen Sie Ihren am Vorabend bereits griffbereit gepackten Rucksack und Ihren noch ungepackten Schlafsack in den Aufenthaltsraum und erledigen Sie alles weitere dort und nicht im Schlafsaal, um unnötige Geräusche zu vermeiden. Das Licht bleibt selbstverständlich so lange aus, bis der Letzte aufgewacht ist oder der Hospitalero es anschaltet.

Gelegentlich wird von den Herbergen auch ein einfaches Frühstück angeboten, das entweder im Preis inbegriffen ist oder mit einer kleinen Extraspende honoriert wird.

Vergessen Sie, wenn Sie in einer kirchlichen Pilgerherberge übernachtet haben, vor dem Verlassen nicht, sich noch einmal zu besinnen, ob Sie schon genug für Ihre Unterkunft gespendet haben, und holen Sie dies gegebenenfalls nach. Eine Spendenkasse findet sich meist am Empfang oder im Ausgangsbereich. Ein zusätzliches Dankeschön im Gästebuch kostet hingegen nichts, bereitet aber viel Freude. Bedenken Sie, dass die Herberge bis zum Mittag, wenn die neuen Gäste kommen, geputzt sein muss. Viele werden Sie daher schon zwischen 8:00 und 9:00 freundlich aus der Herberge hinauskomplimentieren.

Hospitalero/-a

Die Wörter Hospitalero und Hospitalera sind von dem alten Begriff für Pilgerherberge – dem Hospital – abgeleitet und bezeichnen sozusagen den Herbergsvater und die Herbergsmutter. Sie sind für den Empfang, die Unterbringung, die Ordnung und oft auch für kleinere medizinische Hilfen und die Reinigung der Räume zuständig. Viele von ihnen arbeiten als Angestellte oder als freie Unternehmer. Zahlreiche andere hingegen sind freiwillig tätig. Sie stammen entweder aus dem Ort, in dem sich die Herberge befindet, oder kommen aus dem Ausland und verbringen einen Teil ihres Jahresurlaubs als Hospitalero/-a in einer Herberge. Die freiwillige Arbeit als Hospitalero/-a ist unter Pilgerinnen und Pilgern aus aller

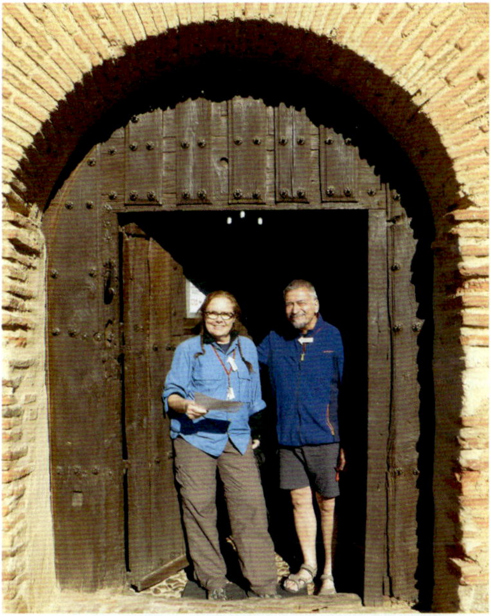

Herberge in Bercianos del Real Camino – Camino Francés (rj)

Welt begehrt und bedarf einiger Qualifizierungen, wie z. B. Spanischkenntnisse und die eigene Erfahrung als Fußpilger.

Da eine freiwillige Hospitalera/ein freiwilliger Hospitalero in der Regel nichts von Ihren Geldspenden an die Herberge sehen, wird er sich umso mehr über ein Wort oder eine kleine Geste der Dankbarkeit von Ihnen freuen. Laden Sie ihn zum Essen ein, schreiben Sie ihm eine Postkarte aus Santiago oder bedanken Sie sich im Gästebuch. Bedenken Sie, dass er, wenngleich er sich im Moment in einer anderen Position befindet und anders gekleidet ist, eigentlich ein Pilgerfreund ist und sich sehr freut, wenn Sie ihn auch so betrachten und behandeln. (Ich weiß wovon ich spreche, denn ich habe einige Zeit als Hospitalero gearbeitet.)

Leider gibt es aber auch unter den Herbergsvätern und -müttern schwarze Schafe, die mit ihrer Arbeit überfordert oder hierfür schlichtweg charakterlich ungeeignet sind. Manche genießen den Umstand, zum ersten Mal in ihrem Leben Macht über andere Menschen ausüben zu können, und machen durch unnötige Gängelei auch ausgiebig Gebrauch davon. Verhalten Sie sich ruhig und machen Sie gegebenenfalls unmittelbar vor Verlassen der Herberge einen entsprechenden Vermerk im Gästebuch – das wird nicht nur von Gästen gelesen und wirkt.

Egal, um welchen Typ von Hospitalero es sich nun auch handelt, es ist zu empfehlen, seinen Anweisungen zu folgen. Auch sollten Sie nicht versuchen, sich mit einem Hospitalero ernsthaft anzulegen, da Sie nicht der Erste wären, der dann noch am selben Abend samt Rucksack vor die Tür gesetzt wird.

☺ Sollten Sie übrigens auf Ihrer Pilgerreise Lust bekommen, einmal selbst als Hospitalero/-a tätig zu werden, so sprechen Sie die Hospitaleros am besten unmittelbar an Ort und Stelle darauf an und fragen Sie, ob evtl. einmal Bedarf besteht. Auch können Sie sich mit den Jakobusgesellschaften in Ihrer Heimat in Verbindung setzen oder in Santiago angekommen nähere Informationen erfragen. Unterschätzen Sie aber nicht die Intensität dieser Aufgabe: Die meisten Hospitaleros, die auf den Hauptrouten arbeiten, sind nach zwei Wochen ausgebrannt und urlaubsreif.

Klöster

Ein Erlebnis besonderer Art stellen für viele Pilgerinnen und Pilger Übernachtungen in Klöstern dar. Schon seit Beginn der Pilgerreise im Mittelalter sehen diese es oft als ihre Aufgabe an, Hilfesuchenden ein Obdach zu bieten. Oft werden die Gäste auch zum Essen eingeladen und können, wenn sie dies wollen, an einem kleinen geistlichen Programm teilnehmen, das ihnen Anregungen zur Wegerfahrung bietet. Zahlreiche Pilgerunterkünfte in Klöstern sind als mehr oder weniger

Kloster Oseira – Vía de la Plata (tn)

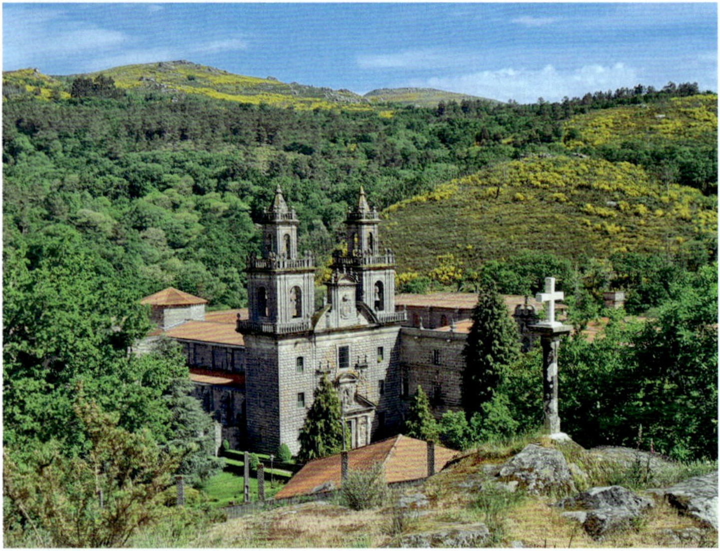

offizielle, für jedermann zugängliche Herbergen zu bezeichnen, die ausdrücklich auch für Menschen jedweder Weltanschauung offenstehen. Bei einigen Klöstern ist eine Voranmeldung nötig. Wenige bieten einen längerfristigen Aufenthalt zum Zweck betreuter geistiger Übungen an.

Pensionen und Hotels

Schon seit jeher gab es auf dem Jakobsweg einfache und besser ausgestattete Herbergen, die je nach Neigung und Finanzkraft der Pilger individuell ausgewählt wurden. Auch heute stehen den Pilgern unterschiedliche Herbergen zur Verfügung. Einige, traditionell unter dem Begriff Pilgerherberge verzeichnete Lokalitäten haben sich heute zu einfachen Pensionen oder auch zu 5-Sterne-Hotels entwickelt. Ihre alte Funktion haben sie oftmals ungeachtet dieses Umstandes dennoch behalten und sind weiterhin auch auf die Aufnahme von Pilgern spezialisiert. Oft sind die Übergänge zwischen Pilgerherberge und Pension oder Hotel fließend und auf manchen Nebenstrecken stellen sie einen wichtigen Bestandteil des Herbergsnetzes dar. Viele weisen auch eine pilgertypische Atmosphäre auf und stehen so mancher Herberge auch in dieser Hinsicht kaum nach. Pensionen und Hotels verfügen über den entscheidenden Vorteil, dass sie buchbar sind und man so den Weg ohne Furcht, am Abend ohne Bett dazustehen, genießen kann. Sie ermöglichen es somit auch älteren und schwächeren Pilgern, die Jakobswege als Bereicherung zu erfahren. Für Gruppen stellen sie oftmals die adäquate Form der gemeinsamen Unterbringung dar.

Viele Pensionen und Hotels bieten Frühstück und Abendessen sowie sämtliche Dienstleistungen eines normalen Gastronomiebetriebes an. Der Preis für eine sehr einfache Pension beginnt auf manchen weniger bekannten Strecken in seltenen Fällen bereits bei € 14 pro Bett und Nacht. In der Regel werden Sie aber kaum etwas Vernünftiges unter € 20 bekommen. Bei den Preisen für Hotels mit Halb- oder Vollpension sind nach oben natürlich keine Grenzen gesetzt. Gelegentlich wird Ihnen bei Vorlage des Pilgerausweises aber ein Pilgerrabatt gewährt. Die vorherige ☞ Reservierung können Sie oft auch durch Reiseagenturen oder durch eine Pilger-App vornehmen. Einzel- und Doppelzimmer in ☞ Pilgerherbergen sind, wie erwähnt, in der Regel etwas günstiger.

Zelten

Das Übernachten in einem Zelt ist für den Jakobsweg eher untypisch, da dies doch über ein recht hohes Gewicht verfügt und der Spareffekt nicht allzu groß ist. Zeltplätze gibt es wenige und kostenlos sind diese auch nicht. Wildes Campen ist verboten, zu einer Anzeige kommt es aber, wenn man sein Zelt nicht gerade im Stadtpark aufstellt, eher selten. Einige wenige Herbergen haben einen angegliederten Zeltplatz, dessen Benutzung allerdings in der Regel nicht sehr viel billiger ist als die Übernachtung in der Herberge selbst. Dies ist eine günstige Lösung, weil Sie dann die Sanitäreinrichtungen und evtl. auch die Küche nutzen können. Das Übernachten im Zelt stellt vor allem für diejenige eine geeignete Lösung dar, die nicht gerne in Schlafsälen übernachten oder das Übernachten im Zelt einfach gewohnt sind. Bedenken Sie dabei aber, dass offenes Feuer z. B. in Spanien in den Sommermonaten aus gutem Grund verboten ist!

Biwakieren – Schlafen unter freiem Himmel

Das Übernachten auf einer geeigneten Unterlage unter freiem Himmel ist sicher ein interessantes Erlebnis, das Sie einmal ausprobieren können. In der Regel stellt dies jedoch keine Dauerlösung dar, da Sie sich hier schutzlos der Witterung, Dieben sowie dem Appetit der einheimischen Tierwelt aussetzen. Suchen Sie daher einen sicheren Verwahrungsplatz für Ihren Rucksack und halten Sie sich für den Fall einer plötzlichen Wetteränderung die Möglichkeit für einen schnellen Rückzug in einen geschlossenen Raum offen. Ihr nasser Schlafsack wird nämlich nicht schnell trocknen und liegt schwer im Rucksack. Ein wirklich wasserdichter Biwaksack kann hier Abhilfe schaffen, ist aber nicht billig und hat auch ein nicht zu vernachlässigendes Gewicht.

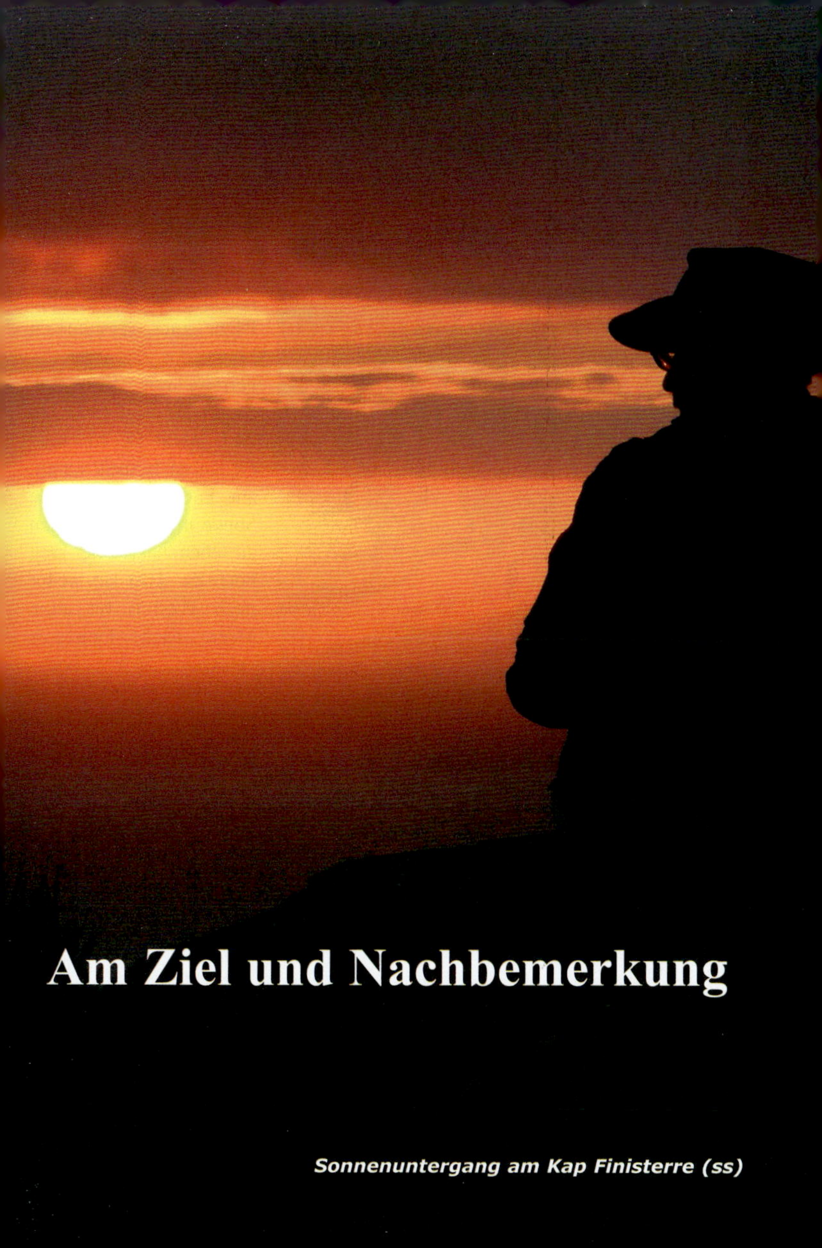

Am Ziel und Nachbemerkung

Sonnenuntergang am Kap Finisterre (ss)

Am Ziel

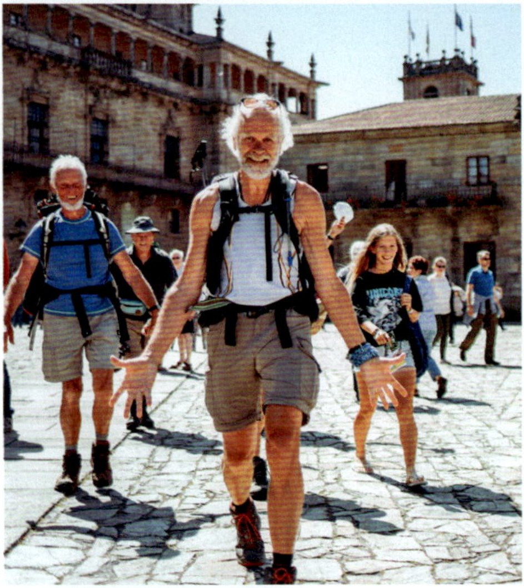

Freudiges Wiedersehen vor der Kathedrale in Santiago (cs)

Wann Ihr Pilgerweg zu Ende ist, entscheiden letztlich Sie selbst. Wenn die Kathedrale Santiagos, deren Fassade nicht nur religiöse Pilgerinnen und Pilger zum Verstummen bringt, das Ziel Ihrer Pilgerreise war, dann sind Sie in Santiago nun am Ziel. Wenn Sie von dem Gedanken beseelt waren, am Ende der Welt die Sonne im Meer versinken zu sehen, hat Sie der Weg noch ca. 100 km weiter nach Westen bis zum Meer nach Finisterre getragen. Andere beenden ihre Pilgerreise in Rom oder an irgendeinem anderen Ort. Wenn Sie Ihre Pilgerreise jedoch als eine innere Reise, einen inneren Prozess, einen Weg zu sich selbst verstanden haben, dann sind dies alles Plätze, die für Sie eine reichhaltige symbolische Bedeutung erlangen können. Alle diese Orte sind es wert, spirituell von Ihnen ausgeschöpft zu werden. Ihr innerer Pilgerweg findet aber dann letztlich auch in einem inneren Vorgang sein Ende. Das heißt, dass Ihr Weg erst dann zu Ende ist, wenn Sie beschlossen haben, Ihrem Geist bzw. Ihrer Seele die Wanderschuhe wieder auszuziehen – falls Sie das noch können oder wollen. Mehr dazu später ...

Resümee und Abschlussriten

Um die Erlebnisse des Weges zur Erfahrung reifen zu lassen, reicht es nicht aus, diese abzuhaken und zum Alltag überzugehen. Erlebnisse werden erst dadurch zur Erfahrung, dass sie reflektiert, d. h., sozusagen „geistig verdaut" werden (siehe auch spirituelle Führer im Anhang (📖 8).

Wenn Sie also den Pilgerweg verlassen und von heute auf morgen wieder in den Alltag eintauchen, als würden Sie mit einem Mausklick die Internetseite wechseln, werden viele wertvolle, auf dem Weg gemachte persönliche Erfahrungen in der Müllhalde der allgemeinen Reizüberflutung verschwinden und dort ungenutzt verrotten. Nehmen Sie sich deshalb bewusst Zeit dazu, Ihre Erlebnisse nochmals zu reflektieren, und suchen Sie hierzu z. B. das Gespräch mit einer Pilgerfreundin oder einem Pilgerfreund. Sollten Sie ein Tagebuch geschrieben haben, empfiehlt es sich, dieses nun nochmals zur Hand zu nehmen.

An den meisten Pilgerorten finden auch Pilgermessen und Andachten statt, die nicht nur für religiöse Pilgerinnen und Pilger eine Gelegenheit bieten können, den Weg symbolisch zu beschließen. Darüber hinaus finden sich an den meisten Pilgerorten weitere typische Traditionen, mit denen eine Pilgerreise abgeschlossen werden kann. Für die, die den Weg bis zum Meer gehen, ist das z. B. das Betrachten des Sonnenuntergangs in Finisterre oder Muxía.

Nicht wenige holen sich, in Santiago angekommen, auch die Pilgerurkunde ☞ Compostela ab. Diese wird aber nur dem Pilger ausgehändigt, der unterwegs, wie auf Seite 65 beschrieben, seinen Pilgerausweis regelmäßig hat stempeln lassen und in dem von der katholischen Kirche betriebenen Pilgerbüro auch religiöse Gründe für seine Pilgerreise angibt. Ob es sich bei dem Erwerb dieses oder anderer sportlich-religiöser Leistungsnachweise wirklich um einen würdigen (spirituellen) Abschluss Ihrer Pilgerreise handelt oder eher doch nur um den ersten Schritt zurück in die gewohnte alltägliche Leistungsgesellschaft, bleibt Ihrer persönlichen Sichtweise überlassen.

Nachwort – Ihr Pilgerweg beginnt am Ziel

Wenn Sie begonnen haben, den Pilgerweg als einen inneren Prozess des persönlichen Wandels zu verstehen, der Sie vielleicht in ungeahnte Tiefen Ihres Selbst und der Welt und für spirituelle Menschen auch zu Gott vordringen lässt, so besteht mit dem Tag der Heimreise kein Grund dazu, Ihren Pilgerstab in die Ecke zu stellen. Auch besteht kein Anlass, Ihr Pilgertagebuch abzuschließen, und noch weniger, „Ihrer Seele die Wanderschuhe auszuziehen". Versuchen Sie Ihre neue, auf dem Pilgerweg gefundene Einstellung zu sich selbst, zur Welt und evtl. auch zu Gott zurück nach Hause in Ihren Alltag zu bringen. Kurz: Fangen Sie an, ab heute als Pilger durch Ihren Alltag zu gehen, und wenn Sie meinen, diesen Ihren neuen Weg irgendwann wieder verloren zu haben, ... dann kehren Sie wieder auf den Pilgerweg zurück und suchen Sie den nächsten gelben Pfeil. – *Bon Camino!*

Anhang

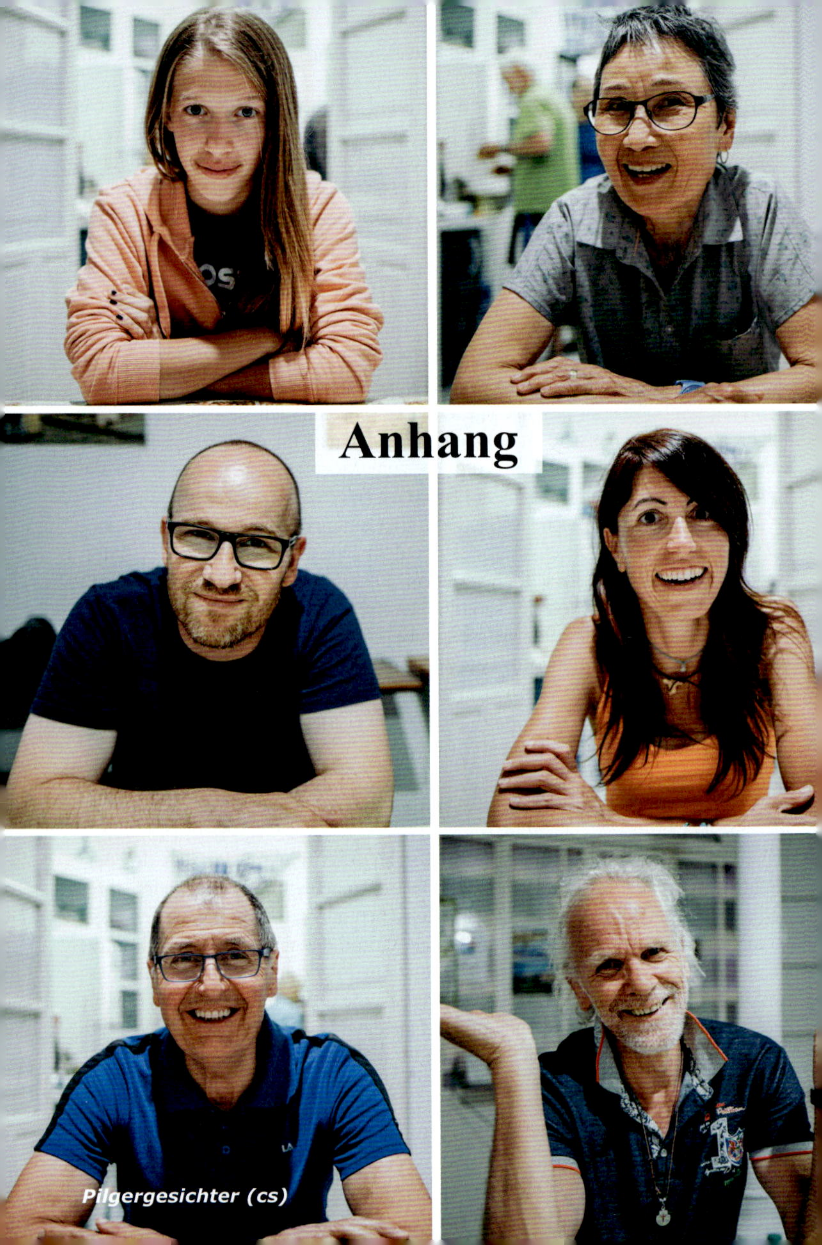

Pilgergesichter (cs)

Weiterführende Literatur, Pilgerfilme u. a.

Die Flut der Bücher, die in den letzten Jahren zum Thema Jakobsweg erschienen ist, geht ins Unermessliche und es ist hier nicht annähernd möglich, alle Werke zu erwähnen. Da der Jakobsweg in Deutschland zu einem Modethema geworden ist, gibt es heute fast keinen Verlag, der nicht zumindest ein Buch zu diesem Thema veröffentlicht hat. Die Qualität und das Preis-Leistungs-Verhältnis der gut 1.000 im Handel erhältlichen Veröffentlichungen sind jedoch sehr unterschiedlich. In den nun folgenden Tipps kann ich mich deshalb bis auf wenige Ausnahmen lediglich auf mir durch meine Arbeit im Verlag und wenige privat bekannte Bücher beschränken. Was die bereits erschienenen Filme zum Jakobsweg angeht, so sind hier wesentlich weniger Werke auf dem Markt und so kann ich auch die meisten davon näher beschreiben.

☺ Hilfreich für die Auswahl der für Sie richtigen Bücher und Filme könnten auch die zahlreichen Rezensionen auf 💻 www.amazon.de sein, wobei einige der guten Bewertungen wohl auch auf die Autoren selbst oder die Verlage zurückgehen. Eine Bestellung über den meist versandkostenfreien Versandbuchhandel hat auch den Vorteil, dass Sie die Bücher, die Ihnen nach Sichtung nicht zusagen, ohne Angabe von Gründen per Buchsendung an den Händler zurückschicken können und den Kaufpreis dann erstattet bekommen.

✋ Auch gute Bücher können bei falschem Gebrauch schädlich sein. Lesen Sie die Ausführungen zu ☞ Literatur.

Praktische Ratgeber für den Weg

Alle hier aufgeführten Ratgeber sind im praktischen Format 11,5 x 16,5 cm veröffentlicht und können direkt beim Conrad Stein Verlag bestellt werden (💻 www.conrad-stein-verlag.de).

1. **Kleiner Pilgersprachführer – Spanisch und mehr für den Jakobsweg**, *Raimund Joos* (auch als E-Book erhältlich)
   Die wichtigsten spanischen Wörter und Redewendungen für das Leben auf und um den Jakobsweg. Einige Sätze in Englisch, Französisch, Italienisch, Niederländisch, Portugiesisch, Baskisch und Galicisch. (128 Seiten, Fremdsprech Band 14, € 8,90)
2. **Wetter**, *Michael Hodgson*
   Der Autor führt einfache Techniken vor, die dabei helfen, das Wetter im Voraus abzuschätzen – darunter das Deuten von Landschaftseinflüssen,

Wolken und anderen Naturzeichen. (96 Seiten, OutdoorHandbuch Band 13, € 9,90)

3. **Radreisen**, *Andreas Bugdoll*
Aufbau und Ausstattung des Rades, Instandhaltung und Reisevorbereitung, Tipps für die Tour, „Praxistipps querbeet" und eine Checkliste. (160 Seiten, OutdoorHandbuch Band 34, € 9,90)
4. **Solotrekking**, *Dietmar Heim & Dirk Klawatzi*
Motive für eine Solotour, Planung und Vorbereitung, Ausrüstung und Proviant, Notfälle, Psychologie (wie geht man mit dem Alleinsein um?), Begegnungen mit Tieren, Menschen, der Natur und sich selbst, Vor- und Nachteile einer Solotrekkingtour. (94 Seiten, OutdoorHandbuch Band 45, € 7,90)
5. **Trekking mit Hund**, *Heiko Kühr*
Themen: Welche Hunderassen geeignet sind?, Planung, klimatische Bedingungen, Ausrüstung, Training, Futterwahl, Einreisebestimmungen, Kosten, psychische Belastung, Wandern mit dem Hund, Erste Hilfe. (160 Seiten, OutdoorHandbuch Band 143, Conrad Stein Verlag, € 9,90)
6. **Kochen aus Rucksack und Packtasche**, *Nicola Boll*
Die Autorin gibt nützliche Tipps, welche Nahrungsmittel für unterwegs besonders geeignet sind und wie sie sinnvoll verpackt werden können. Mit zahlreichen, einfach nachzukochenden Rezepten für unterwegs. (128 Seiten, OutdoorHandbuch Band 8, € 10,90)
7. **How to shit in the woods**, *Ulrike Katrin Peters & Karsten-Thilo Raab*
Müssen müssen kann auf Reisen hier und da schon mal zu einem drängenden Problem werden ... Zeit für ein schlaues Buch ohne Berührungsängste. (96 Seiten, OutdoorHandbuch Band 103, € 9,90)

Spirituelle und religiöse Anregungen

8. **Warum der Schuh beim Gehen w e i t e r wird. Der spirituelle Jakobsweg-Coach**, *Raimund Joos*
Mein kleiner Pilgerführer der etwas anderen Art will Ihnen auf unaufdringliche Weise helfen, die spirituelle Dimension des Jakobsweges tiefer zu entdecken und so auch auf Ihrem persönlichen inneren Weg weiterzukommen. Einige Fotos. (nur noch als E-Book und antiquarisch erhältlich) (157 Seiten, 11,4 x 18,2 cm, Tyrolia, 2015, € 9,95)
9. **Mit Buddha das Leben meistern**, *Volker Zotz*
Viele berichten von der Erfahrung, dass die Beschäftigung mit dem Buddhismus sehr bereichernd für die spirituelle Pilgererfahrung sein kann.

Da es bisher noch kein Buch gibt, welches sich direkt mit der Bedeutung des Buddhismus für den Jakobsweg beschäftigt, wird hier ein leichtes, gut verständliches Standardwerk empfohlen. (220 Seiten, 18,8 x 12,6 cm, Rowohlt Tb, 2003, € 8,95)

Romane, (historische) Reiseberichte und Erzählungen

Auf dem Büchermarkt findet sich eine Vielzahl an Reiseberichten, in welchen Pilger in exhibitionistischer Weise ihre langatmigen, oftmals sentimental eingefärbten persönlichen Berichte der Welt präsentieren wollen. Bei den unten genannten ist dies nicht der Fall. Auch die verschiedenen Romane und Erzählungen der mehr oder weniger bekannten Autoren zum Jakobsweg sind sehr unterschiedlicher Art und Qualität und bedürfen einer sorgfältigen Auswahl.

10. **Ich bin dann mal weg: Meine Reise auf dem Jakobsweg**, *Hape Kerkeling*
    Die humoristische, gesellschaftskritische und ansatzweise auch spirituelle Beschreibung der Pilgerreise von Hape Kerkeling wurde nicht umsonst zu einem Bestseller, der zahlreiche Menschen von der Idee des Pilgerns begeistert. Das Buch spricht auch Leser an, die ansonsten nicht viel mit den Werken Hape Kerkelings anfangen können, und ist auch in einer sehr zu empfehlenden Hörbuchfassung auf dem Markt. (368 Seiten, 18,8 x 12 cm, Piper, 2009, € 9,99)
11. **Pilgergeschichten von den Jakobswegen**, *Raimund Joos*
    Auch ich konnte der Versuchung nicht widerstehen, einige der von mir selbst erlebten und auch erfundenen Pilgergeschichten zu Papier zu bringen. (64 Seiten, 11,5 x 16,5 cm, FernwehSchmöker Band 300, Conrad Stein Verlag, 2011, € 5,90, nur antiquarisch erhältlich oder ☺ als kostenloser Download unter 💻 http://camino-de-santiago.de/Pilgergeschichten.pdf)
12. **Zwei Esel auf dem Jakobsweg: Wie ein Engländer sein Herz an Spanien verlor**, *Tim Moore*
    Der Bericht über eine Pilgerreise mit einem Esel unterhält durch britischen Humor und ist bereits ebenfalls zu einem Klassiker der Jakobswegliteratur geworden. (368 Seiten, 18,8 x 12 cm, Piper, 2008, € 9,99)
13. **Auf dem Jakobsweg**, *Paulo Coelho*
    Dieses Werk des bekannten brasilianischen Schriftstellers brachte bereits ab dem Jahr 1987 seine ersten jakobsweginfizierten Leser auf den Weg und inspirierte viele Pilger zu einer spirituelleren Weltsicht. Die sehr persönlichen, mystisch-spirituellen Reiseerzählungen dieses Klassikers scheiden die Geister. Das Buch verdient aber auf jeden Fall Anerkennung als das Werk

eines Schriftstellers, der offensichtlich sehr von der Lebenserfahrung eines Jakobspilgers geprägt ist. Auch als Hörbuch erhältlich. (272 Seiten, 18,1 x 11,4 cm, Diogenes, 2007, € 11)

14. **Dem eigenen Leben auf der Spur**, *Felix Bernhard*
Fesselnder Bericht eines Rollstuhlfahrers, der die Vía de la Plata bezwang. Spannend, spirituell, und zugleich humorvoll. Einige Fotos. (219 Seiten, 18,8 x 12,4 cm, Fischer, 2008, € 8,95)

15. **Jakobsweg, Wandern auf dem Himmelspfad**, *Carmen Rohrbach*
Eine Atheistin berichtet lebendig und glaubwürdig von ihren Eindrücken und Erfahrungen auf dem Jakobsweg. (304 Seiten, 19,1 x 13,5 cm, Piper, 2009, € 9,99)

Kunstgeschichtliche und kunsthistorische Grundlagen

Über die Geschichte des Weges ist inzwischen eine breite Palette an Büchern erschienen, von denen hier nur eine kleine Auswahl vorgestellt wird. Da diese Art von Literatur allerdings immer etwas mehr Konzentration und Vertiefung bedarf, ist zu überlegen, ob sie zu Hause gelesen oder aber auf den Weg mitgenommen werden soll, um evtl. mal einen Regen- oder Krankheitstag zu überbrücken.

16. **Der Spanische Jakobsweg: Ein Kunst- und Kulturführer**, *Bettina Marten*
Klein und relativ leicht. Sehr ausführlich und kompetent, aber auch zu viel Nebensächliches und zahlreiche Fachausdrücke, mit denen so mancher Normalpilger sicher nicht viel anfangen kann. (373 Seiten, 14,6 x 9,6 x 2 cm, Reclam, 2011, € 11,00)

17. **Jakobsweg: Geschichte und Kultur einer Pilgerfahrt**, *Klaus Herbers*
Übersichtliche, wissenschaftlich fundierte und handliche Zusammenfassung der Geschichte des Jakobsweges aus der Hand eines bekannten Historikers und Kenners des Weges. Auch als Hörbuch im Handel. (128 Seiten, 18 x 11,9 cm, Beck, 2011, € 8,95)

18. **DuMont Kunst Reiseführer: Der Spanische Jakobsweg**, *Dietrich Höllhuber, Werner Schäfke*
Fundierte, umfassende Informationen über die Kunst- und Kulturgeschichte des Jakobsweges. Wegen seines Gewichts aber kaum für Fußpilger geeignet. (352 Seiten, 20,8 x 15,4 cm, DuMont Reiseverlag, 2008, € 25,90)

Spielfilme und Dokumentationen zum Pilgern auf den Jakobswegen

Neben verschiedenen Dokumentationen findet sich bereits eine Auswahl von Spielfilmen über den Jakobsweg auf dem Markt, von denen Sie einen Teil auch im

Filmverleih erhalten können. Die Spielfilme dienen naturgemäß in erster Linie der Abendunterhaltung und sowohl die Handlung als auch die Charaktere sind deshalb auch gelegentlich etwas überzogen. Das Pilgerleben wird dabei unterschiedlich authentisch dargestellt. Dennoch gibt es sicher auch schlechtere Möglichkeiten der Gestaltung eines Fernsehabends.

19. **Zu Fuss nach Santiago de Compostela**
Von den vielen, meist eher mäßigen im Handel und Verleih erhältlichen Dokumentationen zum Jakobsweg, soll hier lediglich ein sehr gut gelungenes, aber ebenso wenig bekanntes Werk hervorgehoben werden. Der 2008 veröffentlichte Film „Zu Fuss nach Santiago de Compostela" berichtet auf gleichwohl authentisch-einfühlsame wie professionelle Weise über die Höhen und Tiefen einer Pilgerreise von der Schweiz nach Finisterre. (Laufzeit 96 Min., ASIN: B0013IJ2JS)

20. **Pilgern auf Französisch**
Dieser Film hat wegen seiner schönen Landschaftsaufnahmen, die zum großen Teil auch wirklich auf dem Jakobsweg aufgenommen worden sind, in Pilgerkreisen wohl die beste Kritik aller Spielfilme bekommen. Die Handlung ist humorvoll, unterhaltsam und gibt bei aller Übertreibung doch einige Aspekte des Pilgerlebens recht gut wieder. Der Film wurde auf Französisch produziert und aufgrund seines großen Erfolges später ins Deutsche übersetzt. (Laufzeit 104 Min., ASIN: B001BB1ONY)

21. **Dein Weg**
Auch dieser im Jahr 2012 in Deutschland ausgestrahlte, recht erfolgreiche amerikanische Kinofilm gilt in Pilgerkreisen als sehenswert. Die Dramaturgie des Filmes wirkt zwar etwas amerikanisch, aber beschreibt – wenngleich auch ebenfalls etwas überzogen – verschiedene Aspekte des modernen Pilgerlebens durchaus recht treffend und stellenweise auch amüsant. Die meisten Aufnahmen dieses Filmes stammen von authentischen Orten des Camino Francés. (Laufzeit 116 Min., ASIN: B008CXJBPM)

22. **Ich bin dann mal weg**
Verglichen mit dem (Hör-)Buch von Hape Kerkeling (📖 11) mag der Ende 2015 erschienene Film nicht ganz so gut gelungen sein. Auch die Darstellung verschiedener Landschaften und Pilgerherbergen geht nicht selten an der Realität des Weges vorbei. Dennoch kann das unterhaltsame Werk

Jakobsweginteressierten wohl ein wenig von dem Geist des Jakobsweges vermitteln. (Laufzeit 92 Min., ASIN: B0187J7NPU)

23. **Drei Brüder**
Der letzte Teil der dreiteiligen österreichischen Serie über drei unterschiedliche Brüder findet auf dem Jakobsweg statt und könnte als eine lässig-sympathische, wenn auch nicht sehr tiefgründige Abendunterhaltung bezeichnet werden. Viele Szenen wurden auf dem Jakobsweg gedreht. Die Serie ist eine Produktion des ORF und relativ selten im Verkauf oder Verleih zu bekommen. Der Film wurde bisher nicht aus der österreichischen Mundart ins Hochdeutsche übersetzt – eine gewisse Verstehhilfe mag aber für manchen das Angebot der Untertitel für Gehörlose sein. (Laufzeit des 3. Teils ca. 90 Min., ASIN: B003ZC2D50)

24. **Unter „ferner liefen"** ...
... werden hier noch der Vollständigkeit halber die Filme „Die Dienstagsfrauen ... auf dem Jakobsweg zur wahren Freundschaft", „Ich trag dich bis zum Ende der Welt" mit Elmar Wepper und das Anfang 2014 im öffentlichen Fernsehen gesendete Historiendrama „Die Pilgerin" erwähnt. Unabhängig von ordentlichen schauspielerischen Leistungen haben diese Filme aber m. E. wenig mit der Realität des Jakobsweges gemein und wurden großteils auch nicht dort gedreht. Diese Werke sind eher etwas „fürs Herz" (man könnte auch sagen: schnulzig und klischeehaft) und daher sicher Geschmackssache.

Praktische Wegführer

Alle praktischen Wegführer des Conrad Stein Verlags sind im pilgerfreundlichen Format von 11,5 x 16,5 cm veröffentlicht und enthalten Reise-Infos von A bis Z, Übernachtungsmöglichkeiten, Karten meist im Maßstab 1:100.000, Stadtplänen, Höhenprofile, farbige Abbildungen, exakte Wegbeschreibungen, Hintergründe zur Kultur am Wege, Griffmarken sowie einen ausführlichen Index.

25. **Spanien: Jakobsweg Camino Francés**, *Raimund Joos*, 288 Seiten, OutdoorHandbuch Band 23, 2025, € 18,00
26. **Spanien: Jakobsweg, Vía de la Plata, Mozarabischer Jakobsweg**, *Raimund Joos*, 256 Seiten, OutdoorHandbuch Band 116, 2025, € 17,90
27. **Spanien: Mozarabischer Jakobsweg von Granada nach Mérida**, *Michael Hennemann*, 160 Seiten, OutdoorHandbuch Band 227, 2017, € 12,90

28. **Spanien: Jakobsweg Camino de Levante von Valencia nach Zamora**, *Stefan Markschies*, 192 Seiten, OutdoorHandbuch Band 271, 2020, € 14,90
29. **Portugal Spanien: Jakobsweg Caminho Português**, *Raimund Joos*, 256 Seiten, OutdoorHandbuch Band 185, 2025, € 17,90
30. **Spanien: Camino Inglés**, *Raimund Joos*, 160 Seiten, OutdoorHandbuch Band 343, 2024, € 14,90
31. **Spanien: Jakobsweg Küstenweg, Camino de la Costa, Camino del Norte und beliebte Varianten**, *Raimund Joos*, 320 Seiten, OutdoorHandbuch Band 71, 2024, € 19,90
32. **Spanien: Jakobsweg Camino Primitivo**, *Raimund Joos*, 224 Seiten, OutdoorHandbuch Band 141, 2025, € 16,90
33. **Frankreich: Jakobsweg Via Gebennensis**, *Hartmut Engel*, 176 Seiten, OutdoorHandbuch Band 281, 2025, € 16,90
34. **Frankreich: Jakobsweg Via Podiensis**, *Hartmut Engel*, 256 Seiten, OutdoorHandbuch Band 128, 2024, € 17,90
35. **Frankreich: Jakobsweg Via Tolosana**, *Martin Simon & Norbert Rother*, 256 Seiten, OutdoorHandbuch Band 162, 2018, € 16,90
36. **Frankreich: Jakobsweg Via Campaniensis, von Rocroi nach Vézelay,** *Franz Felsner*, 160 Seiten, OutdoorHandbuch Band 472, 2021, € 12,90
37. **Frankreich: Jakobsweg Via Lemovicensis**, *Randolf Fügen*, 224 Seiten, OutdoorHandbuch Band 166, 2019, € 16,90
38. **Schweiz: Jakobsweg vom Bodensee zum Genfersee**, *Hartmut Engel*, 288 Seiten, OutdoorHandbuch Band 117, 2025, € 18,90
39. **Deutschland Frankreich: Jakobsweg Trier – Vézelay**, *Martin Simon & Ingrid Retterath*, 224 Seiten, OutdoorHandbuch Band 194, 2021, € 16,90
40. **Jakobsweg Trier – Le Puy**, *Martin Simon*, 256 Seiten, OutdoorHandbuch Band 211, 2024, € 17,90
41. **Jakobsweg Nürnberg – Konstanz**, *Karin Gudop*, 224 Seiten, OutdoorHandbuch Band 142, 2022, € 16,90
42. **Jakobsweg Via Coloniensis von Köln nach Trier**, *Ingrid Retterath*, 192 Seiten, OutdoorHandbuch Band 241, 2024, € 15,90

43 **Jakobsweg Via Jutlandica,** *Wolfgang Barelds*, 288 Seiten, OutdoorHandbuch Band 461, 2021, € 16,90

44. **Mosel-Camino**, *Karl-Heinz Jung*, 96 Seiten, OutdoorHandbuch Band 291, 2025, € 12,00
45. **Jakobsweg Via Baltica von Usedom bis Bremen**, *Martin Simon*, 256 Seiten, OutdoorHandbuch Band 262, 2025, € 18,00
46. **Jakobsweg Bremen – Köln**, *Martin Simon*, 272 Seiten, OutdoorHandbuch Band 301, 2025, € 18,90

47. **Brandenburg: Mittelalterlicher Jakobsweg Berlin – Wilsnack – Tangermünde**, *Rainer & Cornelia Oefelein*, 128 Seiten, OutdoorHandbuch Band 189, 2020, € 10,90
48. **NRW: Jakobsweg Schloss Corvey – Aachen,** *Martin Simon*, 272 Seiten, OutdoorHandbuch Band 147, 2013, € 16,90
49. **Italien: Franziskusweg von Florenz nach Rom**, *Martin Simon*, 224 Seiten, OutdoorHandbuch Band 186, 2025, € 18,00
50. **Schweiz Italien: Via Francigena von Lausanne nach Rom**, *Ingrid Retterath*, 304 Seiten, OutdoorHandbuch Band 201, 2025, € 19,90

☞ Weitere Bücher zum Jakobsweg finden Sie auf Seite 158 bis 160 und unter 💻 www.conrad-stein-verlag.de unter der Rubrik „Pilgerwege“.

Pilger-Apps

Die generellen Vor- und Nachteile von Pilger-Apps wurden bereits auf Seite 82 kurz erörtert. Hier sind die verbreitetsten Apps kurz dargestellt.

Buen Camino

Mit Abstand und nicht ohne Grund der Marktführer der Pilger-Apps. Die dienstälteste App wurde über die Jahre ständig verbessert und bietet heute Infos zu fast allen Pilgerwegen in Spanien und Portugal und auch zu den bekanntesten Wegen in Frankreich. Kostenlos. Auf Deutsch.

Gronze Maps

Die App des wohl ältesten und besten Onlinepilgerführers „Gronze“ wird m. E. unterschätzt und ist der App „Buen Camino“ ebenbürtig. Infos zu fast allen Wegen in Spanien und Portugal und den wichtigsten Wegen in Frankreich, der Schweiz und Italien. Kostenlos. Auf Englisch oder Spanisch.

Wise Pilgrim

Gut, aber gegen eine geringe Gebühr von € 1 bis 4 pro Weg. Vorteil: Sie bietet ein Tool für die direkte Reservierung von Herbergen vorbei an den teuren Buchungsportalen. Die wichtigsten Wege in Spanien und Portugal und die Via Podiensis in Frankreich. Auch auf Deutsch.

Camino Ninja

Wurde zunächst als nicht kommerzielle App „von Pilgern für Pilger“ bekannt und beliebt, später aber von einem Investor übernommen. Eingängig, einfach strukturiert, doch in einigen Teilen nicht mehr aktualisiert. Die wichtigsten

Wege in Spanien und Portugal (teilweise noch in der Testphase). Kostenlos. Auf Deutsch.

Camino Love

Vom Investor selbstbewusst in dessen Foren und auf dessen Seiten beworben, aber schlecht handhabbar und mit zahlreichen Fehlern behaftet. Folglich gemäß der bisherigen Onlinebewertungen in der Pilgergunst durchgefallen. Vorteil: Es werden auch zahlreiche unbekanntere Jakobswege in ganz Europa dargestellt. Kostenlos. Auf Deutsch.

Zum Thema (offizielle) Pilgerstatistiken

Sie können sich wie viele andere Pilgerbegeisterte auch lange Zeit darin ergehen, alle Jahre wieder die „offiziellen Pilgerstatistiken aus Santiago" genau zu studieren. Auf der vorwiegend spanischsprachigen Seite 💻 oficinadelperegrino.com/estadisticas-2/ haben Sie die Möglichkeit, sich die genauen Statistiken der Monate des laufenden Jahres sowie eine Zusammenfassung der Pilgerzahlen der vergangenen Jahre aus erster Hand herunterladen.

Der Umstand, dass ich mich in diesem Buch seit 2023 nur noch selten direkt auf diese Zahlen beziehe, hat den Grund, dass diese nach Meinung zahlreicher Jakobusgesellschaften und Herbergsbetreiber kaum noch repräsentativ und daher eher irreführend sind. Sie geben nämlich lediglich die Zahlen der Pilgerinnen und Pilger wieder, welche sich das nicht unumstrittene Zeugnis der ☞ Compostela im Pilgerbüro abholen, und eben nicht all derer, die die verschiedenen Wege wirklich begangen sind.

Zahlreiche und besonders erfahrene Pilgerinnen und Pilger (und die) der weniger bekannten Pilgerwege holen sich den in diesen Kreisen eher kritischer betrachteten „Wisch" im Pilgerbüro erst gar nicht ab.

Dagegen sind insbesondere auf dem Camino Francés und dem Caminho Português viele Pilgeranfänger unterwegs, welche den Weg vorwiegend zum Zweck des Erwerbs der Compostela besuchen. Und bei diesen besteht laut verschiedener Quellen der verstärkte Verdacht, dass sie sich das Papier dann auch „ermogeln", ohne überhaupt tatsächlich die gesamten geforderten 100 km auf einem Jakobsweg gelaufen zu sein.

Kurz gesagt gibt die Statistik also bestenfalls das Bild der zahlenden Kunden des Pilgerbüros wieder, wie diese es mit dem Ziel des Erwerbes der Compostela dort selbst erfolgreich dargestellt hatten ...

Die wirkliche Realität, wie sie von den Herbergsbetreibern, Jakobusgesellschaften und den Pilgern selbst auf dem Weg wahrgenommen wird, wich in den letzten Jahren immer stärker von diesen „offiziellen" Statistiken ab und hat dann vermutlich auch nicht unbedingt allzu viel mit dem zu tun, was Sie dann selbst auf Ihrem ganz persönlichen Jakobsweg erleben werden.

Hilfreiche Adressen und Links

Jakobusgesellschaften

Bei folgenden Gesellschaften können Sie auch den auf S. 64 näher beschriebenen Pilgerausweis bestellen. Die angegebenen Preise beziehen sich auf jeweils einen Pilgerausweis einschließlich Inlandsversand. Was nähere Informationen angeht, verweise ich aus Platzgründen auf die jeweiligen Internetseiten.

Ⓓ Stiftung Haus St. Jakobus, Schwäbische Jakobusgesellschaft, Kapellenberg 58-60, 89610 **Oberdischingen**, ☏ 073 05/91 95 75, 💻 www.haus-st-jakobus.de, Pilgerausweise gegen Spende in frei wählbarer Höhe

♦ Santiago-Freunde Köln, c/o N. Wallrath, Knapsackstraße 2, 50354 **Hürth**, ☏ 022 33/87 54 88, 💻 www.santiagofreunde.de, Pilgerausweis gegen Spende

♦ JakobsFreunde Passau e. V., Drosselweg 4, 94036 **Passau**., 📱 01 71/932 95 24, 💻 www.jakobsfreunde.de, Pilgerausweise aus lobenswerter Eigenproduktion für € 6,80

♦ Jakobusgemeinschaft Rohrdorf e. V., z. H. Hans Maier, Dieselstr. 4, 84453 **Mühldorf am Inn**, ☏ 086 31/16 46 69, 💻 www.jakobusgemeinschaft.de, Pilgerausweis mit extra viel Platz aus lobenswerter Eigenproduktion für € 7

♦ Fränkische St.-Jakobusgesellschaft Würzburg e. V., Petrinistraße 33a, 97080 **Würzburg**, ☏ 09 31/250 88 50, 💻 www.jakobus-franken.de, Pilgerausweis für € 7,65

♦ Freundeskreis der Jakobuspilger, Busdorfmauer 33, 33098 **Paderborn**, ☏ 052 51/506 86 77 oder 147 47 94, 💻 www.jakobusfreunde-paderborn.com, Pilgerausweis für € 9,60

♦ Deutsche St. Jakobusgesellschaft e. V., Tempelhofer Straße 21, 52068 **Aachen**, ☏ 02 41/510 00 62, 💻 www.deutsche-jakobus-gesellschaft.de, Pilgerausweis gegen eine erbetene Spende in Höhe von € 10

Ⓐ Jakobsgemeinschaft Tirol, Domplatz 6, A-6020 **Innsbruck**, ☏ 05 12/58 39 02, ✉ jakobsgemeinschaft.tirol@dibk.at, 💻 dibk.at/jakobsgemeinschaft, Pilgerausweise aus lobenswerter Eigenproduktion gegen Spende

♦ Jakobusgesellschaft Salzburg, Tegetthoffstraße 11, 5071 **Wals-Siezenheim**, ☏ 06 62/85 53 65, 💻 www.jakobusgemeinschaft.at, Pilgerausweise für (wohl leidlich kostendeckende) € 5

(CH) Schweizerischen Vereinigung der Freunde des Jakobsweges, Dorfstraße 4, 3856 **Brienzwiler**, ✉ sekretariat@viajacobi4.ch, 💻 www.viajacobi4.ch, Pilgerausweise für CHF 10

Pilgerbedarf für den Jakobsweg

Hier findet man von Büchern über Ausrüstung, Pilgerschmuck, Pilgermuscheln und Souvenirs auch Pilgermusik.

♦ Pilgino Shop, 💻 www.pilginoshop.de
♦ Jakobsweg-Shop, 💻 www.shop.jakobsweg.de
♦ Jakobsweg-Bewahrer, 💻 www.jakobsweg-bewahrer.de

Hilfreiche Links

💻 **www.daspilgerforum.de** – gut geführtes, übersichtliches Onlinepilgerforum mit teils kompetenten Teilnehmern

💻 **www.camino-de-santiago.de** – Seite des Autors dieses Buches

💻 **www.gronze.com** – spanischsprachige Seite mit Beschreibungen und Fotos von Herbergen und Pensionen

💻 **www.conrad-stein-verlag.de** – eine Auswahl zahlreicher praktischer Führer zu fast allen Jakobswegen sowie deren Updates

💻 **www.haus-st-jakobus.de** – Homepage der Pilgerbildungsstätte mit Pilgerherberge in Oberdischingen bei Ulm

💻 **www.stmartin-muenchen.de** – Hompage des evangelischen Bildungszentrum in Müchen mit Angeboten für Pilger

💻 **www.jakobus-franken.de** – die Homepage der Fränkischen St. Jakobusgesellschaft Würzburg e. V. Diese bietet Pilgerausweise und eine persönliche telefonische Pilgerberatung zu allen Themen und Wegen, Postadresse ☞ Seite 148.

💻 **www.jakobusfreunde-paderborn.eu** – Webseite der Pilgerfreunde von Paderborn. Hilfreiche Infos und Links, Postadresse ☞ Seite 148

💻 **www.oficinadelperegrino.com** – das Pilgerbüro von Santiago bietet z. B. Infos zum Erwerb der Compostela und, wie eben kritisch betrachtet, „offizielle" Pilgerstatistiken.

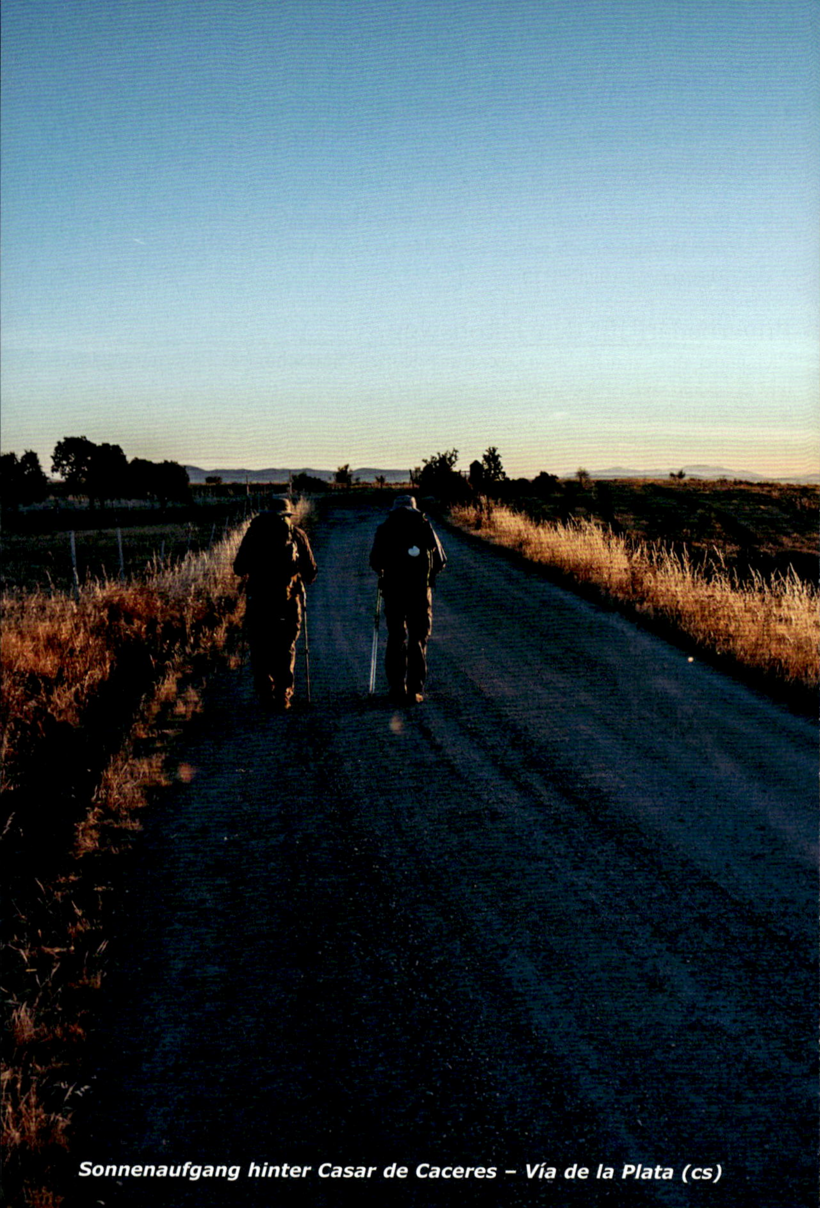

Sonnenaufgang hinter Casar de Caceres – Vía de la Plata (cs)

Index

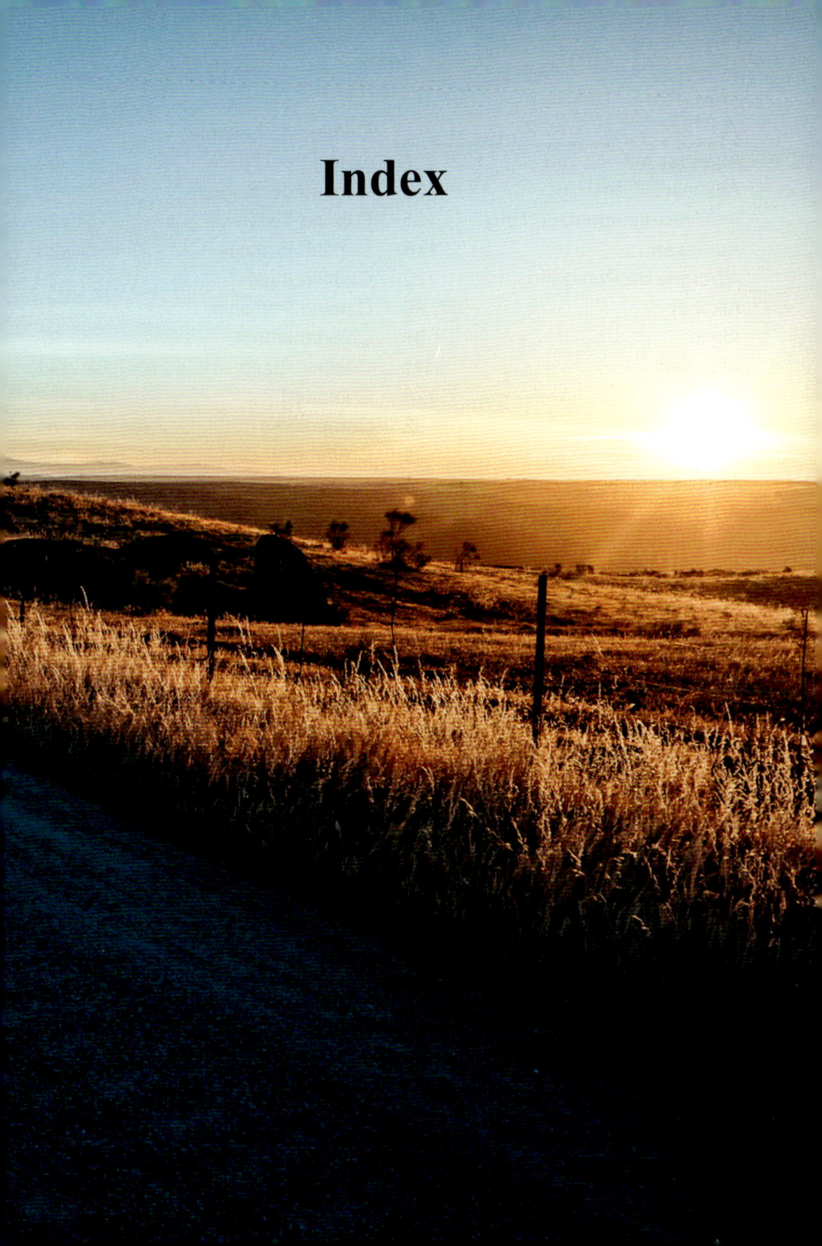

W

Z

Spanien

23 **Camino Francés**
ISBN 978-3-86686-424-5, Joos, 288 Seiten, € 18,00 [D]

71 **Küstenweg** · Camino de la Costa, Camino del Norte und beliebte Varianten
ISBN 978-3-86686-405-4, Joos, 320 Seiten, € 19,90 [D]

116 **Vía de la Plata**
ISBN 978-3-86686-440-5, Joos, 256 Seiten, € 17,90 [D]

141 **Camino Primitivo**
ISBN 978-3-86686-482-5, Joos, 224 Seiten, € 16,90 [D]

227 **Mozarabischer Jakobsweg** · von Granada nach Mérida
ISBN 978-3-86686-567-9, Hennemann, 160 Seiten, € 12,90 [D]

271 **Camino de Levante** · von Valencia nach Zamora
ISBN 978-3-86686-593-8, Markschies, 192 Seiten, € 14,90 [D]

343 **Camino Inglés**
ISBN 978-3-86686-735-2, Joos, 160 Seiten, € 14,90 [D]

Portugal

185 **Caminho Português** · von Porto nach Santiago und Finisterre
ISBN 978-3-86686-525-9, Joos, 256 Seiten, € 17,90 [D]

230 **Via Lusitana** · von der Algarve nach Ourense
ISBN 978-3-86686-548-8, Hass, 320 Seiten, € 16,90 [D]

Frankreich

128 **Via Podiensis** · Le Puy-en-Velay – St.-Jean-Pied-de-Port
ISBN 978-3-86686-796-3, Engel, 256 Seiten, € 17,90 [D]

162 **Via Tolosana** · mit Camino Aragonés, Spanien
ISBN 978-3-86686-597-6, Simon u. Rother, 256 Seiten, € 16,90 [D]

166 **Via Lemovicensis** · Vézelay – Saint-Jean-Pied-de-Port
ISBN 978-3-86686-647-8, Fügen, 224 Seiten, € 16,90 [D]

194 **Jakobsweg Trier – Vézelay**
ISBN 978-3-86686-688-1, Simon u. Retterath, 224 Seiten, € 16,90 [D]

211 **Jakobsweg Trier – Le Puy-en-Velay**
ISBN 978-3-86686-816-8, Simon, 256 Seiten, € 17,90 [D]

281 **Via Gebennensis** · von Genf nach Le Puy-en-Velay
ISBN 978-3-86686-855-7, Engel, 176 Seiten, € 16,90 [D]

465 **Via Turonensis** · von Paris nach Saint-Jean-Pied-de-Port
ISBN 978-3-86686-673-7, Felsner, 256 Seiten, € 17,90 [D]

472 **Jakobsweg Via Campaniensis** · von Rocroi nach Vézelay
ISBN 978-3-86686-684-3, Felsner, 160 Seiten, € 12,90 [D]

Deutschland

142 **Jakobsweg Nürnberg – Konstanz**
ISBN 978-3-86686-747-5, Gudop, 224 Seiten, € 16,90 [D]

147 **NRW: Jakobsweg Schloss Corvey – Aachen**
ISBN 978-3-86686-147-3, Simon, 272 Seiten, € 16,90 [D]

Deutschland (Forts.)

187 **Jakobsweg von München nach Lindau** · mit Variante nach Bregenz
ISBN 978-3-86686-843-4, Haupt, 192 Seiten, € 16,90 [D]

188 **Bayerisch-Schwäbischer Jakobsweg** · von Oettingen zum Bodensee
ISBN 978-3-86686-813-7, Meier u. Rauscher, 192 Seiten, € 15,90 [D]

235 **Jakobsweg von der Rhön an die Donau**
ISBN 978-3-86686-768-0, Simon, 256 Seiten, € 17,90 [D]

241 **Via Coloniensis** · von Köln nach Trier
ISBN 978-3-86686-815-1, Retterath, 192 Seiten, € 15,90 [D]

255 **Elisabethpfad** · von Eisenach nach Marburg
ISBN 978-3-86686-560-0, Hoyer, 96 Seiten, € 9,90 [D]

256 **Bonifatius-Route** · von Mainz nach Fulda
ISBN 978-3-86686-309-5, Retterath, 160 Seiten, € 12,90 [D]

262 **Via Baltica** · von Usedom nach Bremen
ISBN 978-3-86686-859-5, Simon, 256 Seiten, € 18,00 [D]

278 **Linksrheinischer Jakobsweg** · von Köln nach Bingen
ISBN 978-3-86686-819-9, Scholz, Blaeser, Kaiser u. Ries, 160 Seiten, € 14,90 [D]

288 **Via Regia** · von Görlitz nach Vacha
ISBN 978-3-86686-792-5, Hoyer, 192 Seiten, € 15,90 [D]

291 **Mosel-Camino** · von Koblenz nach Trier
ISBN 978-3-86686-860-1, Jung, 96 Seiten, € 12,00 [D]

301 **Jakobsweg Bremen – Köln**
ISBN 978-3-86686-857-1, Simon, 272 Seiten, € 18,90 [D]

367 **Via Scandinavica** · von Fehmarn nach Eisenach
ISBN 978-3-86686-765-9, Simon, 288 Seiten, € 18,90 [D]

376 **Eifel-Camino** · von Andernach nach Trier
ISBN 978-3-86686-695-9, Scholz, Blaeser, Preß, Schäfer, 160 Seiten, € 12,90 [D]

379 **Jakobsweg Isar – Loisach – Leutascher Ache – Inn**
ISBN 978-3-86686-501-3, Meier, 96 Seiten, € 9,90 [D]

404 **Via Beuronensis**
ISBN 978-3-86686-763-5, Meier u. Rauscher, 192 Seiten, € 15,90 [D]

421 **Jakobsweg Corvey – Marburg**
ISBN 978-3-86686-573-0, Trenkler, 160 Seiten, € 12,90 [D]

445 **Lahn-Camino und Rhein-Camino**
ISBN 978-3-86686-617-1, Scholz, 160 Seiten, € 12,90 [D]

461 **Via Jutlandica**
ISBN 978-3-86686-650-8, Barelds, 288 Seiten, € 16,90 [D]

480 **Jakobsweg Paderborn – Köln** · mit Senneweg aus Bielefeld
ISBN 978-3-86686-737-6, Simon, 224 Seiten, € 16,90 [D]

485 **Ausoniusweg** · von Bingen nach Trier
ISBN 978-3-86686-745-1, Oberbillig, 128 Seiten, € 12,90 [D]

487 **Jakobsweg Tillyschanz – Rothenburg ob der Tauber**
ISBN 978-3-86686-738-3, Gudop, 192 Seiten, € 15,90 [D]

495 **Jacobusweg Lüneburger Heide**
ISBN 978-3-86686-789-5, Barelds, 224 Seiten, € 16,90 [D]

Belgien

139 **Via Mosana/Via Monastica** · von Aachen nach Rocroi
ISBN 978-3-86686-139-8, Warnsloh, 128 Seiten, € 10,90 [D]

Österreich

157 **Österreich: Jakobsweg**
ISBN 978-3-86686-666-9, Dr. Lutz, 256 Seiten, € 17,90 [D]

294 **Jakobsweg durch Böhmen nach Innsbruck**
ISBN 978-3-86686-328-6, Dippelreither, 232 Seiten, € 14,90 [D]

316 **Weststeirischer Jakobsweg**
ISBN 978-3-86686-379-8, Dippelreither, 160 Seiten, € 12,90 [D]

346 **Via Sacra** · von Wien nach Mariazell
ISBN 978-3-86686-462-7, Dippelreither, 160 Seiten, € 12,90 [D]

430 **Pielachtaler Pilgerweg**
ISBN 978-3-86686-588-4, Dippelreither, 128 Seiten, € 10,90 [D]

492 **Voralpiner Jakobsweg**
ISBN 978-3-86686-780-2, Wollweber, 160 Seiten, € 14,90 [D]

Schweiz

117 **Jakobsweg vom Bodensee zum Genfersee**
ISBN 978-3-86686-854-0, Engel, 288 Seiten, € 18,90 [D]

Italien

186 **Franziskusweg** · von Florenz nach Rom
ISBN 978-3-86686-867-0, Simon, 224 Seiten, € 18,00 [D]

117 **Via Francigena** · von Lausanne nach Rom
ISBN 978-3-86686-842-7, Retterath, 304 Seiten, € 19,90 [D]

Norwegen und Schweden

369 **Norwegen: Olavsweg · West- und Ostroute** · von Oslo nach Trondheim
ISBN 978-3-86686-671-3, Hennemann u. Fürtig, 288 Seiten, € 18,90 [D]

504 **Norwegen: Borgleden und Tunsbergleden**
ISBN 978-3-86686-847-2, Opielka, 192 Seiten, € 16,90 [D]

447 **Schweden/Norwegen: St. Olavsleden** · von Selånger nach Trondheim
ISBN 978-3-86686-635-5, Opielka, 224 Seiten, € 16,90 [D]